Durante más de veinte años he tenido el privilegio de aprender a dirigir el ministerio de niños directamente de Steve Adams. Este libro no presenta ideas teóricas. Estos son principios y prácticas que he visto a Steve implementar en la vida real, a lo largo de muchos años, en el liderazgo diario de la iglesia local. Me alegra saber que usted tendrá acceso al conocimiento y experiencia que a mí me han servido de mentor durante tanto tiempo. Este material es fundamental para todos nosotros, los que sentimos pasión por guiar a niños y familias. Aplicar aquí lo que se enseña nos llevará a tener ministerios más fuertes y saludables.

RANDY ISOLA, pastor de niños,
Christ Community Church, St. Charles, IL

Ministerio con propósito para niños es un libro que no solo es una teoría o un concepto sobre «cómo hacerlo». Aquí, en su lugar, escuchamos el corazón de Steve Adams presentándonos preguntas para que las exploremos. Steve sobresale entre los demás pastores de niños de nuestro tiempo. El conocimiento que se obtiene al leer este libro me impacta personalmente y ha enriquecido mi ministerio. El plan de este libro facilita el pensar en su peregrinaje, a medida que usted explora su mundo y ministerio con el propósito de ser más intencional, estratégico y todo lo que Dios intentó que fuera. Espero que lo disfrute tanto como yo lo he disfrutado.

ANDY KIRK, director nacional de ACCkids,
Australian Christian Churches

Luego de haber sido pastor de niños durante estos últimos veinticuatro años en la Iglesia Fellowship, comprendo la extrema importancia de tener propósito en todo lo que hago para lograr el plan de Dios en las vidas de los niños que él me ha dado. Sin embargo, he descubierto que tener propósito en el ministerio de niños es más difícil hoy que nunca antes. En esta época de arreglos rápidos e impactos instantáneos, nos hemos acostumbrados a querer ver de inmediato los frutos de nuestro trabajo. Por desdicha, no sucede así cuando se trabaja con niños. Cuando no vemos resultados inmediatos, comenzamos a perder el enfoque de nuest...

y nos preguntamos: «¿Realmente estoy contribuyendo a algo?». Pero esto no tiene que sucederle a usted. Tome muy en serio los principios que se encuentran en este libro y pronto encontrará rejuvenecimiento y confianza al saber que, al desarrollar y mantener un propósito a largo término en su ministerio, *usted sí estará* marcando una diferencia.

MIKE JOHNSON, pastor del ministerio
de niños, Fellowship Church, TX

Desde la primera vez que escuché a Steve Adams comentar cómo los líderes de niños deben tener una estrategia acerca de ser intencional y balanceado, mi vida y mi ministerio no han vuelto a ser iguales. Se pueden adaptar sus enseñanzas a su iglesia y nación. Este libro muestra amor y pasión por las almas de los niños, le guiará como un líder y le ayudará a cambiar su ministerio de niños radicalmente. Después de leer este libro, usted se unirá a este enorme ejército de los soldados de Dios, como dice Steve, que cambiará el panorama de la eternidad de los niños.

SORANLLY CAMPOS LEÓN,
pastora del ministerio de niños,
Comunidad Cristiana Lirio de los Valles, Alajuela, Costa Rica

El pastor Steve ha sido un mentor para mí durante más de una década. Él es un líder brillante y sabe cómo sacar lo mejor de la gente. *Ministerio con propósito para niños* aprovecha todos los años de aprendizaje de Steve y los distribuye en un libro que ayudará a los líderes de niños por todas partes. Mediante su método singular, Steve le guiará de una manera estratégica por el proceso de desarrollar los sistemas correctos para la estructura que esté de acuerdo a las condiciones que usted tenga. No importa que usted trabaje tiempo completo, parte del tiempo o como voluntario, este libro le ayudará a decidir por qué usted trabaja en el ministerio de niños, definir la estructura apropiada, ir paso a paso por cómo construir esas estructuras y determinar a quién colocar en qué lugar para que esto suceda.

Ya sea que usted tenga procesos y estructuras bien definidos o si está comenzando a formarlas, *Ministerio con propósito para niños* le ayudará a evaluar cómo usted está criando una generación espiritualmente saludable. Juntos, a medida que continuemos refinando nuestras estrategias, llegaremos a ser más eficientes en nuestros esfuerzos para «dar forma al paisaje de la eternidad».

MICHAEL GROVE, pastor de niños,
Calvary Church en Naperville, IL

Por lo general, en el mundo de la iglesia, la gente destaca la importancia del ministerio de niños. Sin embargo, en la mayoría de las iglesias este es un tema donde el mayor porcentaje de los líderes tienen menos preparación y apoyo para hacerlo. En *Ministerio con propósito para niños*, Steve Adams presenta algunas de las perspectivas más fundamentales y prácticas para ayudar a crear una estructura donde un crecimiento espiritual y un crecimiento numérico ocurren al mismo tiempo que los líderes se van sintiendo más confiados para cumplir con los padres, la iglesia y los niños. Este es el mejor libro que el líder de sus hijos leerá si ellos quieren concentrarse en su ministerio para llegar a ser todo lo que Dios quiere que sean.

MARK ENTZMINGER, director ejecutivo del ministerio de niños,
Concilio General de las Asambleas de Dios

He pasado un largo tiempo trabajando con Steve Adams en la iglesia Saddleback. En repetidas ocasiones he dicho que nunca he conocido a alguien que tenga una mejor comprensión del liderazgo y del ministerio de la iglesia local como Steve y por eso estoy tan entusiasmado con *Ministerio con propósito para niños*. Este libro es, sin lugar a dudas, el mejor libro para el ministerio de niños que jamás haya leído, pero es mucho más que eso. En *Ministerio con propósito para niños*, usted aprenderá de un pozo increíblemente profundo acerca del ministerio para niños, el liderazgo y la experiencia en la iglesia. Hay muchos libros sobre el ministerio para niños y toda clase de estrategias y paradigmas diseñadas para ayudarle a hacer un poco mejor lo que usted hace, pero yo soy un creyente de la estrategia bosquejada en estas páginas. Mis propios hijos son el producto derivado del liderazgo de Steve y del ministerio para niños aquí en Saddleback. Además, esta estrategia es claramente bíblica en todos los aspectos. Y... ¡funciona! Cada semana el ministerio para niños en Saddleback ministra a miles de niños, y las iglesias por todo el mundo han adoptado la estrategia con propósito en sus ministerios para niños con un tremendo éxito. Dicho de una manera sencilla, la prueba está en el gusto del pudín... y ningún ministerio para niños está completo sin un poco de pudín. Me alegra mucho que usted haya comprado este libro y pronto usted también se alegrará.

KURT JOHNSTON, pastor de estudiantes,
Saddleback Church, Lake Forest, CA

¡Por fin! Un libro que presenta los principios fundamentales para desarrollar y sostener un ministerio saludable para niños. *Ministerio con propósito para niños* es una herramienta práctica y transferible para una iglesia de cualquier tamaño y en cualquier lugar. La autenticidad de Steve está entretejida en cada capítulo de este libro, y su deseo de servir a Dios al servir a los niños y a los líderes de los niños también le animará a usted.

CYNTHIA PETTY, pastora de niños,
Saddleback Church

La primera vez que yo escuché hablar a Steve fue en una conferencia donde él explicó de una manera maravillosamente concisa los bloques de construcción de un ministerio eficaz para niños. Él sabe lo que dice cuando habla acerca de la iglesia y el ministerio. Hacer tareas sin un propósito o intención es una fuente importante de frustración y limitación en un ministerio. No tengo duda alguna que este libro cambiará la manera en que usted se dirigirá al ministerio para niños y le proveerá una armazón para «incrementar al máximo sus oportunidades». Lea este libro y descubra el propósito para su ministerio.

DAVID WAKERLEY, pastor de niños
y director creativo de Hillsong

MINISTERIO CON PROPÓSITO PARA NIÑOS

Un **DISCIPULADO INTENCIONAL** que dirige a los niños hacia la salud espiritual

STEVE ADAMS

PRÓLOGO POR RICK WARREN

La misión de Editorial Vida es ser la compañía líder en satisfacer las necesidades de las personas con recursos cuyo contenido glorifique al Señor Jesucristo y promueva principios bíblicos.

MINISTERIO CON PROPÓSITO PARA NIÑOS
Edición en español publicada por
Editorial Vida – 2018
Nashville, Tennessee

© 2018 Editorial Vida
Este título también está disponible en formato electrónico.

Originally published in the U.S.A. under the title:
Children's Ministry on Purpose
Copyright © 2017 por Steven J. Adams
Published by permission of Zondervan, Grand Rapids, Michigan 49530
All rights reserved.
Further reproduction or distribution is prohibited.

Editora en Jefe: *Graciela Lelli*
Traducción: *Elizabeth Morris*
Adaptación del diseño al español: *Grupo Nivel Uno, Inc.*

ISBN: 978-0-8297-6704-9

CATEGORÍA: RELIGIÓN / Ministerio cristiano / Niños

IMPRESO EN ESTADOS UNIDOS DE AMÉRICA
PRINTED IN THE UNITED STATES OF AMERICA

18 19 20 21 LSC 9 8 7 6 5 4 3 2 1

Contenido

Prólogo por Rick Warren

Hace muchos años, cuando yo contraté a Steve Adams para que fuera el pastor de nuestros niños en la iglesia Saddleback, supe al momento que Dios lo usaría para cambiar el panorama del ministerio para los niños. Steve tiene un increíble corazón para servir al Señor y para servirle a usted. Todos los pastores del personal tienen el compromiso de ayudar a desarrollar otras iglesias, no solo nuestra iglesia. El amor de Steve y el compromiso con la iglesia es innegable. Él es un líder-pastor apasionado que vive un claro llamado para levantar la próxima generación de líderes.

En mi mente no hay duda alguna de que Steve Adams es el líder perfecto para escribir el libro *Ministerio con propósito para niños* porque él tiene una sutil comprensión de que el crecimiento espiritual, como el crecimiento físico, es un *proceso* sistemático y consecutivo. El crecimiento espiritual no se trata de programas, sino de tener un **proceso bíblicamente balanceado.**

Permítame advertirle. Si está buscando un libro de novedades, trucos ingeniosos, o arreglos instantáneos para su ministerio para niños, este no es el libro. Sin embargo, si se ha comprometido a formar un ministerio saludable para niños que perdure, este es el libro para usted. Es eterno. Este libro puede mostrarle cómo formar un fundamento sólido, bíblico y balanceado para alcanzar y discipular a niños.

Aunque este libro no es un texto académico, estoy seguro que lo usarán en universidades cristianas y en programas de preparación bíblica como un recurso indispensable para preparar futuros ministros para niños. No conozco ningún otro libro como este que se base en los propósitos de la iglesia. Ajustar el ministerio para niños con estos propósitos ha hecho posible que Saddleback tenga uno de los ministerios para niños más efectivos y de más éxito en el planeta.

Este libro es más semejante a un mapa que, paso a paso, ofrece un proceso práctico y con propósitos para discipular a niños. Le ayudará a comprender cómo programar con propósito, cómo reclutar y preparar personal y voluntarios con propósito, y hasta cómo mantener su vida personal con propósito mientras ministra a los niños.

Aquí usted encontrará todas las respuestas, ya sea que usted sirva como un voluntario en su iglesia, como un miembro del personal pago o como un padre que desea enseñar a los niños cómo pasar de conocer a Cristo a crecer y servir a Cristo, y por último, cómo presentar a Cristo a otros en el mundo. ¡De hecho, hasta el 2016, la iglesia Saddleback ha enviado 25.869 adultos *y niños* alrededor del mundo como misioneros a 197 países!

Es un hecho probado que cuando los niños crecen en un proceso *intencional de discipulado (con propósito)* es menos probable que ellos dejen la iglesia al llegar a la edad de joven adulto. Los estudios también demuestran que los niños que participan en un proceso de discipulado *balanceado* son aquellos con más probabilidad de llegar a ser líderes en la iglesia cuando sean adultos. Durante los treinta y siete años pasados yo he observado el uso de estos principios en dos generaciones diferentes de niños en Saddleback. Casi la mitad de mis líderes actuales crecieron en nuestro ministerio de niños y estudiantes y hoy ¡son líderes sólidos!

Le insto a estudiar este libro con otros, no solo leerlo. Consiga copias para aquellos que sirven en su ministerio para niños, y estudie un capítulo a la vez. Si van a discutir juntos cada capítulo y crear una lista de pasos en acción que intentan dar, encontrarán todo tipo de formas para implementar el sistema que ha permitido que la iglesia Saddleback desarrolle niños para alcanzar madurez espiritual.

He sido testigo de primera mano de cómo Dios ha usado al pastor Steve Adams y el ministerio para niños de Saddleback para desarrollar dos generaciones de líderes que siguen a Dios. Mis propios hijos, y ahora mis nietos, han sido formados poderosamente mediante este proceso de discipulado. Le prometo que si lee este libro con una mente y corazón dispuestos a aprender tanto de nuestros errores como de nuestros éxitos, y si es lo suficientemente valiente como para tomar algunos riesgos y llevar estos conocimientos a la práctica, esto le revolucionará su ministerio para niños. Y, además, le capacitará a cumplir mi oración por usted, la cual es mi versículo preferido en la vida, me refiero a Hechos 13.36, tal y como hizo David, «*servir a su propia generación conforme al propósito de Dios*». Me encantaría escuchar cómo este libro ha impactado su ministerio. Escríbame a:

DR. RICK WARREN

PASTOR PRINCIPAL, SADDLEBACK CHURCH

Introducción:
¿Está marcando esto
una diferencia?

Hay una pregunta que a lo largo de los años ha estado haciendo eco por los pasillos de mi mente y, por lo general, en momentos muy inoportunos. A menudo me cuestiono mi propósito e impacto. No creo ser el único en esto. Y con el paso de los años, al hablar con líderes del ministerio para niños, he descubierto que todos queremos saber si el tiempo, el esfuerzo y la energía que hemos invertido realmente ha marcado una diferencia y si nuestro trabajo vale la pena.

¿Está todo esto marcando alguna diferencia?

No es fácil contestar esta pregunta. Cuando un predicador da un mensaje, es posible que de inmediato reciba una reacción de quienes lo escucharon, pero nuestra audiencia en el ministerio para niños no acostumbra a venir a nosotros luego del servicio. No vienen para decirnos: «Este ministerio está impactando a mi generación y quiero agradecerle todos los esfuerzos y energía que ustedes están invirtiendo en nuestro proceso de discipulado».

Sí, en ocasiones hemos escuchado una palabra de agradecimiento. Y a veces el fruto de nuestra labor es evidente, pero la gran mayoría de las veces no vemos el fruto de inmediato. En el ministerio para los niños, hay mucho que plantar y cultivar antes que llegue la cosecha. Como dijo el apóstol Pablo: «Yo planté la semilla en sus corazones, y Apolos la regó, pero fue Dios quien la hizo crecer. No importa quién planta o quién riega, lo importante es que Dios hace crecer la semilla» (1 Corintios 3.6, 7, NTV).

Plantar semillas es más que sencillamente colocar una semilla en la tierra fresca y enseguida probar el fruto de su labor. Requiere un trabajo largo y fuerte. Los campesinos entienden que cuando ellos plantan una semilla en la tierra, hay un proceso que acompaña el trabajo de plantarla. El progreso de lo que se planta hasta la cosecha lleva tiempo e intención. Requiere confiar en que el proceso de plantar funcionará. Nosotros podemos tener la confianza porque se nos ha dicho que «Dios hace crecer la semilla». Dios nos permite ser parte de un proceso de «plantar la semilla» que tiene implicaciones eternas. Este es un proceso que vale cada minuto de nuestros esfuerzos para plantarla a pesar de las demandas, obstáculos y sacrificios que encaramos. La Palabra de Dios nos dice que nuestro trabajo sí hace una diferencia.

Usted puede ser parte del ministerio para niños porque usted cree en la importancia de discipular con eficiencia a los niños. O tal vez usted esté en el ministerio para niños porque lo timaron. Alguien usó esta vieja frase «¿podría usted llenar el hueco por un rato?» y usted estuvo de acuerdo. Aparte de por qué está haciendo este ministerio hoy, creo que usted se ocupa de los niños y de este ministerio o de lo contrario no habría comprado este libro.

Entonces, ¿por qué está leyendo esto? Lo más probable es que usted quiere a los niños, usted quiere verlos crecer para que conozcan a Cristo; sin embargo, a usted le preocupa que no siempre es tan eficiente en lo que hace. O tal vez se pregunta si hay algo mejor. Así que vamos a comenzar con esta pregunta: ¿está su ministerio para niños guiando eficazmente a los niños hacia una salud espiritual?

Note que yo no le pregunté cuántos niños tiene en su ministerio, cuántos voluntarios tiene, o si está satisfecho con su plan de estudio.

La pregunta clave con la que debemos luchar es si estamos guiando a los niños con eficacia hacia la salud espiritual. Mi meta para usted en este libro es guiarle por un peregrinaje de descubrimientos. No estoy aquí para decirle cómo debe hacer el ministerio para niños o para ofrecerle una metodología que sirva para todos. Yo quiero guiarle a través de un proceso de descubrimiento que le dé por resultado un ministerio para niños mucho más saludable de manera que su ministerio sea útil al guiar a los niños hacia la salud espiritual.

A veces a esto se le llama una filosofía de ministerio, pero no es una idea filosófica que no tiene relación con la realidad. Este proceso de pensar mediante las metas y objetivos del ministerio le guiará a alcanzar resultados mensurables. A medida que pase de un capítulo a otro, no solo verá cuán esencial es este proceso, sino que también verá cuán fácil y práctico es implementarlo. Un ministerio verdaderamente saludable no solo se construye sobre la base de la personalidad del líder o la creatividad del plan de estudio. Tampoco es el resultado de tener grandes cantidades de voluntarios. Un ministerio saludable que guíe a los niños hacia la salud espiritual es el resultado directo de tener un balance e intención en su ministerio.

Si está buscando un arreglo rápido o un material que simplemente le dé todas las respuestas, este libro no es para usted. Este libro puede ser un catalizador de gran efectividad si —solo si— usted tiene interés en invertir tiempo y energía mental en este proceso de descubrimientos.

Hablar acerca de procesos de descubrimiento puede parecer abrumador para usted. Yo entiendo. Usted está ocupado. El domingo ya viene por ahí, y usted no está interesado en agregar algo más a sus tareas. Pero, quédese conmigo. ¿Qué si al trabajar para solo mantener el ministerio a flote domingo tras domingo usted está perdiendo el propósito verdadero del ministerio? ¿Qué si el ajetreo abismal para la supervivencia lo está llevando a perder el gozo de caminar estratégicamente con los niños durante el proceso del discipulado? ¿Qué si usted está perdiendo por completo el punto principal?

Si se usa un hacha sin filo hay que hacer doble esfuerzo, por lo tanto, afila la hoja. Ahí está el valor de la sabiduría; ayuda a tener éxito.

ECLESIASTÉS 10.10, NTV

Afile su hacha

Cuando yo era un muchacho tenía el distintivo «privilegio» de cortar leña para la chimenea de nuestra casa. Aprendí a usar el hacha con destreza y podía hacer el trabajo con rapidez. Pero como muchos muchachos, yo era impaciente. Sencillamente quería terminar el trabajo para poder hacer lo que quería. Llegué a tener el hábito de trabajar tan fuerte y tan rápido como podía para terminar y sacar la tarea de mi lista de cosas por hacer. Pero a medida que pasaba el tiempo, me llevaba más y más tiempo terminar el trabajo. La hoja del hacha iba perdiendo su filo y yo me descubrí trabajando más y haciendo menos. Un día mi padre notó cuánto me estaba esforzando para cortar una pequeña cantidad. «Hijo», me dijo, «si tú cuidas la herramienta, esta te cuidará a ti». Y entonces me enseñó cómo «cuidar» la herramienta que yo estaba usando. Después de afilar la hoja, me sorprendió notar cómo yo podía hacer el mismo trabajo en la mitad del tiempo.

Esa es la pregunta que tengo para usted hoy. ¿Se ha detenido lo suficiente para afilar su hoja? Yo sé que lleva tiempo afilar una herramienta, pero al final recibirá una maravillosa recompensa. Yo le estaré guiando por este peregrinaje de descubrimiento con cinco preguntas clave que aparecen ilustradas en la gráfica a continuación:

LAS CINCO PREGUNTAS CLAVE

¿POR QUÉ?
¿Por qué existe su ministerio?

¿DÓNDE?
¿Dónde está usted ahora y adónde va?

¿QUIÉN?
¿A quién está tratando de alcanzar?

¿CÓMO?
¿Cómo llevará usted a los niños hacia la salud espiritual?

¿QUÉ?
¿Cuáles son los componentes esenciales necesarios para apoyar la estrategia?

Estas preguntas le servirán para trazar un mapa de los pasos intencionales que usted necesita tomar para asegurar que usted y su ministerio están guiando a los niños hacia la salud espiritual. Este proceso de descubrimiento también utiliza algunos componentes visuales diseñados para ayudarle a desarrollar su estrategia única e intencional a medida que trabaja con niños. ¿Necesita tener un ministerio para niños más grande para implementar las estrategias en este libro? No. ¿Necesita tener un personal bien pagado? No. Estas filosofías, principios y conceptos se han utilizado en los ministerios para niños alrededor del mundo, y de tamaños que varían de una clase de cinco niños hasta centros de ministerios para más de 3.500 niños. La clave para este peregrinaje de descubrimiento está arraigado en la Biblia. El fundamento es bíblico, el modelo es transferible y la implementación es global.

El corazón del principio para el *Ministerio con propósito para los niños* se derivó del libro más vendido de Rick Warren: *Una iglesia con propósito*.[1] Usted aprenderá cómo el ministerio para niños puede utilizar los mismos principios bíblicos del método del ministerio con propósito para aumentar la salud y efectividad de su ministerio. La primera vez que yo descubrí los principios de *Una iglesia con propósito* y los apliqué a nuestro ministerio para niños, experimenté un grado completamente nuevo de efectividad y gran éxito.

En el pasado nuestra iglesia no fue parte del movimiento con propósito. Digo esto porque quiero aclarar que usted no necesita ser una iglesia con propósito ni adoptar un modelo de ministerio específico para beneficiarse del proceso que yo bosquejo en este libro. Así que no permita que el vocabulario de «con propósito» le limite. Aunque usamos esta frase en la iglesia Saddleback, donde ahora sirvo como pastor, no importa qué lenguaje usted use ni el modelo que adopte, lo que importa es el proceso con el cual caminará para desarrollar un plan de ministerio intencional y efectivo.

El contenido de este libro no está relacionado con un plan de trabajo en particular. Tampoco requiere que usted tenga que subscribirse a una metodología específica o a una perspectiva teológica. Este es un proceso de descubrimiento con raíces bíblicas que le ayudará a comprometer su lado creativo y escuchar a Dios.

Mi intención no es formular cómo hacer el ministerio para niños; al contrario, el deseo de mi corazón es presentarle un proceso que llevará su ministerio a experimentar salud y efectividad, uno que ha producido frutos asombrosos en el ministerio que yo he guiado. Nadie mejor que usted sabe lo que su ministerio realmente necesita. Usted ya tiene ideas en su mente que solo están esperando que las descubra.

Considere este proceso de descubrimiento como una masa de barro. Cuando usted saca el barro de su vasija, comienza con una masa de barro suave, sin forma. Usted la enrolla con sus manos, comienza a moldearla en diseños agradables, dándole la forma de acuerdo a lo que desea. Pero ¿notó que cuanto más tiempo está el barro en el aire, más duro y menos flexible se pone?

El desarrollo de los niños es similar al proceso de moldear el barro. Después que un niño nace y a lo largo de sus etapas elementales y preadolescentes, la mente, emociones y pensamientos de un niño son impresionantes, suaves y moldeables. A medida que los niños maduran, comienzan a formar opiniones y a adoptar cosmovisiones. Las experiencias de la vida forman la manera en que ellos responden. Llegan a ser menos flexibles, menos enseñables.

¿Estoy diciendo que cuando llegan a ser adultos dejan de ser enseñables? No, para nada. Todo lo que estoy señalando es que es más difícil cambiar a una persona luego que es madura. Y si usted es un voluntario, un miembro del personal de la iglesia, un pastor, un estudiante de universidad o un profesor, usted y yo podemos tener la hermosa oportunidad de dedicarnos a desarrollar la salud espiritual de los niños a medida que ellos crecen. Esta es una oportunidad para cambiar hasta el mismo paisaje de la eternidad. Así que es importante que pensemos con seriedad en nuestra misma influencia en los niños a quienes servimos. ¿Qué acciones decisivas está tomando, o no tomando, con su oportunidad? ¿Está sacando el mejor provecho de su influencia?

Algunas ideas antes de comenzar

Antes que comencemos quiero ofrecerles algunos pensamientos y sugerencias para que usted utilice este libro de manera tal que obtenga resultados.

Primero, procese todo por etapas. A medida que lea y conteste las preguntas, usted podrá comenzar a sentirse un poco abrumado. Eso es natural y comprensible. Yo les animaría a procesarlo todo en pasos a medida que examine su ministerio y se haga las preguntas difíciles. Utilizar los recursos suplementarios que este libro le provee será una gran ayuda en cada paso del viaje. Permita que su corazón se abra para descubrir lo que Dios quiere mostrarle. Implementar los principios de este libro requiere tiempo para pensar acerca de estos y hacer algunos planes estratégicos. Pero sepa esto: usted sí lo puede hacer.

Como ya mencioné, el propósito de este libro no es presentar un «arreglo rápido». Desarrollar un ministerio saludable para niños requiere tiempo, paciencia y una perspectiva apropiada sobre lo que es realista. Muy pocas cosas suceden tan rápido como a mí me gustaría, y las cosas mejores por lo general llevan más tiempo desarrollarlas. Recuerde, un paso a la vez en la dirección correcta eventualmente lo llevará a su destino.

Segundo, reconozca el valor de los pequeños cambios. A 99 °C el agua está realmente caliente. Si usted sube la temperatura del agua solo un grado, a 100 °C, sucede algo magnífico. El agua comienza a hervir, produciendo vapor, y el vapor produce poder. ¿Cuál es la diferencia? Solo un grado. Al leer este libro, es posible que usted solo descubra un principio que puede implementar en su ministerio. Pero ese solo principio puede ser exactamente lo que Dios quiere comunicarle. Ese principio puede ser lo que lleve su ministerio de 99 °C a hervir, a 100 °C.

Anímese y reciba la gracia que necesita para este peregrinaje. Mientras lee, quizá encuentre una idea, proceso o programa que se usó como un ejemplo y piense: «Me gustaría hacer esto en mi iglesia». No se desanime en cuanto a lo que usted no puede hacer o lo que no esté haciendo. Enfoque esa energía en lo que puede hacer. Sueñe acerca del futuro y confíe en que Dios tiene recursos que ahora mismo usted ni siquiera imagina.

Escriba su propia música

Una «banda cover» es una banda que toca la música popular de otras bandas. Las bandas cover no se conocen por la música original que ellos han creado; se conocen por lo bien que pueden copiar la música de otro. Si no tenemos cuidado, aquellos de nosotros en el ministerio de niños puede de manera inadvertida desarrollar las tendencias de una «banda cover». Yo lo he hecho. Leo un libro o escucho la conferencia de un orador y no puedo esperar a llegar a la casa e implementar «mis» nuevas ideas. A veces esas ideas han funcionado, pero otras veces han sido un completo fracaso. Todos debemos estar deseosos de aprender el uno del otro y compartir ideas, pero hay una tentación demasiado común para ver lo que la iglesia grande está haciendo y presumir que eso también funcionará para nosotros. No me opongo a tomar prestado de otros, pero hay un peligro. Si usted confía demasiado en esas ideas de otros, su iglesia perderá las ideas únicas que Dios ha plantado en su corazón para los niños de la iglesia. Debemos desear aprender unos de otros sin intentar ser el otro.

Yo he dedicado mi vida al ministerio para los niños, y mi sueño siempre ha sido hacer una diferencia. Mi convicción es esta: Jesús tenía un propósito en su vida y ministerio, y yo debo hacer lo mismo. He sido testigo de primera mano de cómo los principios en este libro se han implementado en iglesias de todos los tamaños, en muchas denominaciones diferentes y junto a métodos diferentes para el ministerio de niños por todo el mundo. ¿Por qué funcionan? Es sencillo. Este método está firmemente basado en las Escrituras y, como tal, se transfiere con facilidad. Nuestro objetivo como pastores y líderes en el ministerio para niños debe ser llevar a los niños hacia la salud espiritual de manera que puedan reconocer el engaño del enemigo mientras ellos abrazan su verdadera identidad, propósito y destino en Cristo. Al hacer esto, nosotros cambiaremos el paisaje de la eternidad.

Así que, con esta introducción quiero preguntarle: ¿está listo para una aventura? ¿Está listo para descubrir nuevos pasos efectivos en su ministerio para niños? Si la respuesta es sí, pase la página y deje que comience la aventura.

Al final de cada capítulo aparece una guía de comentarios que se puede usar de manera individual o en equipos para otras reflexiones y comentarios. La guía también incluye varios ejercicios y actividades para ayudarle a implementar el contenido de este libro.

Guía para el intercambio de ideas

En este ejercicio usted:

- Comenzará el proceso de guiar su ministerio para experimentar tanto salud como efectividad.
- Descubrirá usted mismo lo que realmente necesita su ministerio.
- Dará pasos de acción para comenzar el paisaje de la eternidad.

Descubrimiento/Reflexión:

1. Lo que usted hace, ¿está realmente logrando una diferencia?

2. ¿Cómo está usted impactando a la próxima generación?

3. ¿Está su ministerio para los niños guiando con eficiencia a los niños hacia la salud espiritual? Lo que importa no es cuántos voluntarios usted tiene o si está o no satisfecho con su currículo. La pregunta con la cual debemos luchar es si estamos o no guiando a los niños con eficiencia hacia la salud espiritual.

4. ¿Está deseando invertir el tiempo y la energía mental en lo que hace falta para lograr una mayor efectividad? ¿O se está enfocando en simplemente mantener su ministerio a flote de domingo a

domingo mientras que pierde la oportunidad de guiar a los niños de manera estratégica a través del proceso del discipulado?

5. ¿Se detendrá usted a tiempo para afilar la cuchilla? ¿Cómo está afilando su cuchilla?

6. Usted tiene la oportunidad de cambiar el paisaje de la eternidad. ¿Qué pasos de acción decisiva está usted dando, o no dando, con su oportunidad? ¿Está aprovechando al máximo su oportunidad?

7. ¿Qué cambio de un solo grado de temperatura puede usted hacer para llevar su ministerio de 99 °C a 100 °C?

Conexión:

Ore a Dios que abra su corazón, mente y espíritu para saber cómo tener una perspectiva apropiada sobre lo que realmente se necesita en su ministerio para niños a medida que comienza a descubrir nuevas sendas de efectividad.

CAPÍTULO 1

Aproveche al máximo su oportunidad

Así que tengan cuidado de cómo viven. No vivan como necios sino como sabios. Saquen el mayor provecho de cada oportunidad en estos días malos.

EFESIOS 5.15, 16, NTV

Nunca olvidaré unas vacaciones a las que fue mi familia cuando yo tenía ochos años. Crecí como un hijo de pastor en una iglesia de alrededor de 130 miembros. Yo estaba en la iglesia todos los domingos, sentado durante el servicio. Mi papá era un buen predicador, pero yo era un niño normal y a menudo me aburría o me distraía.

Un fin de semana en que mi familia salió del pueblo, terminamos visitando otra iglesia. Tan pronto como entramos por las puertas del frente yo supe que este lugar era diferente. Nuestros padres fueron al culto para adultos, y a nosotros nos enviaron a la iglesia para niños, un lugar diseñado especialmente para nosotros.

Cantamos canciones. Jugamos juegos. La maestra me cautivó y mantuvo mi atención. Pero con todo y lo maravilloso que era esto, lo que más me fascinó, más que cualquier otra cosa, fue la hora de las historias con los títeres. Cuando recuerdo esto no estoy seguro por qué me encantaron los títeres, pero desde ese momento en lo adelante yo supe que había descubierto el llamado para mi vida. Yo sería el «tipo de los títeres».

Ese día, de regreso a casa, yo no podía sacar mis ideas con suficiente rapidez. Estaba completamente inspirado, inundado de ideas creativas, y le pregunté a mi papá si podríamos tener una iglesia de niños en nuestra iglesia. Él me sonrió y me dijo que lo pensaría. Varios días más tarde volví a comentarle mi idea a papá y le supliqué que me nombrara el tipo de los títeres para nuestra iglesia. Mi padre me propuso un trato: si yo ganaba suficiente dinero para comprar los títeres, él me fabricaría un puesto para los títeres y reclutaría a un adulto voluntario que me ayudara a presentar nuestra propia versión de una iglesia para niños.

¡Yo estaba eufórico!

Más determinado que nunca corté la yerba de patio tras patio y me gané 38 dólares. Fui a la librería cristiana con el dinero ahorrado que había ganado con tanto esfuerzo y compré mi primer títere. Mi padre cumplió su promesa. Fabricó un estante de primera para los títeres, nombró a un adulto voluntario y oficialmente tuvimos nuestra primera iglesia para niños. No pasó mucho tiempo antes que yo empezara a dirigir la iglesia para niños, aunque solo era un muchacho de ocho años. Ordenaba los materiales necesarios, enseñaba lecciones y todos los domingos preparaba el salón. Pasaron los años y me vi en la escuela secundaria; no obstante, continuaba sirviendo en la iglesia para niños. De ninguna manera fue esto un impedimento para servir junto a mi novia de la secundaria, Stephanie, quien más adelante se convirtió en mi esposa.

Los momentos decisivos en la vida

Esa mañana, en que visitamos la iglesia, fue para mí más que unas vacaciones divertidas con la familia. Fue un momento decisivo en mi vida que fijó la trayectoria de mi vida. Cuento esto porque todos tenemos momentos decisivos. Tal vez en el momento no reconozcamos nada de esto como un punto decisivo. Pero estas ocasiones significantes, experimentadas en diferentes temporadas de la vida, tienen el potencial de transformarnos y lanzarnos a una nueva esfera de existencia.

He escuchado decir que lo que define quiénes somos no es lo que sucede en la vida, sino cómo respondemos a lo que nos sucede. O, dicho en otras palabras, lo que determina la dirección de nuestra vida no son las circunstancias, sino la decisión que hagamos. Pensar en esa aseveración me hace recordar otros momentos decisivos y cómo a menudo respondieron las personas de maneras que cambiarían para siempre la vida de las generaciones venideras. Considere a Adán y Eva. ¡Su elección alteró la historia del mundo para siempre! Ellos escogieron escuchar a la serpiente y morder el fruto prohibido. O considere a David y cómo su decisión de confiar en Dios y confrontar a Goliat cambió el curso de una nación. Él mató al gigante con una honda y una pequeña piedra. O piense en el impacto sobre el curso del evangelismo mundial cuando Jesús se le apareció a Saúl mientras este viajaba por un camino a Damasco. Saúl se convirtió en el apóstol Pablo y la trayectoria de su viaje cambió para siempre.

Piense en estos momentos transformadores en la vida e historia de Estados Unidos. Cuando John F. Kennedy declaró que Estados Unidos pondría un hombre en la luna. Cuando Rosa Parks se sentó al frente de un ómnibus en lugar de sentarse atrás. Esos momentos cambiaron nuestra vida y aún hoy vivimos con los resultados. Los momentos decisivos pueden parecer insignificantes cuando suceden, pero sus efectos son duraderos.

Tome unos breves momentos para pensar en dónde está usted hoy y los sucesos o momentos que le trajeron hasta aquí. ¿Cuáles son los momentos decisivos en su vida? ¿Hay alguno que le han afectado su decisión de involucrarse en el ministerio para niños?

Los momentos decisivos crean oportunidades

Cada uno de nuestros momentos decisivos crean un juego de circunstancias llamado una oportunidad. Las oportunidades son regalos esperando que los desenvuelvan. Son el barro mojado que está esperando que le den forma y lo moldeen. Pero el barro no permanece mojado y moldeable para siempre. Para sacar el máximo de las oportunidades que tenemos, debemos tomar una acción decisiva.

La parábola de los talentos en Mateo 25.14–30 es un gran ejemplo de este principio. Esto siempre me resaltó porque muestra lo que sucede cuando decidimos actuar ante una oportunidad que se nos presenta, y también lo que sucede si no hacemos nada. En esta parábola un hombre rico se está preparando para irse del pueblo, y él reúne a tres de sus siervos para encomendarles una tarea especial. Él le confía a cada uno de los siervos una suma específica de dinero para invertir mientras él esté lejos. Al primer siervo le confía cinco bolsas de plata, al segundo le confía dos bolsas de plata y al tercero le confía una bolsa de plata. La parábola nos dice que tanto el siervo de las cinco bolsas de plata como el siervo con dos bolsas de plata invirtieron de inmediato la plata que les confiaron. Al siervo que le confiaron una bolsa de plata sencillamente cavó un hoyo en la tierra y allí enterró el dinero.

Cuando el amo regresó, se sintió satisfecho al descubrir que los dos primeros siervos, que habían invertido la plata, ganaron el doble de la cantidad de plata. Pero cuando supo que el tercer siervo no había hecho nada con la plata que él le había entregado, de inmediato tomó su bolsa de plata y se la entregó al primer siervo, diciéndole: «A los que usan bien lo que se les da, se les dará aún más y tendrán en abundancia; pero a los que no hacen nada se les quitará aun lo poco que tienen» (Mateo 25.29, NTV).

¿Cuál fue el momento decisivo en esta parábola? Sucedió cuando el hombre rico le dio a sus tres siervos una oportunidad para aumentar sus inversiones. Él les dio los recursos para hacer esto y los animó para que usaran su creatividad, tomaran el riesgo y aumentaran lo que él les había dado. De estas historias podemos aprender lecciones de mucho valor acerca de las oportunidades que Dios nos ha dado. Aquí solo hay algunas a considerar:

También el reino del cielo puede ilustrarse mediante la historia de un hombre que tenía que emprender un largo viaje. Reunió a sus siervos y les confió su dinero mientras estuviera ausente. Lo dividió en proporción a las capacidades de cada uno. Al primero le dio cinco bolsas de plata; al segundo, dos bolsas de plata; al último, una bolsa de plata. Luego se fue de viaje.

(MATEO 25.14, 15, NTV)

Primero, vemos que a cada uno se le da oportunidades únicas. La primera lección que aprendemos aquí es que sea lo que usted sea, y sin que importe en qué capacidad usted sirve en el ministerio para niños, usted tiene una oportunidad. En la parábola, estas cantidades no estaban determinadas a la suerte. Se dieron como una evaluación intencional de la habilidad de cada siervo. Esto significa que Dios, de manera específica y estratégica, nos diseñó y nos dio un don a cada uno para que cumpliéramos la tarea que él nos ha confiado. Aquí está la parte asombrosa: Dios sabe lo que nosotros podemos o no podemos manejar. ¡Él es nuestro Creador! Él conoce nuestras limitaciones y nos prepara para que seamos la persona para lo cual nos creó.

Sí, el hombre rico pudo haber dividido las bolsas de plata con una cantidad igual para cada uno de los tres siervos. Pero como vemos en Mateo 25.15, el amo conocía la habilidad de cada uno de estos siervos y distribuyó su dinero de acuerdo a esta. Al saber lo que cada siervo podía manejar, él colocó intencionalmente a cada siervo en el mejor escenario posible para que tuviera éxito. Le dio a cada siervo un propósito y una oportunidad. Después, le correspondía a cada siervo escoger lo que haría.

El cuerpo humano tiene muchas partes, pero las muchas partes forman un cuerpo entero. Lo mismo sucede con el cuerpo de Cristo.

1 CORINTIOS 12.12, NTV

La Biblia nos dice que cada uno de nosotros es una parte del cuerpo de Cristo. Es necesario que cada parte trabaje en conjunto para que el cuerpo funcione como fue diseñado y que así realmente prospere. De la misma forma que el hombre rico tenía conocimientos sobre las habilidades de sus siervos y distribuyó cada talento (o bolsa de plata) con toda intención, Dios, en su máxima sabiduría, distribuye las habilidades y oportunidades con el deliberado propósito de vernos a nosotros, el cuerpo de la iglesia, cumpliendo su voluntad. Es como dijo Pablo a los Corintios: «Pero nuestro cuerpo tiene muchas partes, y Dios ha puesto cada parte justo donde él quiere» (1 Corintios 12.18, NTV). ¿Comprendió la segunda mitad de este versículo que acabo de citar? «Dios ha puesto cada parte justo donde él quiere». En momentos en que siento la tentación de creer que Dios no me trajo oportunidades «correctas», yo debo recordarme a mí mismo que Dios es un Dios con intenciones. Él nos ha creado a cada uno de nosotros con propósito y nos coloca exactamente donde él nos quiere.

Considere lo que nos dice Isaías 45.9, 10: «¡Qué aflicción espera a los que discuten con su Creador! ¿Acaso discute la olla de barro con su hacedor? ¿Reprocha el barro al que le da forma diciéndole: "¡Detente, lo estás haciendo mal!"? ¿Exclama la olla: "¡Qué torpe eres!"? ¡Qué terrible sería si un recién nacido le dijera a su padre: "¿Por qué nací?"

o le dijera a su madre: "¿Por qué me hiciste así?"!» (NTV). Isaías nos recuerda que Dios es el alfarero, y nosotros somos el barro. Dios es un artista hermoso, dotado y creativo, y sabe lo que está haciendo. Él nos ha colocado exactamente donde quiere que nosotros estemos.

No obstante, aunque yo sé que Dios me formó y sopló aliento de vida en mi cuerpo, a veces yo, el barro, me gusta discutir con el alfarero. En esos momentos dejo de recordar que Dios me creó y, por lo tanto, me conoce mejor de lo que yo mismo me conozco. Necesito recordar que Dios sabe lo que yo puedo manejar. Él me creó sabiendo y comprendiendo cabalmente cuáles son mis dones, mis pasiones y mi potencial.

Esto no significa que la vida será fácil o que nunca necesitaremos trabajar o cambiar. ¡Nada de esto! Constantemente tenemos que mejorar, crecer, cambiar, madurar y aprender nuevas cosas. Pero no estaremos tan dotados para algunas cosas como para otras. Hay dones y talentos que yo admiro mucho, pero no los tengo. En algunas ocasiones he resentido el hecho de no tener ciertos dones. Pero estoy descubriendo que el verdadero gozo, la alegría y la plenitud solo vienen cuando me esfuerzo en ser la persona que Dios destinó que yo fuera. Necesito trabajar fuerte para sacar el mejor provecho de los talentos que Dios me confió. Solo entonces me confiará más.

Dios, de su gran variedad de dones espirituales, les ha dado un don a cada uno de ustedes. Úsenlos bien para servirse los unos a los otros.

(1 PEDRO 4.10, NTV)

Segundo, una oportunidad solo dura un tiempo limitado. Lo que aprendemos de esta historia de los talentos es que el amo estuvo fuera durante un largo tiempo. Su regreso marcó el «día de expiración» para la oportunidad que le había dado a cada siervo. Antes dije que una oportunidad es como el barro mojado esperando que le den forma y lo moldeen. El barro no permanece suave y moldeable para siempre. Cada siervo tuvo su oportunidad, y el amo quería saber lo que cada uno había hecho con esa oportunidad que le dieron.

Después de mucho tiempo, el amo regresó de su viaje y los llamó para que rindieran cuentas de cómo habían usado su dinero.

MATEO 25.19, NTV

Los primeros dos siervos se apoderaron de la oportunidad y tomaron acción, mientras que el tercer siervo se dejó paralizar por el temor y perdió la oportunidad. Note el lenguaje para describir sus respuestas:

- Siervo 1: «comenzó» (de inmediato)
- Siervo 2: «también salió a trabajar»
- Siervo 3: «cavó un hoyo»

Cada uno de ellos estaba trabajando con algo, y cada uno tomó un paso de acción cuando el amo se fue. Pero solo los dos primeros dieron pasos adelante. El tercero dio un paso atrás. Aunque un momento decisivo presentará una oportunidad, usted y yo debemos tomar una acción decisiva, o de lo contrario perderemos o malgastaremos la oportunidad

Así que tengan cuidado de cómo viven. No vivan como necios sino como sabios. Saquen el mayor provecho de cada oportunidad en estos días malos.

EFESIOS 5.15, 16, NTV

Tercero, esta parábola nos muestra que tenemos que ver la oportunidad para aprovecharla. Antes de poder hacer algo con lo que Dios nos ha dado, primero tenemos que discernirla. ¿Qué quiero decir?

«Está exactamente frente a ti». Esto es lo que me dice Stephanie, mi esposa, cuando me paro frente a la despensa de la cocina y le pregunto lo que parece ser la millonésima vez: «¿Dónde está la mantequilla de maní?». Más veces de las que quisiera admitir, la mantequilla de maní está exactamente donde ella dice que está, frente a mis ojos. ¿Cómo sucede esto? A lo largo de mis años tanto midiendo como perdiendo oportunidades, he descubierto que lo que más a menudo me hace perder una oportunidad es, sencillamente, la falta de percepción.

Es demasiado fácil perder las cosas que están exactamente frente a nosotros. Es como el campesino que quería vender su finca en Sudáfrica para ir en la búsqueda de diamantes. Luego de escuchar relatos acerca de otros granjeros que estaban haciendo precisamente eso, él decidió unirse a la acción. Vendió su finca y empezó a buscar diamantes por su cuenta. Y, ¿sabe qué? Nunca encontró ni un solo diamante. Ni uno. De hecho, agotó todos los recursos. Por fin, desesperado y desanimado, caminó hasta un río y se ahogó.

Creo que le escuché decir: «Gracias por esa historia tan depresiva, Steve. ¿Qué tiene esto que ver con momentos decisivos, oportunidades y acciones decisivas?». Bueno, la historia no termina ahí. El hombre que compró la tierra del campesino descubrió algo que había estado exactamente frente al campesino todo el tiempo. Un día, el nuevo dueño de la tierra andaba caminando por un arroyito de la finca y notó algo que brillaba en el agua. Se agachó y sacó lo que él creyó que sería una piedra interesante. Se la llevó a su casa y la colocó sobre la repisa de su chimenea como un adorno. Un día, un visitante notó la roca sobre la repisa y exclamó: «¿Tienes idea de lo que es esto?». El nuevo dueño contestó: «No, no tengo idea alguna, pero mi arroyo está lleno de rocas como esta». El visitante, sosteniendo la roca, le dijo: «Este es el diamante más grande que jamás yo haya visto». Lo que el campesino ansiaba tener y lo que fue a buscar estuvo frente a él todo el tiempo. ¡Ya él lo poseía! Solo que no lo vio. No fue capaz de reconocer lo que estaba viendo, y lo perdió.

Cuando hablo acerca de la oportunidad que Dios nos da a todos los que trabajamos en el ministerio para niños, le llamo la oportunidad para «cambiar el paisaje de la eternidad». Véalo así: usted está parado en el cielo, mirando a través del paisaje. Usted ve cara tras cara de individuos a quienes Dios permitió que usted influyera. Estas personas están paradas allí gracias a la influencia directa o indirecta que usted ejerció en su desarrollo espiritual y su decisión de seguir a Cristo. Ese es el paisaje de la eternidad, un mar de individuos cuyas vidas Cristo tocó y cambió para siempre mediante su obra en la vida de usted.

La acción decisiva determina el impacto divino. Cuando hacemos uso de lo que el Señor nos ha dado, literalmente cambiamos para siempre a aquellos que nos rodean, dondequiera que estemos.

A los que usan bien lo que se les da, se les dará aun más y tendrán en abundancia; pero a los que no hacen nada se les quitará aun lo poco que tienen.

MATEO 25.29, NTV

La última lección de la parábola de los talentos trata de la fidelidad. La bendición viene a quienes son fieles y responden a las oportunidades. ¿Ha notado usted que aunque a los dos primeros siervos les dieron cantidades diferentes de plata para invertir, ambos cosecharon la misma recompensa? Él bendijo a los dos con más cuando descubrió que ambos habían invertido lo que se les dio. El amo estaba más interesado en el hecho de que sus siervos tomaron acciones decisivas con sus talentos, que en la cantidad específica de dinero que cada uno hizo. Ellos hicieron algo con lo que se les dio.

Mi llamado: otro momento decisivo

Esa visita a otra iglesia durante las vacaciones no fue el único momento decisivo en mi vida. En la universidad tuve otro de esos momentos decisivos, uno que de nuevo volvió a cambiar la trayectoria de mi vida. En la universidad hice lo que siempre había hecho, ir de voluntario para trabajar en el ministerio para niños de mi iglesia local. Muy pronto me apodaron «el tipo hazlo todo». Yo hacía cualquier cosa que se necesitara. Limpiaba los salones de clase, arreglaba las sillas, daba clases, contaba historias con los títeres, y sustituía a los maestros de cualquier grupo por edad, incluyendo el departamento de cuna. Sencillamente llegaba, recibía mi asignación e iba a trabajar, sirviendo a los niños. ¡Y disfrutaba cada segundo que pasaba allí!

Un día mi pastor principal se me acercó con una petición que lo cambió todo: «Hola, Steve, nuestro pastor para los niños ya no está con nosotros. ¿Podrías tú llenar el hueco temporalmente mientras buscamos un nuevo pastor para niños? Tú has estado sirviendo en casi todas las posiciones de nuestro ministerio para niños, y creemos que eres la persona correcta para hacerte cargo durante esta transición».

Sin perder ni un segundo le contesté: «¡Seguro! No hay problema alguno. Me alegrará encargarme del ministerio para niños mientras ustedes buscan otro líder». Mis famosas últimas palabras, ¿verdad? Tengo el presentimiento que tal vez algunos de ustedes, los que están leyendo esto, encontraron su camino al ministerio de los niños igual que yo... les hicieron el truco de trabajar en el ministerio «¡solo por un tiempito!».

Si soy honesto, debo decir que sinceramente me entusiasmó ayudar durante la transición. Yo estaba en mi último año de la universidad, hacía poco me había casado con mi amor de la secundaria, y hacía malabares con varios trabajos de tiempo parcial. No tenía un montón de tiempo extra para invertir en un proyecto temporal de la iglesia, pero haría lo que pudiera porque me encantaba ser una parte del ministerio para los niños y quería apoyar a mi iglesia.

Durante los meses siguientes sentí una presión que nunca antes había sentido. No sabía qué iba a hacer con mi futuro. Como había estado involucrado en el ministerio de la iglesia durante la mayor parte de mi vida, pues naturalmente gravitaba en esa dirección. Creí que haría algo en el ministerio para los jóvenes, eventualmente llegaría a ser un pastor asociado, tal vez un pastor principal, un proceso con el cual estaba muy familiarizado. Ser un pastor principal parecía ser la trayectoria de una carrera aceptable para el futuro. No olvide que esto sucedió durante un tiempo en que muchas iglesias no tenían pastores para niños ni un personal dedicado a servir a los niños. Antes de ir a la universidad ni siquiera había oído el término «pastor de niños», así que esto no era algo que yo debía considerar con seriedad. Luché, preguntándome si el ministerio para niños sería algo que yo podría continuar haciendo como un voluntario.

A medida que se acercaba mi graduación, me aterraba pensar que terminaría mi carrera en la universidad sin todavía saber cuál sería mi próximo paso en la vida. Me levantaba temprano cada mañana para caminar y hablar con Dios. Caminaba por toda mi comunidad y repetidamente le hacía a Dios la misma pregunta, rogándole que yo pudiera descubrir cuál sería mi próximo paso. Sabía que había un llamado en mi vida para liderar en una iglesia local, pero no sabía qué iría a liderar ni tampoco en qué puesto. Yo sinceramente quería que se cumpliese la voluntad de Dios en mi vida. Estaba preparado para aceptar lo que él tuviera destinado para mí. Recuerdo orar esta oración específica que a su vez se convertiría en otro momento decisivo en mi vida.

«Dios, haré lo que tú quieras que yo haga, no importa si es a tiempo completo, medio tiempo o como voluntario. Solo quiero saber que mis esfuerzos hagan una diferencia. Dios, ¿cómo puedo marcar la mayor diferencia para el reino?»

Una y otra vez, mañana tras mañana, oré esta misma oración. Más que cualquier otra cosa, quería saber cómo yo podría marcar la mayor diferencia para su reino. Temí que Dios estuviera molesto con mi constante petición. Pero no sabía qué otra cosa podría orar. Esta fue gran parte de la razón por lo cual dije sí a la oferta de guiar el ministerio para niños como un voluntario mientras ellos buscaban un nuevo pastor para niños.

Un domingo por la mañana, cuando ya estaba a punto de enseñar la lección para los niños, Dios, en su compasión y gracia, me reveló de una manera dramática la respuesta a la pregunta con la que yo lo había estado acosando durante los últimos dos meses. Cuando comencé a dar la clase, cada rostro joven en la clase se nubló. En mi mente escuché la voz de Dios diciéndome estas palabras: «Me dices que quieres marcar una diferencia para mi reino, pues, aquí está». Entonces la visión nublada y las caras de los niños frente a mí se hicieron claras y lúcidas.

En ese momento supe que Dios me había creado y me llamaba para invertir mi vida en el ministerio para niños. Por primera vez sentí que mi corazón, deseos y mente estaban alineados con la dirección de mi vida y el ministerio. Las lágrimas llenaron mis ojos y mi corazón se llenó de gozo.

Entonces reconocí que los muchachos me estaban mirando como si yo hubiera perdido la razón.

No le conté esto a mi pastor principal ni tampoco a los demás voluntarios. Pero sí le conté mi experiencia a Stephanie, mi esposa.

Después de varias semanas un día mi pastor principal se me acercó en la iglesia y me dijo: «Steve, ¿te gustaría formar parte del personal a tiempo parcial como un pastor interino para los niños mientras continuamos nuestra búsqueda?». Acepté con alegría, pero no le dije nada acerca del llamado que Dios había puesto en mi corazón. Después de varios meses de servicio a tiempo parcial, mi pastor principal me ofreció el puesto a tiempo completo. Esto sucedió solo unas semanas antes de mi graduación de la universidad. Stephanie y yo oramos por la oferta, y unos días más tarde acepté la posición. Y, como dicen por ahí, el resto es historia.

Les cuento esto porque creo que hay algo muy importante acerca de la pregunta que repetidamente le hice a Dios durante esos años: «¿Cómo puedo hacer el mayor impacto para tu reino?». Yo no le estaba pidiendo a Dios que me dijera dónde él quería que yo fuera. Lo que yo quería saber era cómo yo podría hacer el mayor impacto para él y para su gloria. Y esa pregunta en particular lanzó mis pensamientos en una dirección diferente. Cambió mis oraciones, llevó el enfoque de mi búsqueda a otro nivel y guió mi corazón y mente. Esta pregunta singular me ayudó a descubrir mi parte en la misión de Dios para cambiar el panorama de la eternidad.

Cómo aprovechar mejor mis oportunidades

Avance rápido a mi sexto año a tiempo completo en el ministerio para niños. Yo estaba sirviendo como pastor para los niños en otra iglesia en el medio oeste del país. Me encantaba mi trabajo; sin embargo, a veces sentía que me estaba volviendo loco. Muy en lo profundo de mi ser sabía que faltaba algo. Solo que no podía precisar qué podría ser. Veía con claridad la oportunidad que Dios nos había dado para servir de influencia en el desarrollo espiritual de los muchachos en nuestro ministerio para niños, pero no me parecía que lo que estábamos haciendo fuera realmente efectivo, por lo menos no tan efectivo como podría ser.

Ese sentir tan inseguro me llevó a preguntarme qué faltaba en mi ministerio. Leer el libro de Rick Warren *Una iglesia con propósito* se convirtió en el tercer momento decisivo en mi vida. Al principio, cuando me entregaron el libro, no tenía tanto interés. En ese tiempo (y similar a lo que vemos hoy), estaban surgiendo nuevas modas pasajeras de iglecrecimiento cada uno o dos años. Ya había dejado de contar la cantidad de libros que leí en los que reclamaban tener «la manera» de hacer el ministerio. Pero las palabras en el título —«con propósito»—, me intrigaron y sentí el deseo de echar una ojeada. Sabía que tenía que haber una manera más efectiva de hacer el ministerio que yo estaba haciendo. Me encantaban los niños y las familias de mi iglesia, y sin dudar puedo decir que mi esposa y yo estábamos completamente comprometidos a hacer una diferencia en sus vidas. El ministerio estaba en un constante movimiento con una actividad tras otra. Andábamos corriendo de un programa al próximo. Sentía la constante presión para aumentar la asistencia. La satisfacción de los padres era siempre la prioridad principal.

Me descubrí luchando por satisfacer las expectativas de todos los demás. Estuve a punto de desear intentar cualquier cosa para ser más eficiente en lo que me encantaba hacer. Abrí el libro y desde la primera página hasta la última el concepto de ministrar con un propósito tenía todo el sentido posible para mí. De hecho, luego de leer unos capítulos de este libro, supe que mi método para el ministerio tenía que cambiar de inmediato.

¿Qué cambió para mí? Bueno, antes de leer *Una iglesia con propósito* no le había dado una seria consideración a *por qué* existía mi ministerio. Siempre pensé que yo sabía por qué, hasta que intenté escribirlo. Con el lápiz revoleteando sobre el papel en blanco reconocí de repente que esto no estaba claro en mi mente. También reconocí con dolor que aunque mi ministerio estaba en acción y se encaminaba a algún lugar, yo no sabía hacia dónde iba. No podía dar una clara respuesta a nuestro destino. Había una falta similar de claridad cuando traté de identificar nuestros destinatarios. Como no habíamos establecido a *quién* estábamos tratando de alcanzar, tampoco éramos muy eficientes para alcanzar a alguien.

Como si no fuera suficiente, uno de los ajustes mayores en mi ministerio vino al reconocer que aunque estaban sucediendo cosas buenas, esas cosas buenas no estaban relacionadas a una estrategia. Los servicios, programas y actividades existían aislados y no trabajaban juntos hacia un objetivo específico. Yo no había escrito una estrategia acerca de *cómo* podíamos alcanzar y discipular a los niños.

Aprendí que hay componentes estructurales esenciales que necesitan estar en su lugar si es que vamos a tener éxito en la misión. Saber *cuáles* son los componentes estructurales necesarios para apoyar el ministerio y entonces implementar esos componentes hizo la diferencia. Ahora, muchos años después, le cuento este tercer momento decisivo en mi vida porque espero guiarle a través de un viaje similar de descubrimiento. Usted tendrá el beneficio de aprender de mis errores y de la experiencia de otros que han intentado este peregrinaje antes que usted.

Yo no le estoy diciendo cómo hacer el ministerio de niños, yo le estoy brindando una oportunidad para que usted descubra por su cuenta las posibilidades que Dios tiene para su ministerio para niños, algunas de las cuales tal vez no habrán cruzado por su mente. Le tengo tanta confianza a este proceso porque ha funcionado para muchas personas. Este relaciona su experiencia, sus talentos y oportunidades únicas para el liderazgo y la guía de Dios para su ministerio de niños. Esta es una oportunidad que nunca debe tomarse a la ligera porque es un momento divino donde las posibilidades del reino se interceptan con su propósito y don particulares para la vida.

Este puede ser un momento decisivo para usted

Piense en la oportunidad que ahora mismo tiene frente a usted y hágase esta pregunta: ¿estoy sacando el mejor provecho de esta oportunidad? Si no es así, ¿qué puedo hacer para lograrlo? Este puede ser un momento que cambie su perspectiva o le inste a hacerse preguntas diferentes, preguntas poderosas, acerca de su futuro y el futuro de su ministerio.

Este puede ser un momento decisivo para usted, no por estar leyendo este libro, sino porque usted está aceptando que tiene una oportunidad para cambiar el panorama de la eternidad desde exactamente donde usted está. O tal vez porque usted reconoce y abraza el hecho de que Dios lo ha dotado. O usted reconoce que con solo dar un pequeño paso, hacer un ajuste, puede hacer una diferencia significante en su ministerio para niños.

Antes le mencioné que con frecuencia pienso en el desarrollo espiritual de los niños como dar forma a un barro suave. Este momento en la vida de un niño es único. ¿Qué está usted haciendo con el barro que Dios le ha dado? ¿Qué está haciendo con su oportunidad de marcar una diferencia en las vidas de los niños? En el próximo capítulo comenzaremos a responder algunas de estas preguntas a medida que exploramos el concepto de llevar a los niños hacia la salud espiritual. También detallaremos los elementos esenciales para crear un ambiente en el ministerio que saca el máximo provecho de las oportunidades frente a usted.

Guía para el intercambio de ideas

En este ejercicio usted:

- Pensará acerca de los momentos decisivos de su vida, las oportunidades que esos momentos han creado y las acciones decisivas que usted debe tomar para sacar el máximo de sus oportunidades.

Descubrimiento/Reflexión:

1. ¿Cuáles son los momentos decisivos en su vida? ¿En la vida de su ministerio? Tome un momento para enumerar dos o tres que recuerde.

2. Dios sabe lo que está haciendo y nos ha colocado exactamente donde él quiere que estemos. ¿Cuál es una o dos lecciones de valor que usted ha aprendido de las oportunidades únicas que Dios le ha dado?

3. ¿Alguna vez pensó en las oportunidades como invitaciones divinas para cambiar el paisaje de la eternidad? Cuando usamos lo que tenemos, no importa quiénes seamos, nosotros podemos cambiar literalmente a quienes nos rodean para siempre. ¿Dónde sintió usted el llamado de Dios en su vida?

4. Al considerar ahora mismo su propio contexto, sus dones y sentido de llamado, y su estación de la vida, ¿dónde siente usted que puede hacer el mayor impacto y diferencia para el reino de Dios?

5. ¿Qué está haciendo usted con las oportunidades que Dios le ha dado para hacer una diferencia en las vidas de los niños?

Conexión:

Pida a Dios que le ayude a sacar el máximo provecho de las oportunidades que le ha colocado frente a usted para cambiar el paisaje de la eternidad.

CAPÍTULO 2

Un ministerio con propósito para niños

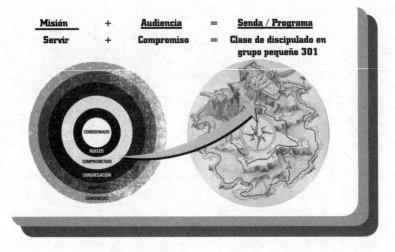

No imiten las conductas ni las costumbres de este mundo, más bien dejen que Dios los transforme en personas nuevas al cambiarles la manera de pensar. Entonces aprenderán a conocer la voluntad de Dios para ustedes, la cual es buena, agradable y perfecta.

ROMANOS 12.2, NTV

Vístanse con la nueva naturaleza y se renovarán a medida que aprendan a conocer a su Creador y se parezcan más a él.

COLOSENSES 3.10, NTV

En este capítulo nos sumergiremos en la definición de la naturaleza de un ministerio con propósito para niños y usted descubrirá cómo los principios que les presento se pueden implementar en su ministerio. De nuevo le quiero recordar que no se preocupe con el lenguaje y la terminología que uso para describir este proceso. He conocido algunas personas que se enfocan con tanta intensidad en los términos y las palabras específicas que pierden lo que realmente importa, el proceso global que les puede ayudar a alcanzar su objetivo.

Así que con esto en la mente, quiero comenzar definiendo lo que no es un ministerio con propósito para niños:

- No se trata de un currículum en particular.
- No depende de cierta terminología.
- No se enfoca en grandes cantidades.
- No es un ministerio «igual para todos».
- No requiere que usted implemente todo lo que hay en este libro.
- No reclama ser la *única* manera de hacer el ministerio para niños.

Aquí está cómo yo defino un ministerio con propósito para niños:

Un ministerio con propósito para niños es un
proceso de discipulado intencional y balanceado
que guía a los niños hacia la salud espiritual.

Hay cuatro componentes clave para esta definición, y cada uno de estos se cubrirá en este libro:

1. Salud espiritual
2. Balance
3. Intención
4. Un proceso de discipulado

Hay dos aspectos de mi definición que merecen una mirada más cercana. Vamos a desenvolver lo que significa decir que estamos «guiando a los niños» y lo que queremos decir por «salud espiritual».

Guiar a los niños

El liderazgo es el arte de influir en las personas para que lo sigan a usted hacia un destino. Digo que somos guías de niños no para implicar una posición de poder y autoridad, sino para sugerir que estamos guiando a los niños por el peregrinaje, no empujándolos ni halándolos. Aunque tenemos objetivos claros y un destino específico, cada niño es único, y su peregrinaje reflejará su singularidad. Los niños tendrán preguntas y experimentarán dudas en cada etapa de su desarrollo espiritual, así que es importante ayudar a estos niños a navegar por esas preguntas y dudas a medida que crecen y maduran. Mientras los guiamos queremos que ellos sepan y comprendan la Palabra de Dios, pero también que descubran cómo vivir su fe en cada ámbito de sus vidas.

El apóstol Pablo estaba guiando a un grupo de creyentes (que a veces actuaba como niños) por un viaje hacia la salud espiritual. En Filipenses 3.16 él les dio un mensaje que describe de una manera hermosa el proceso del discipulado: «En todo caso, vivamos de acuerdo con lo que ya hemos alcanzado».

Pablo sabía que estos creyentes estaban en diferentes etapas de su formación espiritual y él quería que ellos entendieran la importancia de actuar sobre la guía que cada uno de ellos había recibido hasta este punto junto a su peregrinaje individual. En otras palabras, ellos no podrían progresar en su desarrollo de la salud espiritual hasta que entendieran y fielmente implementaran la verdad que ya sabían.

Pablo los guió hacia la salud y madurez espiritual, pero a cada individuo le correspondía aprender a vivir la verdad que Pablo les enseñaba y modelaba.

Nosotros guiamos a los niños de esta misma manera. Los guiamos por un peregrinaje de formación espiritual al enseñarles la Palabra de Dios y ayudarlos a navegar por las preguntas honestas a medida que ellos procesan sus dudas personales y descubren cómo sobrevivir los momentos de confusión y desánimo. Mientras que actúan genuinamente sobre la verdad que han aprendido, progresan un paso a la vez en su peregrinaje hacia la salud espiritual y llegan a ser discípulos de Cristo.

La salud espiritual es la meta

Estamos guiando niños a un destino y ese destino o meta es la salud espiritual. Esto requiere un proceso de balance e intención. La belleza de este peregrinaje de formación espiritual es que culmina en una transformación de la vida, la cual es la senda a la salud espiritual. Esto no sucede solo por transferir información o por un método de «créalo porque nosotros lo aseveramos». Este es un peregrinaje con seguidores de Cristo completamente comprometidos con Cristo a guiar a los niños, un paso a la vez, por el camino.

La inmensa mayoría del tiempo cuando pensamos en la palabra «salud», de inmediato visualizamos el cuerpo humano... y con razón. Es una imagen orgánica de integridad y bienestar. A lo largo de la Biblia vemos que el cuerpo humano se usó como una herramienta ilustradora para ayudarnos a entender principios y verdades, tales como la unidad en la iglesia, la interrelación de los creyentes y la necesidad de una diversidad de dones y talentos.

El cuerpo humano también ilustra un cuadro profundo de la salud espiritual. Cuando los sistemas, partes y procesos del cuerpo humano operan en balance de acuerdo a la ingeniería maestra de Dios, el cuerpo desarrollará y funcionará como fue diseñado. Esto, por lo general, se estima como salud. Nosotros, de forma innata, consideramos que un cuerpo saludable es un cuerpo que funciona de manera óptima.

Sin embargo, todos encaramos desafíos continuos con nuestra salud física. Es posible que esto se deba a un defecto de nacimiento, una herida, un desorden hereditario, decisiones pobres o hasta el proceso natural de envejecer. ¿Nos prohíben necesariamente estos desafíos que seamos saludables? Por ejemplo, si yo pierdo una extremidad, ¿quiere decir que nunca seré saludable? O si tengo una enfermedad mental, ¿significa que me excluirán para siempre de una «fiesta saludable»? Incluso, aunque mis sistemas del cuerpo no estén funcionando de manera apropiada o aunque todas las químicas no estén balanceadas perfectamente, eso no significa que un nivel de salud esté fuera de mi alcance. Honestamente, no conozco a muchas personas que tengan un cuerpo perfectamente saludable y libre de cualquier imperfección o limitación.

Esto sugiere que la salud física no se verá igual en todos. Todos nuestros cuerpos tienen el mismo diseño ideal, pero debido a una variedad de razones funcionan de maneras diferentes. Algunas personas han logrado un grado de salud en sus cuerpos físicos que no es posible para mí. Eso no quiere decir que yo no pueda ser saludable; solo significa que no podemos definir saludable de un solo brochazo. Un cuerpo que esté funcionando a un grado físico óptimo y alcanzando su completo potencial es saludable.

Creo que esto mismo es cierto en cuanto a nuestra salud espiritual. Todos tenemos obstáculos, luchas y limitaciones. Algunos son el resultado de nuestras decisiones, otros son el resultado de asuntos fuera de nuestro control. Pero no importa cuál sea el obstáculo o cómo se originó, podemos ser espiritualmente saludables aunque nuestra salud espiritual parezca ser diferente en cada uno de nosotros. La salud espiritual es el proceso progresivo de una persona que está alcanzando su completo potencial en su crecimiento y desarrollo como un discípulo de Cristo.

Todos andamos por algún lugar en nuestro peregrinaje hacia la salud espiritual, un peregrinaje para llegar a ser maduros espiritualmente. Todos necesitamos guía, especialmente aquellos que son jóvenes en la fe. Una mejoría en la salud espiritual no sucederá si el discípulo no hace un esfuerzo deliberado, por joven que este sea. Y, por supuesto, el líder que los discipula también tiene que esforzarse. En varias ocasiones Pablo usó la analogía de crecer hacia la madurez como cuando él le escribió a la iglesia de Éfeso: «Ese proceso continuará hasta que todos alcancemos tal unidad en nuestra fe y conocimiento del Hijo de Dios que seamos maduros en el Señor, es decir, hasta que lleguemos a la plena y completa medida de Cristo» (Efesios 4.13, NTV). Pablo le recuerda a la iglesia que la salud espiritual no es un don para algunos; es un don para todos nosotros. De hecho, no podemos lograr la madurez espiritual por nuestra cuenta. La logramos de manera colectiva a medida que crecemos juntos como el cuerpo de Cristo. Pero lograrla requiere un compromiso deliberado para crecer «en todo sentido hasta parecernos más y más a Cristo» (Efesios 4.15, NTV).

A medida que descubrimos y desarrollamos pasos para la formación espiritual que guía a los niños hacia la salud espiritual, debemos recordar que cada niño es único. Ellos están en diferentes etapas de su vida, tienen diferentes procedencias y diferentes niveles de potencial. No importa dónde estén en su peregrinaje, cada niño tiene el potencial de ser espiritualmente saludable y continuar moviéndose hacia el próximo paso de la salud espiritual.

Un ministerio saludable guía a los niños hacia la salud espiritual

Al igual que el cuerpo humano puede ser una ilustración de nuestra salud espiritual, también puede ayudarnos a comprender cómo podemos tener un ministerio saludable. Su ministerio en la iglesia, muy semejante al cuerpo humano, es un organismo vivo que requiere procesos, sistemas y estructuras esenciales para mantener la salud. Y, también como el cuerpo humano, si su ministerio es saludable, este crece, se desarrolla y funciona de acuerdo a su potencial único. En Colosenses 2.19 Pablo dijo: «Por la acción de esta [la Cabeza o Cristo], todo el cuerpo, sostenido y ajustado mediante las articulaciones y ligamentos, va creciendo como Dios quiere».

El crecimiento de su ministerio no es tan importante como la salud de su ministerio. Nuestra responsabilidad no es fabricar el crecimiento, sino dar los pasos necesarios para proveer un ambiente saludable. Dios hará que el ministerio crezca de acuerdo a su plan. Es por esta razón que usted no puede juzgar la salud de un ministerio solo por los números. Si los números se convierten en el foco de su ministerio, usted perderá de vista el objetivo principal, el cual es la salud.

Aunque yo creo que es importante estar al tanto de las estadísticas, tal como la asistencia y el crecimiento, no creo que la cantidad de niños involucrados en un ministerio sea un barómetro acertado de la salud de un ministerio. Esto también es cierto en cuanto a la salud espiritual de los niños que asisten a un ministerio. Aunque es tentador seguir la pista de los números, la asistencia y la cantidad de versículos bíblicos memorizados, he descubierto que es increíblemente difícil medir la salud espiritual o la madurez espiritual de un niño basándose solo en cuán involucrado esté en nuestro ministerio de niños.

La Biblia dice en Mateo 7.15–20 que podemos identificar un árbol por sus frutos, pero como seguramente usted habrá experimentado, a veces el fruto no es exactamente lo que usted creyó que sería. Esto me recuerda el árbol de aguacate en mi patio. Cualquiera que ve ese árbol sabe que no es un árbol de naranja ni un árbol de manzanas. Es un árbol de aguacate. Los aguacates crecen ahí. Sin embargo, no todos los aguacates tienen la misma calidad del fruto. He cortado uno de esos hermosísimos aguacates verdes o maduros solo para descubrir que no está maduro ni es tan agradable por dentro como parecía por fuera. Así también sucede con el «fruto» que produce nuestro ministerio. Sí, la asistencia y la cantidad de versículos memorizados son buenos indicadores y pudieran señalar un ministerio saludable, pero no es una garantía. Es posible que el fruto no esté maduro. Incluso, puede ser malsano o tener una enfermedad.

Al esforzarse por tener salud, su ministerio tiene la oportunidad de alcanzar su completo potencial y crecer de la manera que Dios quiere que crezca. Los procesos, sistemas y estructuras esenciales necesarios para proveer un ambiente de ministerio saludable requieren un esfuerzo coordinado de los individuos comprometidos a hacer su parte. En el libro de Efesios el apóstol Pablo describe la meta que estamos buscando en el ministerio saludable cuando dice que Jesús «hace que todo el cuerpo encaje perfectamente. Y cada parte, al cumplir con su función específica, ayuda a que las demás se desarrollen, y entonces todo el cuerpo crece y está sano y lleno de amor» (Efesios 4.16, NTV). Los dos elementos clave que se deben tener y mantener saludables en su ministerio son el equilibrio y la intencionalidad. Vamos a dar una mirada más de cerca a estos elementos clave y descubrir cómo implementarlos en nuestros ministerios.

El balance es esencial para un ministerio saludable

Como vimos antes, la salud no significa perfección. No importa con cuánto propósito usted dirija su ministerio, de seguro surgirán imperfecciones. La meta para los líderes es desarrollar y operar de acuerdo a todo el potencial suyo, y esto requiere balance.

¿Se imagina caminar por un alambre fino estirado entre dos edificios que tienen más de cien pisos desde el piso? ¿O caminar por un alambre que cruce las Cataratas del Niágara? ¿Qué de caminar sobre una cuerda estirada entre dos picos de montañas en Suiza? Eso parece un poco loco, ¿verdad? Pero cada una de estas situaciones se han realizado. Solo de pensar en eso me mareo.

¿En qué cree usted que se enfocaban estos equilibristas a medida que cruzaban estas cuerdas? Balance. Sin un balance apropiado, ellos habrían caído muertos. Para tomar el próximo paso ellos tenían que enfocarse en mantener su equilibrio. El balance es la clave para caminar una cuerda con éxito. El balance también es la clave para muchas cosas de la vida. Le restamos importancia al balance cuanto más caminamos en una dirección en particular o hacemos una tarea especial. Desarrollamos visiones de túneles, que nos llevan a obviar partes importantes de nuestra vida.

Nuestro ministerio para niños no es la excepción. Si queremos experimentar verdadera salud y sacar el provecho máximo de cada oportunidad que se nos presenta, debemos buscar balance. En *Una iglesia con propósito*, Rick Warren dice esto acerca del balance: «No hay una sola clave para la iglesia saludable y el crecimiento de la iglesia, hay muchas claves. No se llamó a la iglesia para hacer una cosa, se llamó para hacer muchas cosas. Por eso el balance es tan importante». Como señaló Pablo tan vívidamente en 1 Corintios 12.12–31, el cuerpo de Cristo tiene muchas partes. Nuestro cuerpo humano no solo está compuesto de una mano, una boca o un ojo. Está hecho de múltiples sistemas que trabajan en colaboración, el sistema respiratorio, el sistema circulatorio, el sistema nervioso, el sistema digestivo, el sistema del esqueleto, etc. Cuando estos sistemas están en balance el uno con el otro, decimos que el cuerpo está saludable. Cuando nos falta el balance, se dice que estamos enfermos. Entonces, ¿cómo es el balance espiritual del «cuerpo»? El cuerpo saludable incorpora cada uno de los principales propósitos del

Nuevo Testamento. En el lenguaje de «un propósito» hay cinco propósitos mayores que Dios tiene para la iglesia:

1. Adorar
2. Pertenecer
3. Crecer
4. Servir
5. Compartir

Juntos, estos propósitos se unen para crear el marco de trabajo para un ambiente saludable, uno equilibrado para alcanzar un potencial pleno al guiar a los niños hacia la salud espiritual. En la iglesia Saddleback le llamamos a esto «un ministerio con propósito»; pero de nuevo, no se atasque con esta frase. Usted puede darle otro nombre. A fin de cuenta, Dios es quien nos ha dado en su palabra un hermoso cuadro de balance, incorporando diferentes propósitos o sistemas de una iglesia saludable en un todo unido. Esto se puede replicar en cualquier ambiente de ministerio. Tener propósito es simplemente un asunto de ser determinado en el ministerio al crear las condiciones correctas para la salud espiritual mediante el balance.

Y esto nos lleva al segundo punto. Lograr el balance necesario para la salud no sucederá de manera automática. Usted debe ser intencional.

Usted debe ser intencional
para crear balance

Cuando mis hijos eran más jóvenes, nosotros pasamos una buena cantidad de tiempo jugando con los LEGO, esos pequeños bloques plásticos que vienen en varias formas y tamaños. Aunque estoy seguro de que hay algunas limitaciones en cuanto a lo que puede hacerse con un juego de LEGO, todavía no lo he encontrado.

Con el paso del tiempo expandimos nuestra colección de LEGOs hasta el punto en que cada uno de nosotros tenía suficientes para edificar cualquier cosa que imagináramos. Podíamos sencillamente vaciar el contenido de LEGOs sobre el piso y comenzar a armarlos. Una vez que esos bloques de colores cubrían cada pulgada de la alfombra, los muchachos y yo podíamos bucear, metiéndonos en el montón como una manada de perros hambrientos. A veces podíamos tener un plan predeterminado, pero la mayoría de las veces montábamos las piezas sin prestar especial atención a lo que estábamos formando. Íbamos improvisando por nuestra cuenta a medida que las montábamos, sin tener concepto alguno del resultado final que lograríamos. Esperábamos que el caos mágicamente se transformara en orden. Por desdicha, ese orden nunca sucedió. Nuestras creaciones eran interesantes, pero no tenían diseño ni propósito.

Unos años más tarde nos presentaron un nuevo tipo de LEGO, un juego de LEGO con piezas prediseñadas para edificar una estructura muy específica. Al seguir las instrucciones, cualquiera podía hacer un robot, una carrera de autos, un aeroplano jet. Nuestro método de tirar piezas y asemblarlas al azar no funcionaría para crear estas piezas maestras. Para armar estas estructuras el ensamblador tenía que seguir las instrucciones paso a paso.

Cuando nos sentábamos en el piso y uníamos las piezas al azar, no sabíamos qué resultado tendríamos. Una muralla podía convertirse en un puente, lo que a su vez se podría convertir en un barco. Y si usted miraba con cuidado al «bote», es probable que no reconociera un bote. Teníamos buenas intenciones, pero sin un diseño ni un plan, es probable que nadie podría decir lo que estábamos haciendo. Recuerdo que una vez mi hijo Matt armó unos LEGOs para hacer una nave espacial y dijo: «¡Mira, mamá!». Stephanie respondió: «¡Oh, hiciste una casita!».

Matt, desanimado, respondió: «No, es una nave espacial». Matt sabía en su mente lo que él quería hacer, pero el resultado no era reconocible para nadie más.

Cuento esto porque con frecuencia sucede eso mismo en nuestro ministerio. Cuando el ministerio se arma al azar, yo puedo pensar que es algo, pero es posible que para otras personas eso sea algo diferente.

Un ministerio que es intencional tiene un método deliberado con resultados predeterminados. En un mundo que ofrece al azar un sin fin de actividades, distracciones y decepciones, los líderes del ministerio deben estar enfocados y alineados con las metas de su ministerio. Dios es un Dios de orden, no de caos. Él tiene propósito e intención en lo que diseña. Mire con cuidado cualquier creación de la naturaleza y enseguida reconocerá patrones cohesivos. Nuestro Dios, el Creador del universo, edifica con propósito e intención, todo eso mientras mantiene sus ojos perfectos en el resultado deseado. Amigos, estamos hechos a su imagen, y debemos hacer lo mejor para seguir su ejemplo.

Jesús fue intencional al preparar a sus discípulos. Él seleccionó a cada uno con intención, deliberadamente les enseñó lecciones y con toda conciencia les asignó tareas diseñadas para lograr un resultado predeterminado. Nosotros también debemos ir al ministerio con intención y dejar el azar para el LEGO de nuestra sala. En el corazón, un ministerio «con propósito» para niños está estructurado con intención para maximizar el potencial que Dios tiene para su iglesia. Necesitamos balance e intención. Para mantener el balance, debemos establecer tanto un sistema de procesos como una estructura resistente de apoyo para balancear intencionalmente los cinco propósitos de Dios. Si no lo hacemos, seguiremos nuestra tendencia natural para enfatizar más firmemente lo que sentimos y dejar a un lado cualquier cosa por la que nos sintamos menos apasionados. Es probable que el resultado deje de seguir la intención y se pierda el balance apropiado.

Un ministerio con propósito para niños es un proceso de discipulado

Al principio de este capítulo definimos «un ministerio con propósito para niños». ¿Reconoció las palabras «proceso del discipulado» en esa definición? Aquí está de nuevo la definición:

Un ministerio con propósito para niños es un
proceso intencionalmente balanceado de discipulado
que lleva a los niños hacia la salud espiritual.

Es importante para nosotros entender esas dos palabras clave: *discipulado* y *proceso*. Comencemos con la palabra *discipulado*. ¿Qué significa ser un discípulo? La palabra *discípulo* se refiere a un aprendiz o estudiante. En los días de Jesús, un discípulo o estudiante podía literalmente seguir a su maestro por dondequiera que este fuera. El discípulo escuchaba con cuidado las instrucciones y enseñanzas del maestro (o rabí) y se comprometía a llegar a ser como el maestro. La meta no solo era aprender información, sino experimentar una vida transformada. Esta experiencia de ser un discípulo requiere acción. Requiere más que sencillamente entender hechos o hacer un esfuerzo a medias para luego darse por vencido. Convertirse en un discípulo significa enfocarse en la meta de llegar a ser como el maestro y vivir como él vive. Como dijo Jesús: «Los alumnos no son superiores a su maestro, pero el alumno que complete su entrenamiento se volverá como su maestro» (Lucas 6.40, NTV).

En los tiempos de Jesús, convertirse «como su maestro» era la meta de ser un discípulo o estudiante. Durante el proceso el estudiante estaba expuesto a la instrucción del maestro, escuchaba la explicación de las enseñanzas, experimentaba la realidad de esas verdades y luego tenía la oportunidad de expresar lo que había aprendido al presentarlo a los demás. Hoy pudiéramos agregar que un estudiante no solo es un aprendiz. Un estudiante también es un practicante que lleva a la práctica las cosas que aprendió. En esto, Filipenses 3.16 es de ayuda: «Pero debemos aferrarnos al avance que ya hemos logrado». Para llegar a ser como nuestro maestro, también debemos obedecer o poner en acción lo que hemos aprendido.

En *Una vida con propósito*, Rick Warren describe a un discípulo como uno que:

> Complace a Dios cada día, eso es ADORACIÓN.
>
> Está planeado para agradar a Dios.
>
> Se une al compañerismo de creyentes, eso es COMPAÑERISMO.
>
> Está formado para una familia.
>
> Aprende cada día a ser más semejante a Cristo, eso es DISCIPULADO.
>
> Está creado para llegar a ser como Cristo.
>
> Sirve en el ministerio de su iglesia, eso es MINISTERIO.
>
> Está formado para servir.
>
> Comparte el amor de Dios con los incrédulos, eso es MISIÓN.
>
> Está hecho para una misión.

Francis Chan trata este concepto de ser un discípulo como llegar a ser semejante al maestro. En su libro *Multiplícate* él escribió: «Esta es la razón de ser un discípulo de Jesús: le imitamos a él, continuamos su ministerio, y nos volvemos como él en el proceso. Con todo, muchos han llegado a creer que una persona puede ser un "Cristiano" sin ser como Cristo. Un "seguidor" que no sigue. ¿Cómo puede tener eso sentido? Muchas personas en las iglesias han decidido tomar el *nombre* de Cristo y nada más. ».[2]

Algunos también usan las palabras «formación espiritual» para describir a lo que me estoy refiriendo como el «proceso del discipulado». En lugar de entrar en detalles ilimitados acerca de cuál lenguaje usar (hay otros libros sobre esto), quiero hacer notar que algunos líderes de la iglesia usan estos términos de manera intercambiables mientras que otros justifican una preferencia para usar uno más que el otro. Para el propósito de este libro yo usaré los términos «proceso del discipulado» y «formación espiritual» para decir la misma cosa. Estos solo son diferentes maneras de describir lo que significa llegar a ser semejantes a Cristo.

En su libro *La gran omisión*, Dallas Willard dijo esto acerca de la formación espiritual: «Lo que debemos entender es que la formación espiritual es un proceso que implica la transformación de todo el individual, y que todo el individuo debe estar *activo con Cristo* en la obra de la formación espiritual. La transformación espiritual a la semejanza a Cristo no va a ocurrirnos a menos que actuemos».[3]

Entonces, ¿cómo funciona esto en un ministerio para niños? Aquí hay una rápida explicación de cómo es esto en nuestro ministerio para niños en Saddleback. En un proceso de discipulado, un seguidor de Cristo llega a semejarse más a Cristo de manera progresiva mediante esta transformación. La formación espiritual es el marco que usamos para ayudar a los niños a aprender y desarrollar su relación con Dios mediante el proceso. Usamos la formación espiritual como un medio para ayudar a los niños a convertirse en discípulos de Cristo.

Nosotros promovemos un método sistemático que lleva a los niños desde estar sin iglesia y desconectados de Dios a un nivel más profundo de madurez y compromiso espiritual. El propósito es que ellos estén involucrados en el ministerio y en vivir en el mundo la misión que Dios les ha dado. Eso es más que solo transferir información de un maestro a un niño, esto es un proceso transformador mediante el cual el Dios viviente se hace real y accesible al niño. Es lo que dijo Pablo en su carta a los romanos: «No imiten las conductas ni las costumbres de este mundo, más bien dejen que Dios los *transforme* en personas nuevas al *cambiarles* la manera de pensar. Entonces aprenderán a conocer la voluntad de Dios para ustedes, la cual es buena, agradable y perfecta» (Romanos 12.2, NTV, énfasis del autor).

La palabra «transforme» en este versículo vuelve a aparecer en Mateo 17 cuando Jesús lleva a Pedro, Santiago y Juan a la cima de una montaña a orar. El uso de la palabra es útil para entender el significado del mensaje de Pablo. Cuando Jesús y los discípulos llegaron a cierto lugar de la montaña, sucedió algo milagroso: para el asombro de los discípulos, exactamente frente a sus ojos mientras oraban, apareció la persona de Jesús transformado en una forma gloriosa. Su cara brillaba como el sol, su ropa se hizo deslumbrantemente blanca y Moisés y Elías aparecieron frente a ellos. Hasta tuvieron una conversación con Jesús. ¿Se imagina qué estarían pensando Pedro, Santiago y Juan en este momento? ¡Yo habría estado muriéndome de miedo!

¿Alguna vez usted se preguntó por qué Jesús hizo esto? Creo que una de las razones por las que Jesús permitió que Pedro, Santiago y Juan fueran testigos de este momento fue para brindarles a estos más cercanos a él una mejor comprensión de quién es él. Hasta este momento los discípulos solo conocían a Jesús en su forma e identidad humana. Pero cuando la apariencia de Jesús se transformó dramáticamente, los discípulos pudieron ver a Jesús en toda su gloria. Aunque ellos no pudieron comprender por completo lo que había sucedido ante sus ojos, salieron de esa experiencia comprendiendo mejor que Jesús era más que solamente un hombre. Comenzaron a reconocer mejor la deidad de Cristo.

La razón por la cual menciono la transfiguración de Jesús en Mateo 17 es para señalar que la misma palabra que se usó en Romanos 12 para «transformar» se usó aquí para «transfiguración»: la palabra *metamorphoo*. Al igual que Dios transformó la apariencia de Jesús en algo asombroso, también quiere hacerlo en nosotros. Esto no es solo una mejoría ligera, ¡es toda una remodelación! Dios nos quiere convertir en personas que muestren su gloria. Aunque literalmente nuestras caras no brillarán como la de Jesús, Dios quiere que nuestras vidas, nuestro corazón, pensamientos, acciones, palabras y obras, brillen claramente y comuniquen a otros que algo nos ha sucedido. Y esto es lo que Dios quiere para los niños en nuestra esfera de influencia, una transformación durante su peregrinaje hacia la salud espiritual.

En el primer capítulo mencioné cuán a menudo pienso en los niños de nuestro ministerio como el barro. Nuestros niños se formarán y se moldearán, pero la pregunta que debemos hacernos es quién los formará y con qué fin. Esta flexibilidad y receptividad que encontramos en los niños se hace menos flexible cada año. Por eso es que creo firmemente que la madurez y salud espiritual del niño se gana a una temprana edad mediante un proceso de discipulado intencional que los preparará para cumplir el propósito que Dios les ha dado: abrazar su verdadera identidad en Cristo y tomar el control de su llamado singular en este mundo.

Jesús modeló de manera eficiente un proceso de discipulado transformador. Jesús solo tenía un tiempo breve, alrededor de tres años, para preparar a sus discípulos para llevar la misión de presentar el amor de Dios al mundo. Piense en esto, él tenía tres años para preparar, animar y dar poder a su equipo de futuros líderes. Durante esos tres años, dos aspectos del proceso del discipulado de Jesús sobresalen como necesarios para nosotros hoy si queremos maximizar nuestra eficiencia en ver vidas de niños transformados. El proceso de Jesús para discipular era estratégico y evolutivo.

Un proceso estratégico del discipulado

Hace años era común para mi ministerio ofrecer una amplia variedad de programas y acontecimientos. Cada uno de estos programas era bueno y todos parecían aprobarlos, bueno... por lo menos la mayoría de las veces. Pero había un problema: los programas eran aislados y no se relacionaban entre sí. No teníamos un proceso estratégico para darle prioridad o integrarlos, y esto significaba que yo no estaba maximizando nuestros esfuerzos y recursos. Todas las «cosas buenas» que estábamos haciendo andaban desparramadas y eran menos efectivas porque no se apoyaban o edificaban entre sí. Nuestros programas estaban desconectados. En lugar de tener un ministerio sincronizado que llevara a los niños por un proceso de discipulado, nos vimos empleando los esfuerzos en vano. Por eso nuestros niños no estaban llegando a ninguna parte. Faltaba una coherencia estratégica.

Unos días después de hablar acerca de este problema, yo estaba leyendo una revista y vi un anuncio para un bonito reloj de pulsera hecho a mano. El reloj estaba diseñado de una manera muy hermosa y tenía una etiqueta con el precio que le correspondía. Pero lo que cautivó mis ojos fue una ilustración con una vista detallada del reloj. La ilustración revelaba todas las partes, como si el reloj hubiera explotado. Esto me permitió ver todas las piezas interiores de una manera creativa. Se me encendió el bombillo en mi cabeza.

Vi que todas las partes de este reloj, formadas de manera única, funcionaban juntas con un objetivo singular: mantener el tiempo exacto. Había muchas piezas en movimiento, pero todas tenían un propósito unido. Así también, nuestro ministerio para niños tiene una cantidad de «piezas en movimiento». Pero lo que debemos preguntarnos es, ¿están estas piezas en movimiento alineadas y funcionando juntas para lograr un objetivo estratégico? Al igual que un reloj hecho de manera mecánica con todo propósito, el propósito del ministerio para niños está diseñado estratégicamente con un objetivo singular: llevar a los niños hacia la salud espiritual. Esto es lo que significa ser estratégico. Un ministerio estratégico toma en consideración todos los factores necesarios para lograr una meta predeterminada y examinar cómo esos factores se conectan unos a otros.

Si usted sirve en el ministerio para niños, sabe que hay muchos aspectos del ministerio que la gente de afuera ignora. La mayoría de las personas no sabe lo que usted, como el líder del ministerio para niños, debe hacer cada semana solo para lograr que el ministerio siga funcionando, hasta que usted deja de hacerlo. Como un reloj mecánico, cada parte o componente de nuestro ministerio debe estar conectado y construido en unión como un todo para lograr un objetivo común. Jesús era extremadamente estratégico en todos los aspectos de su ministerio. Él sabía lo que debía lograr, cómo lo lograría y a quién necesitaría para alcanzar los objetivos. Jesús veía su ministerio desde una perspectiva panorámica. Él también sabía que nada de esto se podría hacer al mismo tiempo, así que pensó estratégicamente, paso a paso, cómo podría discipular a estos líderes y cómo utilizaría cada una de sus destrezas para los propósitos del reino. Hacer esto también significaba sacar provecho de fuentes poco probables. Los escogidos para ser discípulos no siempre fueron los favoritos de la multitud ni alguien por quien la gente votaría. Pero él sabía exactamente quiénes podrían realizar cada una de las tareas y cómo ellos se acomodarían en el gran cuadro.

Un ministerio con propósito para niños maximiza la eficiencia del programa y saca lo mejor de cada oportunidad a través de ideas estratégicas, ¡igual que funciona un reloj!

Un proceso del discipulado en desarrollo

El proceso del discipulado sucede en pasos y etapas, no todo a la vez. Aquí agregué «desarrollo» porque la estrategia debe estar diseñada para relacionarse con los niños en su etapa espiritual o de desarrollo. Considere una analogía desde los grados de la escuela. Les enseñamos a los niños los principios de matemáticas a través de un proceso evolutivo. En primer lugar el niño aprende a identificar los números, luego pasan a la suma y la resta, luego a la multiplicación y la división, y por fin a los aspectos verdaderamente divertidos de las matemáticas: ¡álgebra, trigonometría y cálculo!

Ahora imagine durante un segundo que cambiáramos el proceso y comenzáramos a enseñar cálculo a los de primer grado antes que hayan aprendido o dominen la multiplicación y la división. Esta idea es una locura, ¿verdad? Debemos llevar a los niños por un viaje de desarrollo a través de los diferentes campos de las matemáticas en la que cada etapa prepara para la próxima. El progreso se incrementa y se acumula, desarrollándose en etapas. En este sentido es como aprender a caminar. Los niños deben aprender a gatear antes que puedan caminar. Por alguna razón se le llama a esto pasos de bebé.

Jesús modeló una estrategia con sus discípulos. Para iniciar, Jesús enmarcó sus enseñanzas con «vengan y vean» (Juan 1.39). Luego de esto les enseñó en etapas y pasos lo que significa ser un discípulo. A medida que aumentaban el crecimiento y la madurez de los discípulos, la enseñanza pasó de «vengan y vean» a «vengan y mueran».

En Mateo 4.19, Jesús se acercó a Pedro y a Santiago y los desafió a seguirlo: «¡Yo les enseñaré cómo pescar personas!» (NTV). Esta era una invitación para influenciar lo eterno y una oportunidad de cambiar el panorama de la eternidad. Luego, cuando su misión estaba llegando al final y no mucho antes de que lo crucificaran, Jesús dio a los discípulos un nuevo desafío: «Si alguno de ustedes quiere ser mi seguidor, tiene que abandonar su manera egoísta de vivir, tomar su cruz y seguirme» (Mateo 16.24, NTV). Los discípulos sabían lo que esto significaba. Es probable que tres años antes un llamado a morir habría sido demasiado para ellos, pero después de tres años de experiencias transformadoras no solo entendían lo que Jesús les estaba pidiendo, sino que ahora estaban preparados para seguir el ejemplo y comisión de Jesús (vea Juan 11.16; 13.37 y Mateo 26.35).

Jesús usó una estrategia de desarrollo al incrementar la enseñanza y modelarla en diferentes etapas de acuerdo a las necesidades y progresos de los discípulos. Nuestros niños, como los discípulos, se moverán de manera progresiva desde el conocimiento y la experiencia a una completa devoción, desde «vengan y vean» a «vengan y mueran». Esa es la meta.

Amados hermanos, cuando estuve con ustedes, no pude hablarles como la haría con personas espirituales. Tuve que hablarles como si pertenecieran a este mundo o como si fueran niños en Cristo. Tuve que alimentarlos con leche, no con alimento sólido, porque no estaban preparados para algo más sustancioso. Y aún no están preparados.

(1 CORINTIOS 3.1, 2, NTV)

El apóstol Pablo le dijo a la gente en Corinto que él era incapaz de hablar con ellos de la manera que él quería porque todavía ellos no tenían suficiente madurez espiritual. Pablo tenía que dirigirse o acercarse a ellos «donde ellos estaban» en su peregrinaje espiritual.

Contar buenas historias, enseñar lecciones usando objetos y juegos divertidos son grandes maneras de relacionarse con los niños, pero estas cosas pierden su impacto si no hay un proceso intencional que de manera estratégica y de acuerdo al desarrollo de los niños los lleve hacia la salud espiritual. Cuando tenemos estos dos elementos, maximizamos nuestra eficiencia con los niños.

Un proceso de discipulado con propósito maximiza la efectividad

En el ministerio para niños solo tenemos un tiempo limitado para poner el cimiento para la formación espiritual. Un proceso de discipulado estratégico de acuerdo a la madurez del niño maximizará su efectividad en cuatro maneras vitales que ayudarán a lograr su meta y guiarán a los niños hacia el crecimiento espiritual.

Primero, este proceso le dará un cuadro claro de las oportunidades del discipulado que su ministerio realmente le provee. Cuando comenzamos con el final en la mente, podemos identificar caminos que llevarán a los niños hacia el objetivo máximo, la salud espiritual. Nuestra efectividad se multiplica si sabemos hacia dónde estamos guiando a los niños y cómo los estamos guiando.

Segundo, este proceso le ayudará a asignar los recursos apropiados. Cómo utilizamos los recursos que nos confían pueden lograr o pueden destruir la eficiencia del ministerio. Saber dónde empleamos nuestro tiempo, esfuerzo y energía nos permite identificar cómo estamos dirigiendo a los niños hacia la salud espiritual y hacer los ajustes necesarios para una eficiencia óptima.

Tercero, este proceso nos muestra cómo cada componente de su ministerio está trabajando al unísono hacia el objetivo de la salud espiritual. Aquí volvemos a traer al escenario nuestro reloj mecánico: el todo no es más eficiente que la suma total de cómo las piezas trabajan juntas. Cuando identificamos con claridad cómo funciona (o no funciona) cada componente de nuestro ministerio, podemos ver cuán bien estamos alcanzando nuestro objetivo para luego hacer los ajustes de estrategia necesarios.

Por último, el proceso le ayuda a hacerse las preguntas correctas y a encontrar las soluciones correctas. Es fácil trabarse en el «modo de resolver los problemas» como líderes del ministerio para niños. Sin embargo, encontramos soluciones al hacer las preguntas correctas. Las preguntas que hacemos determinan en qué dirección van nuestros pensamientos. Me gusta esta cita de Voltaire: «Juzgue a un hombre de acuerdo a sus preguntas, en lugar de juzgarlo según sus respuestas».

Cuando hacemos las preguntas correctas, llevamos nuestras mentes hacia las respuestas correctas. Pero si hacemos preguntas incorrectas, es muy común quedarnos atrapados en una trayectoria incorrecta. ¿Alguna vez se vio usted atrapado al hacer las siguientes preguntas?

- ¿Cómo obtengo más voluntarios?
- ¿Qué plan de estudio debo usar?
- ¿Por qué nuestro pastor principal no se interesa en el ministerio para niños?
- ¿Por qué los niños son tan inquietos y por qué se portan mal todas las semanas?

Yo he estado ahí. Desde luego, estas preguntas tienen su lugar. Pero son miopes, y las respuestas que usted encontrará solo le darán un alivio temporal en cuanto a los desafíos más profundos que usted encara en su ministerio.

Eventualmente usted encontrará cualquier cosa que esté buscando, si la busca de todo corazón. Esta es la manera en que obra el reino de Dios (Juan 15.7; Jeremías 29.13). Digamos que usted tiene un niño difícil en una de sus clases de la elemental (uno de los niños que «requiere más gracia»). No importa lo que haga, usted no puede mantener la atención del niño. El niño interrumpe constantemente, no se sienta tranquilo y está metido en todo. Al regresar del servicio, mientras usted va manejando en su auto, tal vez se pregunte: «¿Por qué Steve es un niño tan malo?». De inmediato su cerebro irá en una búsqueda para encontrar todas las razones potenciales de por qué Steve parece ser un mal chico. Pronto comenzará a ver cada «cosa mala» que Steve hace. ¿Por qué? Porque su mente, ya sea que esté consciente de esto o no, está enfocada en descubrir la respuesta a su pregunta. Si ya usted determinó que Steve es malo, hay direcciones limitadas que su mente puede recorrer para descubrir la solución a su problema.

Pero veamos cómo sería otro enfoque. Comenzamos con la misma situación de nuestro niño que «requiere más gracia». Solo que esta vez, en camino a su casa, usted se hace esta pregunta: «¿Qué podría hacer yo para captar el interés de Steve en la lección?». Ahora su cerebro sí está buscando maneras de ayudar a Steve a conectarse con la enseñanza. ¿Ve la diferencia?

Y, a propósito, si esto le anima a ver que los niños pueden cambiar, debo mencionarle que yo fui ese niño. Yo soy un constante recordatorio para mí mismo de por qué no nos damos por vencidos con los «niños problemáticos». Porque un día tal vez usted se vea leyendo uno de sus libros (¡no sé si captó esta indirecta!).

Luego de varias décadas en el ministerio para niños he aprendido que si queremos encontrar respuestas correctas, debemos hacer mejores preguntas. Los grandes pensamientos comienzan con grandes preguntas. Así que, vamos a rediseñar las anteriores preguntas para ver cómo mejores preguntas dirigen nuestros pensamientos a mejores soluciones:

- ¿Por qué los voluntarios no están en fila, esperando servir en el ministerio para niños?
- ¿Qué necesitan saber nuestros niños para desarrollar su relación con Cristo?
- ¿Qué podemos hacer para mostrarle a nuestro pastor principal que nuestro ministerio para niños es coherente con su visión para la iglesia?
- ¿Qué podría yo hacer esta semana para relacionarme de una manera más eficiente con nuestros niños?

La diferencia entre estas preguntas y las previas es que estas preguntas energizan en lugar de abrumar, inspiran en lugar de propagar sentimientos de derrota, crean anticipación en lugar de pavor y abren puertas de creatividad que de otra forma pudieran permanecer cerradas. Jonas Salk dijo: «Busque las preguntas correctas. Usted no inventa las respuestas, sino que las revela». Nuestras preguntas dirigen nuestros pensamientos, y nuestros pensamientos dirigen nuestras acciones.

Quizá me esté diciendo: Steve, ahora estoy muy ocupado para detenerme y reflexionar en cuanto a hacer mejores preguntas. El servicio de fin de semana se está aproximando con rapidez, y alguien tiene que asegurarse de que realmente sucederá. Comprendo por completo de dónde usted viene. Yo he estado en sus zapatos durante la mayor parte de mis años en el ministerio. Sin embargo, me gustaría desafiarlo a considerar lo que dice Bob Rosen en su libro *Grounded* [Arraigado]. Él dice que muchos líderes «se aferran a las viejas actitudes y aceptan maneras anticuadas de pensar. La equivocación principal, entre otras, es enfocarse demasiado en la acción y muy poco en la introspección».[4] Entiendo que los programas necesitan mantenerse. Pero llegado a un punto, usted necesitará apartar un tiempo para pensar y reflexionar. Y uno de los mejores lugares para comenzar es examinar las preguntas que usted se está planteando a sí mismo y a otros en el ministerio. Un ministerio eficaz para niños que los lleva hacia la salud espiritual comienza por hacer las preguntas correctas.

Así que haremos algunas preguntas a medida que comenzamos este proceso de reflexión. Sugiero comenzar con la primera de las cinco preguntas clave que vamos a tratar en este libro: ¿por qué?

La pregunta «¿por qué?» servirá como la catalítica para que su ministerio siga adelante. Su respuesta a la pregunta «¿por qué?» se convertirá en el fundamento para su ministerio y le proveerá claridad para los tiempos difíciles.

Guía para el intercambio de ideas

En este ejercicio usted:

- Entenderá la importancia de la salud espiritual y el balance en su ministerio.
- Entenderá que el proceso del discipulado maximiza la efectividad.

Descubrimiento/Reflexión:

1. Al esforzarse por la salud, su ministerio tiene la oportunidad de alcanzar su pleno potencial y crecer de la manera que Dios quiere que crezca. ¿Cuáles son algunos de los pasos intencionales que ha tomado para crear un ambiente saludable de ministerio?

2. ¿Qué hace falta ahora mismo? ¿Qué cree que necesita su equipo para pasar hacia la creación de un ambiente saludable de ministerio?

3. Para que un ministerio sea saludable, debe estar balanceado. Para tener balance debe haber intención. ¿Qué aspectos de su ministerio requieren más intención para lograr el balance que lleva a la salud?

4. El ministerio para niños tiene una cantidad de piezas en movimiento. ¿Qué tan bien están funcionando todas las piezas de su ministerio para lograr los objetivos? ¿Dónde, ahora mismo, no están funcionando las piezas tan bien como debieran?

5. ¿Hacia dónde está guiando a los niños en su ministerio? ¿Cuál es la meta? ¿Cómo los está guiando hasta allí?

6. Nuestras preguntas guían nuestros pensamientos y nuestros pensamientos guían nuestras acciones. Mire las preguntas que a usted le han estado haciendo durante el año pasado. ¿Cómo puede usted redefinir estas preguntas para dirigir sus pensamientos hacia mejores soluciones?

Conexión:

Ore que Dios le revele los aspectos de su ministerio que necesitan más balance para lograr salud y los pasos estratégicos necesarios para llevar a sus niños hacia la salud espiritual en el proceso de su discipulado.

CAPÍTULO 3

¿Por qué existe su ministerio?

El corazón humano genera muchos proyectos, pero al final prevalecen los designios del Señor.

PROVERBIOS 19.21

Los niños, por naturaleza, hacen preguntas. Si usted ha pasado más de treinta segundos con un niño, ¡ya lo sabe! Los niños están llenos de preguntas. Algunas son intrigantes, muchas son embarazosas y algunas son sinceramente molestas.

¿Cuál es la pregunta que hacen los niños con más frecuencia? La adivinó: ¿por qué?

Los niños son curiosos. Su incesante e implacable «necesidad de saber» los lleva a hacer cualquier pregunta que se les ocurra. A veces esto puede ser realmente cómico. A lo largo de los años he oído algunas muy buenas, como: «¿Jesús tenía que ir al baño? ¿Por qué esa dama tiene bigote? ¿Por qué tienes que ir a trabajar todos los días? ¿Por qué tienes manchas en tu cara? ¿Tienes que ponértelos todos los días? ¿Por qué los vegetales tienen un sabor tan malo?».

A veces los niños no entienden o no les gusta una directiva que se les ha dado y por eso preguntan «por qué». Usted les pide que hagan algo y ellos no quieren hacerlo. Entonces ellos preguntan ¿por qué? Un sin fin de veces, cuando Stephanie, mi esposa, y yo le decíamos a nuestros hijos Tyler y Matt, que hicieran algo, su respuesta era la misma ¿por qué? ¿Por qué tengo que hacer las tareas ahora? ¿Por qué tengo que arreglar la cama? ¿Por qué no puedo ver este programa? ¿Por qué, por qué, por qué? Como padres, esta pregunta nos puede volver locos. En esos momentos, cuando no es conveniente dar una explicación larga y detallada, usamos la misma respuesta que decimos que nunca debemos usar: «Porque yo lo digo». Como padre, es rápido y fácil apelar a la autoridad que usted tiene. El problema es que a medida que los niños crecen, esa autoridad no es tan apremiante para ellos. Por eso es importante proveer una verdadera respuesta en lugar de imponer su autoridad.

Los niños no son los únicos que preguntan por qué. Todos hacemos esa pregunta en algún momento. Tenemos padres y otros líderes que nos preguntan por qué, y es importante explicar con claridad nuestro razonamiento. Como trabajamos con padres, líderes o un equipo de voluntarios, a veces necesitamos contestar sus preguntas «por qué» incluso cuando son difíciles de explicar. Pero en este aspecto los adultos no son diferentes a los niños. Cuando se nos da un mandato que no entendemos o no nos gusta, al igual que los niños, queremos saber por qué.

Pero esta no es la única razón que necesitamos para contestar las preguntas por qué. Saber por qué nos motiva. Es siempre fácil poner todo su corazón en algo cuando usted realmente sabe por qué lo está haciendo. Friedrich Nietzsche dijo una vez: «Él, quien tiene un *por qué* para vivir, puede soportar casi cualquier *cómo*». Por desdicha, a medida que crecemos comenzamos a reconocer que hacer preguntas pueden crearnos problemas, y decidimos que es mejor solo «ir con la corriente» y no causar ningún problema con nuestras preguntas. Con el tiempo comenzamos a perder esa curiosidad tan común en los niños. ¿Alguna vez notó que los niños pueden preguntar casi cualquier cosa y salirse con la suya, pero como un adulto, hacer preguntas se ve de manera negativa?

Es hora de volver a comenzar a actuar como niños. No estoy hablando a favor de comer Play-Doh o pintar en las paredes con crayones. Pero debemos volver a hacer preguntas. No preguntas al azar y sin sentido. Debemos comenzar a hacer buenas preguntas, las preguntas que facultan y dan fortaleza. Me encanta la manera tan elocuente en que E.E. Cummings declara esto: «Siempre la respuesta hermosa es de quien hace la pregunta más hermosa». Hacer buenas preguntas lleva a grandes descubrimientos.

Albert Einstein una vez escribió: «Lo importante no es dejar de cuestionar. La curiosidad tiene su propia razón para existir. Uno no puede dejar de asombrarse al contemplar los misterios de la eternidad, de la vida, de la maravillosa estructura de la realidad. Basta con que cada día uno apenas trate de comprender un poco este misterio. Nunca pierda una curiosidad santa». La curiosidad motiva nuestra sed de comprender. Este es el motor que anima el pensamiento sabio. Tristemente, las reacciones negativas nos han condicionado en contra de nuestra curiosidad. Las cosas por lo general parecen facilitarse si simplemente abandonamos nuestras curiosidades y nos quedamos en el *statu quo*. Sin embargo, a menudo el camino fácil no nos lleva a la meta deseada. Su ministerio necesita que hagan preguntas, especialmente las difíciles. Si una persona no es clara en algo, es probable que otros también estén confundidos. Cuando usted tenga el deseo de buscar comprensión, será bueno que haga preguntas.

Al igual que los pequeños a quienes enseñamos, nosotros necesitamos mantener una «curiosidad santa». Necesitamos preguntar ¿Por qué?

El próximo paso para contestar la pregunta «por qué»

Hace poco un pastor de niños me dijo: «Steve, realmente tenemos dificultades en nuestro ministerio debido a tantos miembros de nuestro equipo, tanto del personal pago como los voluntarios, que están trabajando con diferentes definiciones del por qué estamos aquí y qué estamos haciendo. Esto está creando un caos». El líder del ministerio de niños estaba describiendo las luchas y obstáculos que estaban limitando el potencial de su ministerio.

Este es un ejemplo clásico de por qué contestar los «por qué» es tan necesario para la eficiencia óptima de su ministerio. Con esto en mente, vamos a dar una mirada más cercana al primer paso: la importancia de encontrar una declaración de misión para su ministerio.

¿Qué es una declaración de misión? Una declaración de misión es una descripción breve pero completa de todo el propósito de su ministerio para niños. Es el próximo paso en articular, en una oración clara y concisa, la razón por la cual existe su ministerio y lo que usted hace.

Pregunte por qué en el ministerio para niños

La primera pregunta que hacemos es el fundamento para todas las demás preguntas desde ahora en adelante: ¿por qué existe nuestro ministerio? Conozco algunos líderes de niños que pueden recitar una respuesta larga y complicada a la pregunta por qué. Puede parecer superespiritual, pero en un momento de honestidad, es probable que muchos admitan que no saben a fondo la razón de por qué existe su ministerio. Conozco a otros líderes de niños que no tendrán respuesta alguna a la pregunta. Ellos están ocupados con toneladas de actividades, pero no hay balance, intención ni salud verdadera.

Sé algo acerca de este tipo de líder porque yo era ese líder. Ministros como estos todavía pueden ser buenos y producir algunos frutos. Pero sé por experiencia que el fruto que produce este tipo de ministerio no es lo que debiera ser. Yo creí erróneamente que mi actividad igualaba la eficiencia. Siempre estaba sucediendo algo, pero cada actividad era una isla aislada. No había intención ni relación entre las actividades. Todo era al azar.

Hay momentos en que andar al azar puede ser divertido. Pero es imposible formar un ministerio saludable al azar. Esto lo dejará frustrado, cansado y preguntándose si algo que usted está haciendo establece diferencia alguna. Entonces, ¿por dónde empezamos? La respuesta para «¿por qué existe mi ministerio?» se aclara con el propósito que Dios trazó para la iglesia.

El propósito de contestar la pregunta «¿por qué nosotros existimos?»

El pastor Rick Warren ha dicho muchas veces: «Usted no crea los propósitos, usted los descubre». Tener propósitos no es un nuevo concepto o enfoque para el ministerio, la Palabra de Dios nos los presenta con claridad. Estos propósitos bíblicos son adorar, pertenecer, crecer, servir y compartir. Los líderes del ministerio que realmente implementan los propósitos de Dios alcanzarán todo el potencial de su ministerio.

La siguiente declaración en *Una iglesia con propósito* capta uno de los momentos de descubrimientos más profundos que yo haya experimentado a través de mi prueba inicial para descubrir cómo alcanzar todo mi potencial en el ministerio:

¡Las iglesias fuertes están edificadas sobre un propósito! Al concentrarse de la misma manera en los cinco propósitos de la iglesia del Nuevo Testamento, su iglesia desarrollará el equilibrio saludable que hace que el crecimiento duradero sea posible. Proverbios 19:21 dice: "Muchos pensamientos hay en el corazón del hombre; mas el consejo de Jehová permanecerá. Los planes, los programas y las personalidades no permanecen, pero el consejo de Dios *sí* permanecerá. [...] A menos que la fuerza impulsora que se encuentra detrás de una iglesia sea bíblica, la salud y el crecimiento de la misma nunca serán lo que Dios espera. Las iglesias fuertes no están construidas sobre programas, personalidades o trucos. Están construidas sobre los propósitos eternos de Dios.[5]

Los cinco propósitos mayores de la iglesia se encuentran en dos pasajes del Nuevo Testamento que todos los cristianos en el mundo llaman «grandes». Estos son los Grandes Mandamientos y la Gran Comisión. En *Una iglesia con propósito*, el pastor Rick Warren deriva los cinco propósitos de la iglesia de estos dos pasajes clave. Nosotros cavaremos en estos con más detalles para poder tener un ministerio con propósito alineados con la voluntad de Dios.

Los Grandes Mandamientos y la Gran Comisión nos dan los elementos esenciales de una iglesia saludable, balanceada y bíblica basada en los cinco propósitos de Dios: Adorar, Servir, Compartir, Pertenecer y Crecer. En Mateo 22.37, Jesús dijo: «Amarás al Señor tu Dios». De aquí es que obtenemos la palabra adoración. Pero Jesús también nos enseñó: «Amarás a tu prójimo» (v. 39). De aquí sacamos la palabra *servir*.

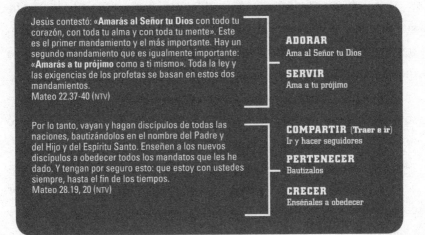

Después, estamos comprometidos a «Ir y hacer seguidores». Esa es la palabra *Compartir*, y hay dos componentes importantes para compartir: *Traer e ir*. Queremos niños que *traigan* a sus amigos a la iglesia y queremos que ellos *vayan* a la comunidad y hablen del amor de Dios. Luego, en Mateo 28.19, se nos dice que «los bauticemos». De aquí viene la palabra *pertenecer*. Y por último, en el versículo 20, se nos ordena que «les enseñemos a obedecer». De aquí obtenemos la palabra *crecer*.

Si alineamos el ministerio para niños con estos propósitos de la iglesia, creamos un balance. Aquí hay un ejemplo de cómo declaramos estos propósitos en los Niños de Saddleback en el orden de nuestro proceso de discipulado:

La declaración de Jesús es nuestro propósito

Ama al Señor tu Dios: Adorar
Bautízalos: Pertenecer
Enséñales a obedecer: Crecer
Ama a tu vecino: Servir
Ve y haz seguidores: Compartir (Traer e ir)

Estos cinco propósitos resumen lo que Dios desea de cada uno de sus discípulos, y esto incluye a los niños. Por esta razón comenzaremos con los cinco propósitos de Dios como el fundamento de todo lo que hacemos en nuestro ministerio para niños. Aunque cada ministerio puede tener ideas diferentes sobre cómo cumplir los cinco propósitos y operar con diferentes estilos, no debe haber ningún desacuerdo acerca de lo que Dios nos ha llamado a hacer en los Gran Mandamientos y la Gran Comisión porque los propósitos de Dios son la misión.

Déjeme agregar una rápida palabra de advertencia. Debemos tener el cuidado de no confundir la «misión» y el «modelo». En su libro *Amplio y profundo*, Andy Stanley lo dice de esta manera: «El **Modelo** de una iglesia es esencialmente el marco que escoge o crea una iglesia o denominación para avanzar su visión específica».[6] Modelos, programas y estilos son sencillamente el medio para un final, pero estos tienen una vida limitada. En un punto, los modelos que hoy funcionan dejarán de ser efectivos mañana. Sin embargo, la misión nunca cambia ni pierde impacto. ¿Cómo podemos saber esto? Porque la misión se basa en los propósitos que se encuentran en la palabra invariable de Dios.

Para aumentar nuestra comprensión de los propósitos, vamos a tomar unos momentos para profundizar un poco más en cada uno de estos.

Propósito 1: Adoración: «Ama al Señor tu Dios con todo tu corazón»

Nuestro primer propósito es vivir una vida de adoración y devoción a Dios. Jesús recita las instrucciones para «Adora al Señor tu Dios y sírvele solo a él» en Mateo 4.10 durante una de sus pruebas más difíciles. Las Escrituras nos amonestan a celebrar la presencia de Dios al magnificar al Señor y exaltarlo. El salmo 34.3 dice: «Engrandezcan al Señor conmigo; exaltemos a una su nombre» (NVI).

Queremos que nuestros hijos entiendan que adorar es más que solo cantar canciones. Hay dos maneras de adorar. Primera, las

Escrituras nos dicen que la manera en que vivimos nuestra vida es un acto de adoración a Dios. Nos presentamos a Dios a diario como un acto espiritual de adoración. Por eso Pablo dijo: «Les ruego que entreguen su cuerpo a Dios por todo lo que él ha hecho a favor de ustedes. Que sea un sacrificio vivo y santo, la clase de sacrificio que a él le agrada. Esa es la verdadera forma de adorarlo» (Romanos 12.1).

Segunda, nos reunimos cada semana como un cuerpo de la iglesia para «magnificad al Señor» y animarnos unos a otros en una adoración incorporada. Como dice el salmo 122.1: «Me alegré cuando me dijeron: "Vayamos a la casa del Señor"» (NTV).

Propósito 2: Pertenencia: «Bautízalos»

Como cristianos, estamos llamados a pertenecer y no solo a creer. No fuimos diseñados para hacer la vida solos. Mientras que el bautismo es un símbolo externo de la decisión que una persona ha hecho de hacer de Cristo el Señor de su vida, es también un símbolo de compañerismo con otros creyentes. No solo simboliza nuestra nueva vida en Cristo, sino que también visualiza la incorporación de una persona en el cuerpo de Cristo.

Los niños quieren saber que son bienvenidos. Quieren que los conozcan y conocer a otros. Efesios 2.19 dice: «Por lo tanto, ustedes ya no son extraños ni extranjeros, sino conciudadanos de los santos y miembros de la familia de Dios» (NVI). Cuando los niños llegan a la etapa de la vida en que entienden su necesidad de salvación, están deseosos de hacer de Cristo el Señor de sus vidas y son capaces de articular su comprensión y creencia, es entonces que nosotros decimos que ellos han llegado a la edad de ser responsables y están listos para unirse al cuerpo de Cristo en una manera oficial (aunque es posible que hayan crecido en la iglesia). Por eso nosotros, en Saddleback, bautizamos niños, para enseñar que ellos pertenecen a Cristo y pertenecen a una familia de creyentes.

Propósito 3: Crecer: «Enséñales a obedecer»

El propósito de la palabra «crecer» es representar el proceso de ayudar a la persona a llegar a ser más semejante a Cristo en sus pensamientos, sentimientos y acciones. Estamos llamados no solo a alcanzar a las personas sino también a enseñarlas. El deseo de Dios para cada creyente es que crezca y madure en su peregrinaje espiritual. Como Pablo escribió: «Edifique la iglesia, es decir, el cuerpo de Cristo. Ese proceso continuará hasta que todos alcancemos tal unidad en nuestra fe y conocimiento del Hijo de Dios que seamos maduros en el Señor, es decir, hasta que lleguemos a la plena y completa medida de Cristo» (Efesios 4.12, 13, NTV; también vea Colosenses 2.6, 7). Se nos instruye con toda claridad que ayudemos a nuestros hijos a crecer en su fe. A medida que un niño crece y desarrolla su relación con Cristo, sus «raíces» se profundizan y llegan a relacionarse cada vez más con Cristo, el Único que da todo lo necesario para una verdadera vida.

Propósito 4: Servir: «Amarás a tu prójimo como a ti mismo».

Servir a «nuestro prójimo» demuestra el amor de Dios al satisfacer las necesidades y curar las heridas de usted en el nombre de Jesús. Un ministerio saludable de niños provee a los niños la oportunidad de satisfacer las necesidades de los demás y ejercitar sus dones y talentos que Dios invirtió en cada uno de ellos. «Dios, de su gran variedad de dones espirituales, les ha dado un don a cada uno de ustedes. Úsenlos bien para servirse los unos a los otros» (1 Pedro 4.10 NTV, vea también Efesios 4.12).

El servicio a otros puede ser un saludo en el salón de los niños, una ayuda para armar o desarmar el salón, trabajar en la pizarra de sonido, o ayudar a dirigir la adoración (solo por mencionar algunas). Hay tantas cosas que un niño puede hacer para «amar a su prójimo» sirviendo, y nosotros como líderes de la iglesia necesitamos darles la oportunidad. Debemos enseñar a nuestros niños a amar a los demás, sirviéndolos. Esto sucede tanto adentro como afuera de las paredes de una iglesia. Servir es un componente necesario en un ministerio balanceado.

Propósito 5: Compartir (Traer e Ir): «Ir y hacer seguidores».

Como seguidores, tenemos una clara misión de proclamarle al mundo las buenas nuevas de Cristo. Tenemos la oportunidad de hablarle al mundo de su muerte, resurrección y regreso que será pronto. La comisión de presentar a Cristo es más que una responsabilidad, ¡es nuestro privilegio! Esta comisión de «compartir» (como le decimos) incluye dos partes mayores:

Traer: traer a sus amigos a la iglesia.
Ir: ir y llevar el mensaje de Cristo afuera, a la iglesia

Primero les enseñamos a nuestros niños a traer a sus amigos a la iglesia durante los fines de semana. Intentamos mantener este propósito muy presente a medida que preparamos y planeamos nuestra experiencia de fin de semana. Esta es una oportunidad para que nuestros niños compartan su relación con Cristo personalmente.

También les enseñamos a nuestros chicos lo que significa ir y llevar el mensaje de Cristo a quienes no pueden o no vendrán a la iglesia. Es importante para nosotros modelar y proveer una oportunidad para que los niños presenten a Cristo mediante oportunidades de misión, tanto local como global.

Todos estos cinco propósitos del Gran Mandamiento y la Gran Comisión, Adorar, Pertenecer, Crecer, Servir, Compartir, nos proveen los elementos esenciales para que el ministerio para niños de la iglesia sea saludable, balanceado y bíblico. Nuestro proceso intencional de discipulado se construye sobre este fundamento. Este proceso existe para llevar a los niños hacia la salud espiritual. Así que, comenzando con los cinco propósitos que hemos bosquejado, la clave es definir su misión con un lenguaje que tenga sentido para su iglesia, sus líderes y sus voluntarios. De esta manera usted puede alinear su equipo bajo una misión y visión en común.

La importancia de definir la misión de nuestro ministerio

Al final de este capítulo usted tendrá varias herramientas que puede usar para crear una declaración de misión para su ministerio. A medida que vaya creando su declaración de misión, recuerde las siguientes razones para hacer una declaración escrita. Al igual que usted necesita proveer razones (su propósito) para su ministerio, yo quiero proveer las razones principales que hay para definir su misión del ministerio.

Primero, la razón más importante para definir su misión del ministerio para niños es promover unidad. ¿Por qué hacemos esta cosa llamada ministerio? Se trata de presentarles a las personas una relación con Dios en este lado de la eternidad —se trata de lo que Dios quiere hacer en y por medio de nosotros. Por último, el ministerio se reduce a vivir los propósitos y el plan de Dios... no mi plan, no su plan. El plan de Dios. El plan de Dios en el ministerio es unidad. Y la unidad en el ministerio es absolutamente necesaria. Por eso Pablo urgió a la iglesia en Corinto a estar unidos con estas fuertes palabras: «Amados hermanos, les ruego por la autoridad de nuestro Señor Jesucristo que vivan en armonía los unos con los otros. Que no haya divisiones en la iglesia. Por el contrario, sean todos de un mismo parecer, unidos en pensamiento y propósito» (1 Corintios 1.10, NTV). Al definir el propósito de su ministerio, usted promueve la unidad.

Si su ministerio no tiene un propósito claro y definido que todos puedan entender y al cual aferrarse, el resultado será un caos y falta de unión. Tener un propósito claro promueve la unidad y le da al equipo un punto alrededor del cual unirse. Minimiza los conflictos, la confusión y la frustración.

Otra razón importante para definir el propósito de su ministerio es proveer una clara visión de su ministerio. Como dice Proverbios: «Donde no hay visión, el pueblo se extravía» (Proverbios 29.18). Los propósitos de Dios nos ayudan a ver más allá de donde estamos hoy. Nos dan un cuadro de lo que pudiera ser y por lo que debemos esforzarnos. Muy a menudo, en el ministerio para niños, nuestra visión se limita al próximo servicio o actividad. Sin un propósito claro, es difícil ver más allá del próximo domingo.

El propósito claro llega a ser hasta más efectivo si tiene una meta clara. Es como dijo Pablo: «Por eso yo corro cada paso con propósito. No sólo doy golpes al aire» (1 Corintios 9.26, NTV). Nada peor que andar ambulante, sin rumbo fijo. ¡Eso no tiene sentido! El ejemplo que Pablo nos da en 1 Corintios 9.26 es tratar de pelear en la oscuridad. Pablo está describiendo a un «boxeador dando golpes al aire», alguien que solo está tirando puñetazos, pero sin realmente dirigir esos puñetazos a algo en particular. Es realmente inútil tirar puñetazos sin un propósito claro.

Definir nuestro propósito del ministerio nos lleva en la dirección correcta y hace posible establecer metas claras que nos dirigen hacia el objetivo.

Definir su propósito mantiene su ministerio enfocado. Hay muchas cosas buenas que podemos buscar en el ministerio para niños. Pero para ser efectivos, debemos enfocarnos en las cosas mejores. Un ministerio enfocado para niños tendrá mucho más impacto que uno desenfocado. Como un rayo láser, cuanto más enfocado llegue a estar su ministerio, más impacto tendrá en su comunidad. El pastor Warren escribe: «Una luz tiene tremendo poder cuando se concentra en una determinada dirección. La luz difusa no tiene ningún poder. Por ejemplo, al concentrar el poder del sol a través de un lente de aumento, se pude lograr que una hoja se prenda fuego, pero no se puede encender una hoja si esa misma luz solar no se concentra. Cuando una luz se concentra a un nivel aún mayor, como en el caso del rayo láser, hasta puede llegar a cortar un bloque de acero».[7]

El propósito de Dios nos da el punto focal que necesitamos para mantenernos en la senda más productiva. Me encanta este recordatorio en Santiago 1.7, 8, en que Santiago escribe acerca de las personas no enfocadas que constantemente están alternando sus deseos: «Esas personas no deberían esperar nada del Señor; su lealtad está dividida entre Dios y el mundo, y son inestables en todo lo que hacen» (NTV). Definir el propósito de su ministerio no solo le mostrará dónde invertir su tiempo, energía y recursos, también le mostrará dónde no invertir su tiempo, energía y recursos. Es como la paz perfecta que Dios da «al de firme propósito» (Isaías 26.3, LBLA). Si tenemos un enfoque claro en nuestro propósito, habrá paz y la habilidad que Dios nos da para presionar hacia la meta final. El propósito de Dios nos da un punto de enfoque para permanecer en la senda de más producción.

Un propósito claro crea un ministerio significativo y efectivo

Si usted ha estado en el ministerio durante algún tiempo, seguramente ha tenido por lo menos algunos momentos en que se ha preguntado si vale la pena. Todos nos hemos hecho esta pregunta, pero permítame animarlo. Los propósitos de Dios son los esfuerzos más significantes y válidos sobre el planeta. Los propósitos de Dios son eternos. Ninguna otra cosa que yo haga en esta vida perdurará más allá de este mundo, pero el trabajo que hago que está relacionado a estos propósitos vivirá por siempre.

Siempre que hacemos algo quiero saber que es importante. Queremos saber que nuestra inversión, tiempo y energía están haciendo una diferencia absoluta. Definir el propósito de su ministerio le da sentido a lo que usted hace. En 2 Corintios 13.5, Pablo dice: «Examínense para saber si su fe es genuina. Pruébense a sí mismos». Evaluar su ministerio puede ser una tarea difícil. Y hay múltiples de métodos y pasos que le pueden ayudar en una evaluación propia y exacta de su ministerio. Una de las mayores razones subyacentes para alinear su ministerio con el propósito de Dios es esta que crea una manera de medir el progreso y permanecer responsable para mantener la estructura de un ministerio balanceado y saludable.

Para obtener un sentido de esto en su ambiente, procure contestar las siguientes preguntas acerca de su ministerio para niños:

- ¿Cuántos niños asisten en los fines de semana?
- ¿Cuántos niños aceptaron a Cristo y se bautizaron el año pasado?
- ¿Cuántos niños están dando pasos para crecer espiritualmente?
- ¿Cuántos niños están sirviendo en el ministerio?
- ¿Cuántos niños están presentando personal, local y globalmente a Cristo?

¿Le fue posible contestar esto? Estos cinco propósitos nos dan un marco para medir con eficacia y asegurar que estamos dando en el blanco. Aunque preguntamos cuántos, le quiero recordar que los números no son necesariamente un equivalente de eficacia. El objetivo no es tener grandes números, es tener salud y progreso. Al mismo tiempo debemos tener un sentido constante de la medida del crecimiento y los cambios, ya que cualquier cosa que sea saludable crecerá y se desarrollará con naturalidad de acuerdo a su potencial. Definir el propósito de nuestro ministerio nos provee un punto de comienzo para tratar estas preguntas. Esto también nos provee una de las varias herramientas de medida que podemos utilizar para evaluar la efectividad de nuestro ministerio.

¿Qué hace una declaración de misión efectiva?

Ahora que usted sabe el propósito y las razones principales para crear una declaración de la misión para un ministerio para niños, es hora de comenzar y hacerlo. Asegúrese de considerar estos detalles estructurales a medida que escribe y formaliza su declaración de la misión. Usted hasta puede usar como un título los siguientes elementos de una buena declaración de misión una vez que la haya escrito. Permita que estos cinco elementos lo guíen a medida que crea su propia declaración de misión:

Las declaraciones de la misión efectiva son bíblicas

Como dijimos antes, el propósito de su ministerio, la razón misma de por qué usted existe, debe fundarse en lo único que no cambiará: la Palabra de Dios.

Cuando basamos nuestra declaración de misión en la Palabra de Dios, en esencia estamos estableciendo el mismo fundamento para nuestro ministerio. Ese es el propósito de la sección anterior donde vimos la Gran Comisión y los Grandes Mandamientos. La Palabra de Dios es la roca que permanecerá firme cuando todo lo demás cambie o se desmorone. Edifique su ministerio sobre esa roca.

De todos los componentes y elementos que forman la estructura del ministerio para nuestros niños en la iglesia Saddleback, el único que yo no cambiaré es nuestra declaración de misión. ¿Por qué? Porque está basada en los Grandes Mandamientos y en la Gran Comisión.

Sí, es posible que con el tiempo ajustemos una o dos palabras de acuerdo a cómo cambie el idioma, pero la esencia nunca cambiará.

Es probable que la metodología que estamos implementando en nuestro ministerio al escribir esto no sea igual de aquí a diez años. Esto está virtualmente garantizado. Incluso nuestra visión y valores pueden cambiar junto con nuestra estructura y eventualmente con nuestro estilo. Viene un tiempo en que las cosas llegan a estar pasadas o son irrelevantes, o ambas. Sin embargo, el Gran Mandamiento y la Gran Comisión nunca pasarán de moda. Por eso es que tengo confianza en que nuestra declaración de misión no cambiará. Los cinco propósitos de la iglesia vienen de la Palabra de Dios, así que tengo confianza en que podemos edificar sobre esta porque la Palabra de Dios es infinita y sólida, nunca cambiará.

Las declaraciones de misión efectiva son específicas

Nada llega a ser dinámico hasta que llega a ser específico. Establecemos una declaración de misión no para tener algo agradable que decir, sino para formalizar la razón por la cual existimos y para las actividades que hacemos. Es importante notar aquí que la declaración de misión no explica cómo lograremos nuestra misión. El cómo puede cambiar cómo cambian los métodos y las ideas. Es posible que los métodos que usamos hoy para alcanzar a los niños no sean relevantes de aquí a veinte años. Cómo guiamos a los niños hacia la salud espiritual cambiará, pero por qué existimos y qué hacemos no cambiará. Eso es lo que usted incluye en su declaración de misión.

Una declaración de misión incluye un mandamiento para ciertas actividades y propósitos que usted escoge. Por ejemplo, las cinco palabras del propósito en nuestra declaración de misión (*adorar, pertenecer, crecer, servir y compartir*) definen con claridad por qué nosotros hacemos lo que hacemos e identifica con precisión lo que hacemos. Si la declaración de misión está compuesta de palabras y frases encumbradas y ambiguas y no es específica, su equipo de ministerio y los padres la obviarán.

Las declaraciones de misión efectivas son memorables

Debido a que la declaración de misión es el verdadero fundamento para su ministerio, la declaración de misión que usted construyó debe ser memorable. No estamos buscando un párrafo u oración de frases sin fin. ¡Es así de sencillo!

Por ejemplo, las palabras de los cinco propósitos en la declaración de misión del ministerio para niños de Saddleback proveen lo que yo llamo unas anclas. Si usted sabe las cinco palabras del propósito, hay una buena probabilidad de que recuerde la declaración de misión.

Cuando usted escriba su declaración de misión, pruebe la posibilidad de recordarla en términos de duración. Cuanto más larga la declaración, más difícil es de recordarla. Y si no podemos recordar por qué existimos y qué hacemos, entonces no nos hemos preparado nosotros (ni nuestros voluntarios) para ganar. Una buena prueba para memorizar es contestar esta pregunta: ¿su declaración de misión cabe en una camiseta o en un letrero? Si la respuesta es sí, entonces su declaración de misión se puede memorizar.

Las declaraciones de misión efectivas son mensurables

¿Alguna vez usted ha hecho resoluciones de Año Nuevo solo para descubrir que para el diez de enero ya usted está luchando para mantener la resolución? A veces nuestras metas son ambiguas y eso nos deja colgando. Tal vez sus metas sean algo como perder peso, leer más, ser más saludable, escuchar un audio de calidad y ver menos TV.

Esas son magníficas resoluciones, pero sin números claros, es difícil de medir el progreso. Es mejor hacerlas de manera específica. Por ejemplo, usted puede decir que quiere perder diez libras, leer doce libros sobre liderazgo, comer un vegetal todos los días para estar más saludable, escuchar tres nuevos podcast, o no ver TV más de una hora al día. Estas son resoluciones específicas y mensurables. Prepárese para tener éxito temprano al especificar exactamente lo que quiere lograr. Pero hacerlo mensurable es inútil sin los pasos de acción.

Las declaraciones de misión se pueden efectuar

Como vimos en el ejemplo de nuestras resoluciones de Año Nuevo, tener una fría declaración escrita en un pedazo de papel y nada más no significa que lograremos esa meta. Es posible que queramos perder diez libras, leer doce libros sobre liderazgo y ver menos TV, pero si no unimos la acción a esas metas, sencillamente permanecerán siendo palabras muertas sobre un pedazo de papel, sueños sublimes nunca cumplidos. Su declaración de misión del ministerio es más que un slogan frío, es el fundamento para todo lo que usted hace, el alma del por qué existe su ministerio. Si no hay acción proveniente de su declaración de misión del ministerio, este no cumplirá su propósito para maximizar la efectividad de su ministerio ni le ayudará a alcanzar su meta de guiar a los niños hacia la salud espiritual. Establezca pasos prácticos para alcanzar aspectos específicos de la declaración de su misión.

Desarrolle una declaración de misión para el ministerio con sus niños

Luego de haber establecido por qué usted necesita definir el propósito de su ministerio y los elementos básicos de una declaración de misión, es hora de hacer la suya. Le he dado un ejemplo de cómo la iglesia Saddleback contesta la pregunta *por qué* con los cinco propósitos de Dios y qué hace que una declaración de misión sea efectiva. Es hora de remangarse las mangas y escribir la declaración de misión de su ministerio para niños. Ya tiene el marco básico, así que ahora usted y su equipo de líderes necesitan buscar en oración a Dios acerca de esto para poner su declaración de misión en un papel.

Guía para el intercambio de ideas

En este ejercicio usted:

- Considerará el valor y la necesidad de una declaración de misión.
- Escribirá una declaración de misión que refleje su método bíblico para el ministerio

Descubrimiento/Reflexión:

Declaración de misión

Formular la declaración de misión es un paso crítico para dirigir con propósito e intención su ministerio para niños. Al prepararse para trabajar, ya sea con su declaración de misión o para desarrollar una, ¿con cuál de las categorías de ministerio se identifica más?

Categoría 1: Su iglesia ha desarrollado una declaración de misión y usted ha incorporado esa declaración de misión en su ministerio para niños.

Primero, déjeme decir: «¡Bien hecho!». Usted ha alineado su ministerio para niños con la misión y objetivo de su iglesia. Este es siempre el mejor escenario de los casos. Pero si considera que la declaración de misión que está usando no crea una vía balanceada para desarrollar su ministerio, considere usar las cinco palabras con propósito del Gran Mandamiento y de la Gran Comisión para acentuar su actual declaración de misión.

No le estoy diciendo que debe dejar de «alinearse» a usted mismo y a su ministerio con los objetivos o misión de su iglesia. No importa cuál sea la declaración de misión o tema que haya adoptado su iglesia, confío en que los cinco propósitos encontrados en el Gran Mandamiento y en la Gran Comisión solo complementen la actual declaración de misión de su iglesia sin contradecirla. Tal vez usted esté pensando: «Steve, ¿cómo puede usted decir eso si no sabe cuál es la declaración de misión de mi iglesia?». Excepto que su iglesia tenga una declaración de misión no bíblica por completo, el hecho es que el Gran Mandamiento y la Gran Comisión resumen el corazón de la misión de la iglesia de Dios, y esto significa que ellos y su declaración de misión de su iglesia se alinearán por necesidad. Y si usted cree que la declaración de misión de su iglesia es demasiado general o de alguna manera incompleta, es posible usar el Gran Mandamiento y la Gran Comisión como un fundamento para su ministerio para niños en específico.

Categoría 2: *Su iglesia y su ministerio para niños todavía no han desarrollado una declaración de misión o su iglesia tiene una declaración de misión, pero hay poca o ninguna expectativa de que el departamento de niños adopte o se alinee con esa declaración de misión.*

Yo le animo a aceptar los propósitos que se encuentran en el Gran Mandamiento y la Gran Comisión. Los cinco propósitos que encontramos en estos pasajes nos dan el método más balanceado y efectivo para ministrar que jamás yo haya experimentado.

Siga el proceso que se ha explicado en este capítulo *Ministerio con propósito para niños* y desarrolle una declaración de misión para su ministerio con los niños. Si quisiera, siéntase libre de adoptar todo o parte de la declaración de misión que le presento más abajo. La declaración de misión que usa nuestro ministerio para niños viene directamente de la Palabra de Dios. No la creó Rick Warren ni ningún otro líder de la iglesia. Se descubrió durante el proceso de preguntarle a Dios *por qué* existimos.

Formular su declaración de misión es un paso crítico para guiar con propósito y de manera intencional su ministerio para niños. Esencialmente, usted está estableciendo el fundamento, la roca de fondo, sobre el cual usted hará todo lo demás. Yo estoy dando mi declaración de misión de mi ministerio para niños solo para ayudar a aquellos de ustedes que estén desarrollando una declaración de misión. Esto le puede ayudar como una idea o punto de partida para desarrollar el suyo. Nosotros formulamos nuestra declaración de misión para el ministerio para niños simplemente diciendo con otras palabras en una sola oración los cinco propósitos:

El ministerio para niños de la iglesia Saddleback existe para **traer** a los niños a una adoración apropiada a su edad y que ellos pueden PERTENECER a la familia de Dios, CRECER en su relación con Cristo, aprender a SERVIR y luego ir a PRESENTAR a Cristo en el mundo.

Nuestra declaración de misión define con claridad nuestros propósitos para el ministerio para niños. No permita que aquí la terminología le sirva de tropiezo. Estamos usando las palabras adoración, servir, compartir (traer e ir), pertenecer y crecer como el fundamento de nuestro ministerio para niños en la iglesia Saddleback porque estas cinco palabras no representan una metodología hecha por el hombre o un estilo de ministerio. Estas palabras representan las instrucciones directas de Jesús y nos dan un fundamento sobre el que todo nuestro ministerio puede edificarse. Su iglesia puede incorporar diferentes palabras o basar su ministerio en diferentes valores o principios, y no hay nada mal con esto. Pero utilizar el Gran Mandamiento y la Gran Comisión complementará cualquier cosa que usted esté usando en el presente como una declaración de misión. No puedo imaginar una iglesia que no quiera que sus niños ADOREN a Dios, PERTENEZCAN a la familia de Dios, CREZCAN en su relación con Cristo, SIRVAN a otros y COMPARTAN el amor de Cristo al mundo

Los siguientes ejercicios lo llevarán a lo largo de cada paso para establecer su declaración de misión para su ministerio con los niños. Dedique el tiempo necesario y no se apure en cada fase.

Recuerde, la declaración de misión es el fundamento para todo lo que usted haga.

Declaración de Jesús	Palabras de los niños de Saddleback
Ama al Señor tu Dios	Adorar
Ama a tu vecino	Servir
Ve y haz seguidores	Compartir (Traer e ir)
Bautízalos	Pertenecer
Enséñales a obedecer	Crecer

Repito, no permita que aquí la terminología sirva de tropiezo. Estamos usando las palabras *adoración, servir, compartir (traer e ir), pertenecer* y *crecer* como el fundamento de nuestro ministerio para niños en la iglesia Saddleback porque estas cinco palabras representan las instrucciones y el mandato directo de Jesús. Para dar este primer paso, dé otro vistazo a los cinco propósitos y considere cuáles palabras se deben usar para identificarlas.

Declaración de Jesús	Palabras de su ministerio
Ama al Señor tu Dios	_____
Ama a tu vecino	_____
Ve y haz seguidores	_____
Bautízalos	_____
Enséñales a obedecer	_____

Ahora, utilizando estas palabras, recapitule su propósito en una sola oración:

Recuerde, las declaraciones de misión efectivas son bíblicas, específicas, memorables, mensurables y accionables.

1. La declaración de misión, ¿comunica con efectividad su método bíblico para su ministerio?

2. ¿La declaración de misión contesta ahora la pregunta «¿Por qué existe su ministerio?»

Conexión:

Ore que Dios le guíe y dirija sus pensamientos a medida que usted desarrolla una declaración de misión que le sirva como el fundamento para su ministerio.

CAPÍTULO 4

¿Dónde está usted ahora y a dónde va?

Traza un sendero recto para tus pies; permanece en el camino seguro.

PROVERBIOS 4.26, NTV

Los prudentes saben a dónde van, en cambio los necios se engañan a sí mismos.

PROVERBIOS 14.8, NTV

Ahora que hemos identificado por qué existe nuestro ministerio para niños y luego de usted haber empezado a crear ese propósito en su propio lenguaje, es hora de pasar a la segunda pregunta que nos capacitará en el proceso del descubrimiento: ¿Dónde?

Esta pregunta tiene dos partes: ¿Dónde está usted ahora? Y ¿A dónde va? Estas dos preguntas *dónde* le ayudarán a determinar estos dos puntos de posición. Estos dos puntos de su ministerio son cruciales porque uno articula el objetivo predeterminado o destino, y el otro le ayuda a estar consciente de su punto de partida. Usted debe conocer ambos puntos de posición si quiere maximizar su efectividad al llevar a los niños hacia la salud espiritual.

Por ejemplo, imagine que por fin está logrando ir a las vacaciones soñadas. Después de muchos años de esperar, ahorrar dinero y soñar, por fin va a suceder. Yo dudo que usted vaya a estar vagando al azar en este lugar maravilloso de vacaciones solo con la esperanza de encontrar algunos monumentos y vistas que ha imaginado durante tantos años. De ninguna manera. Usted busca un mapa y planea las actividades y viajes de cada día para poder maximizar su tiempo y sacar el mejor provecho de sus vacaciones soñadas. Ese planeamiento requiere dos puntos de ubicación, el destino deseado y el punto de partida.

Para lograr una efectividad óptima al llevar a los niños hacia la salud espiritual, es imperativo saber ¿Dónde estamos ahora? Y ¿Hacia dónde vamos?

Veamos más de cerca estas dos preguntas.

¿Dónde está usted ahora?
Identifique con claridad su punto de partida.

Las aventuras que yo experimenté siendo un joven me enseñaron esta lección vital: usted no puede llegar a donde va sin antes saber dónde está.

Cuando yo era un joven, me uní a un club al aire libre que me daba la oportunidad de aprender, participar y competir en campamentos, viajes de mochileros, sobrevivencia en el campo, viajes en canoa y otras habilidades en el exterior.

En una de nuestras competencias, dejaban a los muchachos en las montañas con solo un mapa y una brújula. Cada grupo de muchachos comenzaba su peregrinaje desde un punto diferente en la montaña. Nos daban desde la salida del sol hasta la caída del sol para llegar a un destino determinado.

Yo sabía cómo usar un mapa, así que me eligieron líder de nuestro grupo. Me sentía realmente cómodo con la brújula y el mapa. En unos minutos localicé nuestro curso a seguir. Mi grupo tenía otros muchachos que tenían habilidades navegables, así que imaginé que tendríamos el trofeo en la bolsa. Le dije a mi grupo que yo sabía a dónde íbamos y que todo lo que ellos necesitaban hacer era llegar al terreno corriendo y seguir así. ¿Sabe qué sucedió? Ellos lo lograron. Hacíamos tiempo doble. Marchamos atravesando arroyos, subimos rocas y cubrimos los campos abiertos como un grupo de gacelas. ¡Estábamos matándolas! Sin embargo, para mi sorpresa, cuando llegamos a nuestro destino, los líderes que andábamos buscando en este punto de destino no estaban donde dijeron que estarían. Lo primero que pensé fue, «Bueno, ¡hasta los líderes se perdieron!»

Esperamos un ratico. Luego esperamos más tiempo, hasta que yo comencé a preocuparme. Volví a ver el mapa. ¿Perdí algo? Decidí establecer un nuevo curso, y de nuevo nuestro grupo volvió a la caminata. Pensé que tal vez el punto de encuentro estaría escondido sobre una loma. Para abreviar la historia larga, nos perdimos de tal manera que los líderes tuvieron que enviar a un grupo de buscadores para que nos encontraran. ¿Y sabe qué? Yo no cometí ningún error al establecer nuestro curso al destino. Los cálculos estuvieron correctos. El gran error fue este: fallé al establecer el «lugar» correcto de nuestro lugar de comienzo. No importa cuán bueno sea su equipo o cuán exacto sea el mapa. Si usted no sabe cuál es su punto de comienzo en el mapa, no puede usar con eficiencia el mapa ni la brújula.

Aprendí que es esencial discernir con exactitud el punto de partida. Sin esto, habrán problemas para encontrar el destino. Un componente clave al planear sus metas del ministerio es una evaluación precisa de dónde está usted parada. Correcto, dije preciso. La honestidad es importante porque a veces creemos que lo hacemos mejor de lo que en realidad lo estamos haciendo. A veces creemos que lo estamos haciendo un poco peor. Contestar la pregunta ¿Dónde estamos ahora? puede ser difícil, pero debemos observar a fondo nuestros procedimientos y métodos para realmente comprender nuestro punto de partida.

Cómo hacemos las cosas: la cultura de su iglesia le da su punto de partida

En *Una iglesia con propósito*, Rick Warren dice esto: «Hay algo que conduce o mueve a todas las iglesias. Existe una fuerza que guía, una suposición que controla o una convicción que dirige detrás de todo lo que sucede. Puede ser tácita. Puede ser desconocida para muchos. Lo más probable es que nunca se haya hecho una votación oficial para decidirla, pero está allí, influyendo en cada aspecto de la vida de la iglesia. ¿Cuál es la fuerza impulsora que se encuentra detrás de su iglesia».[8]

Al fin y al cabo, esta fuerza es lo que llamamos «cultura». Usted necesita emplear algún tiempo reconociendo y comprendiendo la cultura del ambiente de su iglesia. Si no entiende la cultura e historia actual de su iglesia, será difícil evaluar la eficacia de algunos programas e incluso más difícil implementar cambios en los aspectos que tienen una clara necesidad de cambios.

¿Alguna vez ha mirado su programa o proceso en su ministerio y se ha preguntado cómo concebir esto? ¡Desde luego! Todos tenemos esos momentos. Debemos recordar que los procesos, programas y metodologías no están hechas para durar para siempre. Se crearon para servir un propósito, pero se llega a un punto en que necesitan adaptarse o hasta reemplazarse. Esto no significa que esas partes de su ministerio no sirvieron un propósito maravilloso. Pero esas cosas pierden su valor al pasar el tiempo.

Una historia de mi vida tal vez ayude a ilustrar este punto. Mi familia y yo acabábamos de hacer una transición a una nueva iglesia en un estado completamente nuevo, y yo me estaba aclimatando a todos los programas, servicios y actividades en un nuevo ambiente. Un día esto llegó al colmo. Yo estaba en mi oficina con varios miembros del equipo del ministerio para niños. Los estaba escuchando describir la iglesia, el ministerio para niños y varios otros asuntos desconocidos para mí. Luego dejamos la oficina y caminamos por el área del ministerio para niños a medida que ellos describían lo que normalmente sucede en un domingo por la mañana, el estilo de los servicios de cada hora y la rotación de los niños. El proceso que ellos explicaron de rotar a los niños de un lugar a otro no tenía sentido alguno para mí. De hecho, era tan ridículo que les dije: «Esto va a cambiar más pronto de lo que se imaginan. No tiene sentido». Pero a medida que ellos explicaban la historia de la iglesia y la razón detrás de su proceso, yo comprendí la perspectiva. Pude ver por qué el liderazgo previo decidió hacerlo de esa manera.

Cuando usted entra a un nuevo ambiente ministerial, recuerde que los programas y procesos pasados y al parecer inefectivos y en ese momento cuestionables fueron ideas brillantes de alguien no hace tanto tiempo. La clave es respetar la idea original de lo que era sin aferrarse a esta como algo que debe durar para siempre.

Respetar lo pasado es el primer paso hacia reinventar el futuro.

Todos los ministros y familias de la iglesia tienen sus propias reglas y tradiciones no escritas que inspiran la manera en que ellos funcionan como un grupo. Esto es lo que llamamos la cultura de su iglesia. Es una «fuerza impulsora» en su ministerio.

¿Qué es una cultura de la iglesia?

Así es como yo defino la cultura de la iglesia: las prácticas, conductas y costumbres que la iglesia acepta y que constituyen la manera en que la iglesia hace una vida un común.

La cultura de su iglesia incluye la actitud y los métodos de los líderes que hacen decisiones. Ya sea que esté claramente definida o que se suponga, cada equipo y cada iglesia tiene una cultura que determina cómo funciona la iglesia.

En su libro *Look Before You Lead* [Mire antes de dirigir], Aubrey Malphurs define la cultura de esta manera: «La cultura de una iglesia congregacional es la expresión singular de sus valores y creencias compartidos».[9] Dicho de una manera sencilla, la cultura de su iglesia es «cómo hacemos las cosas aquí». Si yo viniera a su iglesia mañana, y juntos trabajáramos en sus estrategias y objetivos para la próxima estación del ministerio, en algún momento usted me dirá: «Esto parece magnífico, Steve, pero así no es como nosotros acostumbramos a hacer las cosas aquí».

¿Sabe algo? Usted hará bien en atender a esto. No es suficiente solo identificar algo y descuidadamente tratar de introducirlo a la fuerza a las operaciones actuales. Cuando trabajamos para hacer cambios positivos en nuestro ministerio, necesitamos ser cuidadosos con la cultura existente porque no importa cuán buena pueda ser una idea, si no funciona en la cultura de su ministerio, no servirá.

Hay un chiste popular en círculos de gerencias que dice: «La cultura ingiere las estrategias para el almuerzo». Esto no significa que la cultura sea un enemigo de la estrategia. Solo significa que aunque usted pueda desarrollar una fuerte estrategia, si no tiene sistemas en su cultura que la apoyen, es probable que la estrategia falle.

Con frecuencia mal interpretamos la cultura o hasta desestimamos su influencia. Una de las razones por las que los líderes de la iglesia tienen tanta dificultad para iniciar cambios en la iglesia local es que no reconocen la cultura existente ni las fuerzas impulsoras que la cultura ejerce en todo lo que hace la iglesia. Usted puede desarrollar estrategias magníficas que la iglesia jamás ha visto para alcanzar niños y familias jóvenes, pero si esa estrategia es contraria a la cultura actual, y esa cultura no se ha atendido, la estrategia fallará. Robert Lewis y Wayne Cordeiro describen la cultura de la iglesia en su libro *Culture Shift* [Cambio en la cultura]:

La cultura es la realidad social más importante en su iglesia. Aunque es invisible a los ojos no entrenados, su poder es innegable. La cultura da color y sabor a todo lo que es y hace su iglesia. Como una poderosa corriente que pasa por su iglesia, esta puede llevarle hacia el puerto o llevarle mar adentro. Puede evitar la realización del potencial de su iglesia o, si el Espíritu Santo la usa, puede atraer a otros y reproducir una vida espiritual saludable por todo el camino.[10]

Si esto no se ve desde una perspectiva correcta, puede ser la causa de una cantidad enorme de frustraciones. De hecho, este choque entre la visión del líder o su estrategia para alcanzar a los perdidos y la cultura de la iglesia ha motivado muchos conflictos y renuncias. Por eso, una cultura firmemente enraizada no deja lugar para una nueva visión o estrategia. Tal vez esto parezca desalentador, pero créame, hay esperanza. Creo que la cultura de una iglesia puede cambiar. Pero se debe seguir un proceso intencional. Comprender la cultura de su iglesia es el primer paso en este proceso. Antes de poder influenciar la cultura de su iglesia, usted debe comprenderla y aprender cómo trabajar con esta.

Comprender la cultura de su ministerio le permitirá trabajar con la cultura de su ministerio

La meta principal no es sacar la cultura de su iglesia, sino tanto como pueda, trabajar con esta para lograr un objetivo efectivo que lleve a los niños hacia la salud espiritual. Ahora bien, hay veces en que necesitamos hacer cosas que son contra-cultural. Jesús hizo eso. Él estuvo en contra de la cultura cuando predicó a lo largo de Mateo 5: «Oísteis que fue dicho[...] pero yo so digo...». Estar en contra de la cultura en la iglesia puede ser peligroso. Usted tiene que navegar con cuidado por los matices de esas aguas. Recuerde que la meta principal es trabajar unidos en el equipo para lograr el objetivo de guiar a los niños hacia la salud espiritual. La salud viene con balance, y el balance requiere intención. Una gran parte de ser intencional es entender la cultura de su equipo para poder ser productivo en esta. Es posible que usted diga «está bien, pero el liderazgo de mi iglesia nunca aceptará los cambios que yo proponga». Está bien. Muchos (y por muchos yo quiero decir la mayoría) de nosotros encaramos la misma triste verdad: nuestra iglesia no está inclinada a cambiar. Así son las personas, y la iglesia está compuesta de personas. Recuerde que las grandes obras se construyen con el tiempo.

Han pasado más de dos mil años desde el ministerio de Jesús en la tierra, y todavía Dios está trabajando para expandir el reino. Dios tiene poder para hacer que suceda cualquier cosa en cualquier momento, pero hasta él se toma su tiempo. Nosotros debemos tener el deseo de formar grandes olas, pero con una paciencia que apenas revuelva las aguas.

Establecer una evaluación honesta

Como ya hemos dicho, usted no puede ir a donde va hasta que primero sepa dónde está. El desafío más difícil para determinar su condición actual es ser objetivo y honesto con usted mismo y con otros. Pero sobre todo, usted debe ser exacto en su evaluación de dónde está. Aquí la palabra clave es «exacto». Es posible que sea difícil ser totalmente objetivos acerca de nosotros mismos, pero es igualmente difícil ser objetivos acerca de la condición de nuestros ministerios. Tenemos la tendencia de pensar que trabajamos mucho mejor (o mucho peor) de lo que realmente estamos trabajando. El desafío es evaluar con exactitud la condición de nuestro ministerio para poder determinar los próximos pasos apropiados a medida que se aumenta la eficiencia de nuestro ministerio. Aquí hay un verso clave que destaca la necesidad de una evaluación honesta de un ministerio: «Manténte al tanto del estado de tus rebaños y entrégate de lleno al cuidado de tus ganados, porque las riquezas no duran para siempre, y tal vez la corona no pase a la próxima generación» (Proverbios 27.23, 24, NTV). Esto no es solamente importante, sino que es vital que conozcamos la condición de nuestro rebaño para entender con claridad qué ajustes necesitamos hacer para ser más eficientes al llevar a los niños hacia la salud espiritual. Es como dijo Pablo a la iglesia en Roma: «Basado en el privilegio y la autoridad que Dios me ha dado, le advierto a cada uno de ustedes lo siguiente: ninguno se crea mejor de lo que realmente es. Sean realistas al evaluarse a ustedes mismo, háganlo según la medida de fe que Dios les haya dado» (Romanos 12.3, NTV).

Quiero presentar las barreras clave que he visto enfrentar a los líderes del ministerio para niños a medida que procuran hacer una evaluación honesta de su ministerio. La mayoría de nosotros tiene una voz de abogado dentro de sí, usted lo conoce bien. Él es quien justifica cualquier cosa. Sin embargo, lo que funciona en un juzgado no le servirá de ayuda para hacer una evaluación objetiva de su ministerio. Aquí hay un par de cosas que debe considerar cuando comience el proceso.

No personalice el proceso

Hace años, cuando yo era un pastor de niños en Chicago, nombré a uno de mis voluntarios clave, llamado Randy, para que trabajara en mi personal de tiempo completo. Solo unos meses más tarde, Randy tuvo la audacia de cuestionar un programa en el ministerio para niños que yo había innovado poco antes de que él formara parte del personal. Desde mi perspectiva, ese programa estaba mucho mejor y era un éxito. Pero Randy tenía una perspectiva diferente. Él dijo: «Tenemos que hacer algo acerca de nuestros programas de los domingos por la mañana. No están funcionando, es una pérdida de tiempo». Yo dije: «Espera un momento, ¿qué quieres decir con que es una pérdida de tiempo?». Lo que sucedía es que él no sabía todo lo que estaba involucrado en rediseñar este programa. Él no sabía todo el tiempo y energía que yo había invertido en esto. Tampoco reconocía que yo estaba muy contento con el programa. Ya yo estaba pensando, ¿por qué empleé a este tipo?

Pero ¿sabe algo? Él vio los resultados y tenía razón: necesitábamos hacer algo acerca de los programas del domingo por la mañana. Sus días ya habían pasado, pero yo no lo podía ver así porque había personalizado mi evaluación. Lo estuve analizando basándome en mis sentimientos y orgullo acerca del programa, que con toda claridad ya había dejado de ser efectivo. Yo estaba ciego a la verdad por causa de mi inversión personal y no quería admitir que podía haber algo mejor.

Apréndalo de mí: no ligue su identidad o autoestima a sus evaluaciones. Eso hace que la verdad sea difícil de aceptar. No haga que la evaluación se trate de usted porque esa actividad, programa o ministerio no es quien usted es. Si un programa está decayendo, no significa que usted como un líder esté cayendo. No alinee su éxito o su fracaso con un programa en particular. Algunos programas tienen éxito mientras que otros fracasan; así son las cosas. A veces funcionan, pero a veces no. Por favor, entienda que cuando un programa no funcione, no quiere decir que usted es un fracaso.

De manera similar, no se acredite el éxito que tienen ciertos aspectos de su ministerio. Solo porque una actividad o programa funcione no significa que usted es el mejor líder del mundo. Pensar así puede crearnos trampas que son tan peligrosas como asociarnos a un programa o actividad que fracasa. De hecho, el orgullo, más que cualquier otra cosa, disminuirá su habilidad para evaluar con propiedad su situación.

No esté a la defensiva

Ponerse a la defensiva también empañará su juicio. Cuando usted está a la defensiva acerca de algo, se nubla su visión. Hay cosas que otros ven que quizá usted no vea. Siempre le digo a nuestro personal que el miembro más nuevo del equipo es la persona que tiene la mejor perspectiva. ¿Sabe por qué? Porque esa persona no tiene la historia ni está apegada personalmente a los programas y procesos como usted. Cuando un nuevo miembro del equipo explique su perspectiva y su punto de vista, sencillamente escuche. Yo nunca quiero sofocar la retroalimentación ni las ideas frescas. Al contrario, quiero fomentar las ideas de mi equipo cuando ellos perciben y me cuentan sus experiencias. ¿Adopto cada pensamiento, idea y observación que alguien me pasa? No. Escojo escuchar y comprobar sus ideas sin ponerme a la defensiva en el proceso.

Esté dispuesto a cuestionarlo todo

Hay que estar dispuesto a cuestionarlo todo (sí, hasta las ideas que a usted se le ocurran). Esto no quiere decir que todo en su ministerio cambiará, pero usted necesita preguntarse si está mentalmente dispuesto a cambiar algo que va a mejorar el ministerio. Si vale la pena cuestionar algo, vale la pena cuestionarlo todo. Y una alerta *spoiler*: ¡siempre vale la pena!

Ahora que establecimos la importancia de conocer el punto de comienzo y con honestidad evaluar a dónde usted está, es hora de determinar su posición actual.

Cuando comenzamos este capítulo yo mencioné que la pregunta *dónde* tiene dos componentes: ¿Dónde está usted ahora? y ¿Hacia dónde va? Ya establecimos dónde está usted. Ahora vamos a comenzar a definir hacia dónde va.

¿Hacia dónde va?

En la historia de *Alicia en el país de las maravillas*, la siguiente conversación entre el gato y Alicia nos recuerda que si usted no tiene un destino claro en su mente, el viaje pierde su propósito:

—Por favor, ¿me puedes decir qué camino debo tomar para irme de aquí?

—Esto depende en gran manera de hacia dónde quieres ir, —dijo el gato.

—No me importa mucho a dónde ir —dijo Alicia.

—Entonces, no importa la dirección que escojas —dijo el gato.

—Con tal de lograr ir a algún lugar —agregó Alicia como una explicación.

—Ah, puedes estar segura que lo lograrás —dijo el gato— si solo caminas lo suficiente.

Alicia iba a un viaje sin saber hacia dónde iba. La idea de viajar por carretera sin un destino predeterminado podría parecer aventurado, divertido y emocionante para algunos y absolutamente horrendo para otros. Creo que mucho de la perspectiva acerca de viajar con o sin un destino predeterminado depende en gran manera de lo que esté en

juego. Por ejemplo, un día al azar un viaje cerca de mi casa no involucra riesgo alguno y muy poca inversión de tiempo o dinero. Compa-
re esto a viajar diez días en un viaje de misiones internacionales con
treinta niños. ¿Cuál es la diferencia obvia? Hay más riesgos.

El ministerio para niños no es una caminata al azar por el parque.
Hay ramificaciones eternas involucradas. Debemos recordar siempre
que el paisaje de la eternidad es un riesgo, y una estrategia casual y al
azar para el ministerio es simplemente inaceptable.

Determine su destino

Como determinamos en el capítulo 2, el último destino del ministerio
para niños es guiar a los niños hacia la madurez espiritual. Ningún
líder debe dejar al azar la formación espiritual y salud de los niños
en el ministerio. Se nos ha dado una responsabilidad y oportunidad
para influir en la salud espiritual de los niños en un momento en sus
vidas en que ellos son más enseñables y flexibles que en ningún otro
momento de sus vidas. Este no debe ser un acercamiento al azar, sino
por el contrario, un proceso intencional que guíe a nuestros niños por
su peregrinaje espiritual a medida que Dios los prepara para cumplir
su destino individual y único, y ellos alcancen su completo potencial
como discípulos de Cristo.

Determinar nuestro destino comienza por definir intencionalmente cómo es un niño espiritualmente saludable. Esto le dará una
descripción inspiradora de lo que usted desee para cada niño en su
ministerio.

Esto me lleva a un punto vital que se debe entender con claridad.
Aunque estamos usando la definición de un niño espiritualmente
saludable como nuestro destino, no podemos confundirnos acerca del
proceso del discipulado. El discipulado y la salud espiritual constituyen un peregrinaje. La salud espiritual no es solo un punto calculado

de llegada que se indica al marcar ciertas cajas en el informe de la salud espiritual del niño. No es meter al niño en un molde en particular. El peregrinaje hacia la salud espiritual es un proceso transformador y progresivo.

Como dijo el apóstol Pablo en Filipenses 3.12: «No quiero decir que ya haya logrado estas cosas ni que ya haya alcanzado la perfección; pero sigo adelante a fin de hacer mía esa perfección para la cual Cristo Jesús primeramente me hizo suyo». Usamos la definición de un niño espiritualmente saludable como un destino para aclarar a propósito la dirección y desarrollo de las oportunidades que nuestro ministerio provee a los niños en su peregrinaje del discipulado. Este destino dirigirá su pensamiento y planes tanto como abastecerá la creatividad de usted.

Sin tener un destino predeterminado que sirva como su objetivo, será extremadamente difícil, si no imposible, evaluar su efectividad. Si usted no sabe hacia dónde va, ¿cómo sabrá cuándo ha llegado?

Imagine que usted contrata a un contratista general para fabricar una casa para usted y su familia. Se sienta con ese contratista para discutir la distribución y el diseño de la nueva casa de sus sueños. Pide ver las pruebas o dibujos de su casa, pero, para su asombro, el contratista le dice: «Oh, usted no necesita planos. Yo he hecho esto cientos de veces... créame». ¿Se sentirá usted bien con esa respuesta? Claro que no. Esta es la casa de sus sueños. Usted ha trabajado duro, hecho sacrificios y ahorrado dinero para esta casa donde criará a sus hijos. Cualquiera que haya fabricado algo sabe que necesita un plano que muestre los resultados finales y explique el proceso para fabricar esa estructura. A esto se le llama comenzar con el fin en mente. Saber el resultado final de lo deseado es la mejor manera de planear con propiedad y desarrollar oportunidades para el discipulado, localizar materiales y medir los progresos.

¿Cómo defino yo un niño espiritualmente saludable?

Para darle un ejemplo, así es como mi iglesia define un niño espiritualmente saludable: uno que está viviendo los cinco propósitos de Dios (adorar, pertenecer, crecer, servir, compartir). Este no es un perfecto angelito. Este es un niño que activamente está siguiendo todos esos cinco propósitos como se describen en los Grandes Mandamientos y en la Gran Comisión de acuerdo al nivel de desarrollo del niño.

Al usar los cinco propósitos que se encuentran en el libro de Mateo, desarrollamos esto: Un niño espiritualmente saludable que conoce a Cristo, pertenece a una familia de creyentes, está creciendo en su relación con Cristo, usando los talentos que Dios le dio y compartiendo el amor de Cristo personal, local y globalmente. Esta definición es nuestro destino, el objetivo de nuestro ministerio.

Para terminar este capítulo, quiero dejarle con esta pregunta: si su ministerio para niños permanece en su senda o trayectoria actual, ¿guiará a los niños hacia destinos espiritualmente saludables? Si no, ¿qué pasos puede usted comenzar a dar hoy para cambiar la trayectoria en la que está?

Próximo: Es hora de abordar la pregunta *quién*. Hemos hablado mucho acerca de *por qué* y *dónde*, pero ¿de quién exactamente estamos hablando? ¿Está listo? Pase la página.

Guía para el intercambio de ideas

En este ejercicio usted:

- Comprenderá la cultura de su iglesia y el ministerio para niños de manera que pueda saber cómo trabajar en esa cultura para llevar a los niños de su iglesia hacia la salud espiritual.
- Pensará en una serie de preguntas capacitadoras que le ayudarán a determinar su destino (niños espiritualmente saludables).

Descubrimiento/Reflexión:

Un componente clave para planear las metas de su ministerio es una evaluación precisa de dónde está usted. La sinceridad es importante porque a veces creemos que lo hacemos mejor de lo que en realidad lo estamos haciendo. A veces creemos que lo estamos haciendo peor. Le desafío a mirar profundamente sus procedimientos y métodos para comprender verdaderamente su punto de comienzo.

1. ¿Dónde está usted ahora?

2. ¿Hacia dónde va?

3. ¿Cuál es la cultura de su iglesia?

Determine la posición de su equipo

Para comprender la cultura de su iglesia, usted debe entender que necesita discernimiento, humildad, paciencia y la habilidad de ver el panorama total. Usted también necesita ser proactivo y tener empatía. Al hacer las siguientes preguntas y contestarlas, tal vez no se sienta a gusto con las respuestas iniciales, pero en esta etapa lo que usted sencillamente está tratando de obtener es una evaluación precisa de la cultura de su iglesia antes de determinar el «destino».

1. ¿Cuál es la respuesta natural de la iglesia cuando se presentan cambios?

2. ¿Cómo los voluntarios de mi ministerio para niños reaccionan ante los cambios que se proponen?

3. ¿Cuándo fue la última vez que nuestra iglesia experimentó un cambio significativo?

4. Si yo quisiera iniciar cambios en nuestro ministerio, ¿qué procesos necesitaré seguir?

Punto de comienzo: Determinar su posición

Las siguientes preguntas le ayudarán a determinar su «posición» actual en el ministerio para niños. Tome el tiempo necesario para realmente hacer el siguiente ejercicio. Al hacerlo, usted establecerá dónde está ahora mismo de manera que eventualmente pueda llegar a donde quiere ir.

1. Ahora mismo, ¿qué anda bien con nuestro ministerio? ¿Qué estamos haciendo bien?

2. En la actualidad, ¿qué anda mal con nuestro ministerio? ¿Qué cosas no están funcionando bien?

3. ¿Qué es **REALMENTE** importante en nuestro ministerio? ¿Qué valoramos más?

4. ¿Qué es importante para el pastor principal de nuestro ministerio? ¿Qué es lo que valora más?

5. ¿En qué se gasta la mayor parte del dinero en nuestro ministerio?

6. ¿A qué le dedicamos la mayor parte de nuestra atención en el ministerio? ¿En qué parte de nuestro tiempo y energía nos enfocamos más?

7. Cuando la gente habla acerca de nuestro ministerio, ¿qué dicen?

8. ¿Poner fin a cuáles programas podría crear hoy reacciones negativas de los miembros de la iglesia (o de nuestro pastor principal)?

Ahora mire sus respuestas y úselas para escribir debajo un resumen de su posición actual:

Si considera que este ejercicio es difícil, usted no es el único. Es difícil, pero también es un proceso necesario si en verdad usted quiere descubrir la senda más efectiva para llevar a sus niños a la salud espiritual. Aunque a veces este proceso también es difícil, me ha hecho pensar más profundamente acerca de lo que hago. Y cuanto más pensé, más consciente estuvo mi mente de nuevas posibilidades, ideas que no habría tenido de no haber presionado mi cerebro por la senda del descubrimiento. ¡Ese es el poder de las preguntas!

Cómo definir un niño espiritualmente saludable

¿Por qué es tan importante aclarar el destino de su ministerio? Todo esto vuelve a nuestro objetivo: guiar a los niños hacia la salud espiritual. Al final del día, todo se trata de esto. Aquí hay algunos pensamientos para apoyar la idea de definir su destino como «niños espiritualmente saludables».

1. Si usted no sabe adónde va, ¿cómo sabrá cuándo ha llegado? Sin tener un predeterminado destino que le sirva somo su objetivo, será extremadamente difícil, si no imposible, evaluar su efectividad. Piense en esto así: ¿por qué ellos llevan la cuenta en un programa de deportes? Solo hay una respuesta: para determinar cuál es el equipo ganador.

- ¿Cómo sabe usted si su equipo es ganador?

- ¿Cómo sería la «victoria»? (Su destino u objetivo ayuda a describir al ganador.)

2. Saber su destino le da un sentido de seguridad y confianza. Una vez yo tuve una reunión muy importante en otro país. Me dijeron que alguien llevaría un letrero con mi nombre para poderme encontrar en el aeropuerto y llevarme al lugar de la reunión. El tiempo era esencial porque la reunión se realizaría la misma mañana de mi llegada. Llegué buscando a la persona que tendría el letrero con mi nombre y en múltiples ocasiones miraba las áreas de llegada. Vi muchos letreros con nombres, pero ninguno era el mío. Caminé continuamente por los alrededores, esperando encontrar mi nombre, pero después de una hora todavía yo no había encontrado a la persona. Llegó el momento en que no me quedaba otra alternativa que buscar mi propio transporte o de lo contrario perdería la reunión y toda mi razón para estar allí.

Solo había un problema, yo no tenía ni idea de adónde debía ir. No sabía dónde sería la reunión. Una vez que establecí la realidad, comencé a sentir pánico. Comencé a pensar que todo el viaje era una pérdida de tiempo y dinero porque *no conocía mi destino final*. El pánico se convirtió en frustración a medida que caminaba por el aeropuerto, tratando de encontrar una solución. Por suerte, al fin apareció el asociado a quien yo buscaba con desesperación. Él vino corriendo hasta el área de llegadas con una señal que tenía mi nombre. Aunque llegamos tarde a la reunión, se logró la misión. Yo llegué a mi destino.

Ahora, cada vez que viajo me aseguro de saber exactamente a dónde debo ir una vez que llegue. No tener un destino u objetivo claramente expresado para su ministerio puede contribuir a tener muchas dudas e inseguridad.

3. Expresar su objetivo dirige sus pensamientos y la creatividad. Articular su destinación no solo alimenta su creatividad, sino que también la dirige. A medida que usted mira o piensa sobre su destino, su mente se encierra en ese objetivo y genera ideas y posibilidades que tal vez no salgan a la superficie sin ese conocimiento para dirigir sus pensamientos.

4. Siempre comience sabiendo cuál es el fin; el destino aclara su dirección. Antes de salir, debemos saber cuál es el destino. En el capítulo 2 vimos el concepto de la intención, pero imagine que usted haya nombrado un contratista general para fabricar una casa para usted y su familia. Usted se sienta con ese contratista para discutir los planos y diseños de la nueva casa de sus sueños. Luego pide ver las pruebas o dibujos de la casa. Para su asombro, el contratista le dice: «Yo no necesito planes. He hecho esto cientos de veces. Crea en mí». ¿Estaría usted satisfecho con esa respuesta? ¡Espero que no! Esta es la casa de sus sueños. Usted ha trabajado mucho, se ha sacrificado y ha ahorrado dinero para esta casa, donde espera criar a sus hijos y vivir en familia. Cualquiera que haya fabricado una estructura sabe que *hay que tener* un plan que muestre con claridad los resultados finales y diseñe el proceso para construirla.

Lucas 14:28 nos advierte que no debemos comenzar un proyecto de construcción hasta no contar el precio. ¿Quién comenzaría una construcción de un edificio sin primero calcular el precio para ver si tiene suficiente dinero para terminarla? Pero usted no puede calcular el costo de un proyecto sin antes tener una idea del producto final. Así mismo usted comienza con el final en mente al determinar un destino. En el ministerio para niños la salud espiritual de nuestros niños es ese «destino».

Crear una definición de la salud espiritual para niños

Debajo hay una serie de preguntas para ayudarle a determinar su destino (por ejemplo, niños espiritualmente saludables). Por favor, no salte ni se apure durante este ejercicio. Estas preguntas están diseñadas para ayudarle intencionalmente a definir adónde va usted.

1. ¿Qué es lo que más necesitan los niños de su iglesia o comunidad?

2. Imagine que su ministerio para niños esté alcanzando todo su potencial con los niños de su comunidad. ¿Cómo se ve esto?

3. ¿Qué si su ministerio para niños pudiera ser cualquier cosa que usted quisiera que fuera? ¿Cómo se vería?

4. Cuando los niños en su ministerio describen su relación con Jesús, ¿cómo a usted le gustaría que ellos describieran esa relación?

5. Cuando los niños en su ministerio se gradúen para ir al ministerio de jóvenes, ¿qué hábitos espirituales le gustaría ver activos en sus vidas?

Use las respuestas anteriores, tome un momento para escribir una definición de un niño espiritualmente saludable. Este es su **DESTINO**.

¿Cómo mi iglesia define a un niño espiritualmente saludable?

Para darle un ejemplo le contaré cómo mi iglesia define a un niño espiritualmente saludable. Definimos a un niño espiritualmente saludable como uno que está viviendo los cinco propósitos de Dios (adorar, pertenecer, crecer, servir, compartir). Este no es necesariamente un «angelito perfecto», sino un niño que de acuerdo a su nivel de desarrollo está siguiendo activamente los cinco propósitos como se describen en el Gran Mandamiento y en la Gran Comisión.

Al usar los cinco propósitos que se encuentran en el libro de Mateo, nosotros desarrollamos la siguiente definición de un niño espiritualmente saludable:

> Un niño espiritualmente saludable conoce a Cristo, pertenece a una familia de creyentes, está creciendo en su relación con Cristo, usa los talentos que Dios le dio y presenta el amor de Cristo personal, local y globalmente.

Esta definición es nuestro destino. Este es el objetivo de nuestro ministerio. Pero aquí, también permítame darle una palabra de precaución. Es difícil medir objetivamente la salud espiritual de un niño. Todos conocemos niños y adultos que «hacen el papel» cuando quieren impresionar a algunas personas que los están mirando. ¿Cómo va usted a evaluar individualmente la salud espiritual y madurez de cada niño? Aunque todos debemos tener un «destino» o definición de la salud espiritual de nuestros niños, también necesitamos determinar la mejor manera de evaluar el progreso. Un método efectivo es medir con cuidado las sendas, ambientes y oportunidades que su ministerio le presenta a cada niño en su desarrollo espiritual. Nosotros principalmente medimos lo que podemos controlar: cómo estamos o no estamos guiando a los niños por el proceso del discipulado.

Conexión:

Pida a Dios que le dé claridad para saber cuál es la condición actual de su ministerio y que esto le sirva como el punto de comienzo y de ayuda para comprender la dirección que él desea para su ministerio.

CAPÍTULO 5

¿A quién está usted tratando de alcanzar?

Entonces Jesús le dijo a la mujer: «Fui enviado para ayudar solamente a las ovejas perdidas de Dios, el pueblo de Israel».

MATEO 15.24, NTV

Luego de haber identificado por qué existe nuestro ministerio y haber establecido dónde estamos y hacia dónde vamos, es hora de considerar otra pregunta clave: ¿a quién estamos tratando de alcanzar?

Durante muchos años contesté esta pregunta: ¿a quién está usted tratando de alcanzar? con «a cualquiera que entre por la puerta». Tal vez hasta la espiritualicé para mí mismo, pensando, Jesús nos ama a todos, así que debemos alcanzar a todos. Es cierto que Jesús nos ama a todos, y el cuerpo de la iglesia no debe ser diferente. Pero la realidad es que no podemos alcanzar a todos con eficiencia. Contestar la pregunta a quién, no nos dice de una forma absoluta a quién debemos o no ministrar, sino que es un paso intencional que al final nos capacita para tener un ministerio más eficiente para todos.

En este capítulo consideraremos el ejemplo y patrón que Jesús nos ofreció en su método estratégico para relacionarse con audiencias diferentes a medida que él cambiaba el mundo. Nosotros también debemos ser estratégicos sobre cómo relacionarnos con diferentes audiencias si queremos hacer nuestra parte para cambiar al paisaje de la eternidad.

Para ilustrar esta verdad déjeme contarles una conversación que tuve con varios líderes de niños. Estábamos sentados alrededor de una mesa después de una conferencia de niños. Yo estaba hablando acerca del desafío de atraer nuevas familias a nuestras iglesias. La conversación pasó al tema de amigos invitando amigos a los servicios y actividades de la iglesia. Un individuo, a quien llamaremos Marcos, hizo este comentario: «Nuestro ministerio para niños es el mejor que ha habido. Por fin tengo maestros realmente buenos en todos los salones durante el fin de semana, y nuestros servicios a mediados de semana son maravillosos, pero nuestros niños no invitan a sus amigos. La única explicación que veo es el hecho de que sus padres no invitan a sus amigos».

Al principio me pareció que Marcos simplemente estaba intentando exonerarse. Yo no quería llegar a conclusiones precipitadas porque no sabía mucho de él ni de su iglesia. Así que le hice una sencilla pregunta que le tocó un punto neurálgico: «Marcos, ¿a quién está tratando de alcanzar?». En un momento de honestidad yo supe que esta pregunta podría crear un nuevo aspecto de la discusión, y por eso la hice. Marcos pareció confundido y algo frustrado. Él dijo: «¡A todos, desde luego!». Yo no quería que Marcos se sintiera como que él necesitaba ponerse a la defensiva, así que le dije: «Déjeme redefinir la pregunta: ¿a quién está tratando de alcanzar los fines de semana?».

De nuevo Marcos dijo un poco malhumorado: «A todos». Lo presioné un poco al decirle: «Está bien, ya entiendo. ¿Qué de los servicios a mediados de semana, a quién está tratando de alcanzar en esa noche?». Esta vez estaba claramente frustrado y un poco molesto: «A todos. Nuestra iglesia está comprometida a alcanzar a todos en nuestra comunidad, punto».

Me encantó el corazón y el deseo en la respuesta de Marcos. El único problema es que eso nunca sucedería. Quizá usted esté pensando: «¿Cómo es posible decir eso cuando Jesús nos dijo que compartiéramos su amor con el mundo?», y aunque eso puede ser una motivación y un desafío inspirador para hacer una diferencia en nuestro mundo, como ya dije antes, no es una meta práctica ni probable, es sencillamente muy amplia y muy general.

A lo largo de los años he aprendido que cuando usted trata de hacerlo «todo» para «todos» en «cada» servicio o programa, usted pierde poder y efectividad porque no hay un enfoque. Piense cómo tiene que distribuir su tiempo. ¿Alguna vez dijo: «No puedo satisfacer todas las responsabilidades que tengo. A todo le estoy dando un poco de mi tiempo y atención, pero nada recibe lo suficiente»? Muchas, pero muchas veces a lo largo de los años he sentido que nadie recibía lo mejor de mí porque todo recibía solo un poco de mi atención. Eso es lo que sucede cuando no nos enfocamos en nuestro tiempo y energía.

No tener la meta de una audiencia para ministrar es como un mundo con un solo grupo musical. ¿Puede imaginarse eso? ¿Quién escoge la clase de música que ellos tocan? ¿Qué acerca de los géneros diferentes? Esto podría ser realmente frustrante. Por eso tenemos muchos tipos diferentes de música y muchos tipos diferentes de bandas para tocar la música. Cada banda se ocupa de cierta demografía. Ellos no están tratando de apelar a todos, sino a cierta audiencia.

Piense en esto en relación con su ministerio. Si no somos intencionales en relación con nuestra audiencia, andaríamos a la deriva y estaríamos tratando de hacerlo todo con todos al mismo tiempo, lo cual puede limitar nuestro impacto.

Un ministerio efectivo para niños obtiene el máximo de cada oportunidad al enfocarse en una audiencia específica.

Desde luego, cualquier niño y familia es bienvenido a su iglesia. No puedo imaginar a alguien que mal interprete este punto de manera tal que se pare fuera de las puertas o del programa y diga «Lo siento, pero estoy mirando el informe demográfico de nuestra área, usted no parece ser el objetivo de nuestra audiencia. Debe irse». Nunca vamos a querer aislar individuos y dejarlos sintiéndose solos y no bienvenidos. Tampoco Jesús lo haría. Pero como veremos, Jesús era muy estratégico con el objetivo de su audiencia, y él nos dio un modelo que todavía hoy es relevante.

Para entender mejor este concepto del objetivo de una audiencia, vamos a considerar tres lecciones importantes del ministerio de Jesús que dará forma a nuestros próximos pasos.

Permita que su corazón se quebrante por aquellos que lo rodean

La primera lección que vemos en el ministerio de Jesús es que él permitía que su corazón se quebrantara por aquellos que lo rodeaban:

Al acercarse a Jerusalén, Jesús vio la ciudad delante de él y comenzó a llorar.

LUCAS 19.41, NTV

Esto sucedió cuando Jesús viajaba de regreso a Jerusalén para cumplir la profecía en cuanto a su muerte y resurrección. Él vino a un lugar donde podría ver el panorama de Jerusalén, «la ciudad delante de él». Él estaba muy familiarizado con las rutinas, rituales y actividades diarias de aquellos que vivían en Jerusalén. Desde este punto ventajoso, él vio la ciudad y dicen las Escrituras: «comenzó a llorar».

Él sabía cuál era la batalla que le esperaba en esa ciudad y estaba consciente del dolor que sufriría, pero esa no fue la razón de sus lágrimas. Él lloró porque estaba completamente consciente del hecho que el pueblo de Dios había rechazado el plan de Dios para redimirlo. Él vio el panorama de Jerusalén y pudo ver la lucha. Él pudo ver el dolor. Esa comprensión quebrantó el corazón de Jesús, y lloró.

Sucede algo poderoso en nosotros cuando las luchas y obstáculos por los que navegan nuestros niños se trasladan de nuestros ojos (mirar) a nuestros corazones (ver).

Aunque los términos *mirar* y *ver* significan lo mismo al aplicarse a los destinatarios del ministerio, es importante reconocer la diferencia sutil, pero distintiva entre estos.

Un día yo andaba solo por un centro comercial popular. Como por lo general me sucede, iba caminando rápido y pensando en numerosas cosas a la vez. Pasé por el lado de un grupo de estudiantes de la secundaria y de repente escuché un comentario que me hizo detener el recorrido que seguía, «El pastor Steve ni siquiera nos saludó». Me volví para ver a un grupo de estudiantes de secundaria a quienes yo conocía y la mayoría de ellos eran fieles voluntarios en nuestro ministerio para niños. Me hizo sentir muy mal que ellos pensaran que yo los estaba ignorando. Me disculpé y los saludé como siempre lo hacía, hablé con ellos durante unos pocos minutos y luego seguí mi camino. Esta historia ilustra un punto importante. Es posible mirar algo y realmente no verlo. Yo los miré lo suficiente como para no chocar con ellos a medida que iba caminando, pero no miré lo suficiente como para saber quiénes eran realmente. Creo que es posible mirar a los niños en nuestra iglesia y comunidades sin realmente ver cómo es el mundo y las realidades que ellos están encarando.

Para ayudarnos en verdad a ver esas realidades, imagine un día típico en la vida de los muchachos en su iglesia y comunidad como un panorama. Un panorama incluye las cosas visibles de un área amplia de la tierra. Para navegar con propiedad por cualquier panorama, es importante que primero usted conozca el terreno y los rasgos geográficos específicos. Quizá usted tenga un mapa en sus manos para guiarlo desde el punto A hasta el punto B, pero ¿cruzará algunos ríos? ¿Pasará por montañas? ¿Le estará abriendo paso por la nieve?

Considere esta pregunta: ¿cuál es el panorama que los niños en su comunidad tienen que navegar?

Inspeccione el «panorama» de la vida de un niño

Si usted tuviera que hacer un mapa de ese panorama, ¿cómo se vería? Imagine que usted está mirando un mapa que representa las vidas de los niños en su comunidad. ¿Qué tipos de terreno están representados en ese mapa?

El objetivo es ayudarnos a visualizar nuestra audiencia desde una perspectiva diferente. No solo mirarlos, sino verlos verdaderamente al reconocer y comprender sus luchas y dolores.

Mire con cuidado el panorama por el que sus niños deben navegar todos los días. ¿Qué sucede en su corazón y mente cuando usted mira

ese panorama y ve los obstáculos que sus niños deben encarar todos los días?

Dedique un tiempo a repasar las preguntas provistas en el material suplementario que se descarga y que está disponible en www. childrensministryonpurose.com para crear un cuadro realista del panorama por el que sus niños están navegando.

Cuando veo las luchas y dificultades que mis niños deben pasar, me conmuevo y quiero DAR ayuda. Creo que esta sería una reacción apropiada para todos nosotros.

Quiero que usted se Despabile.
Quiero que usted se Anime.
Quiero que usted esté Resuelto.

Para *despabilarse* debemos aceptar la realidad de lo que nuestros niños están atravesando y no escondernos de esto, ni ocultarlo, ni barrelo debajo de la alfombra ni pretender que no existe. A veces apago las noticias porque son feas o molestas o porque se sienten como una interrupción o, incluso, porque me hacen sentir culpable. No podemos tratar el panorama que el mapa representa como trato las noticias de la tarde. El mapa del panorama de los niños que usted traza no es un simpático y pequeño ejercicio solo para llenar páginas. Este ejercicio debe abrir nuestros ojos y llevarnos de despabilarnos, a realmente ver.

Para estar *animado* debemos sentir la motivación de hacer algo acerca de lo que vemos en el panorama del mapa de lo que nuestros niños están viviendo a diario. ¿Qué hace la visión de este panorama en usted? ¡Deje que dé alas a su pasión!

En un capítulo anterior, a medida que examinábamos por qué estamos en el ministerio, hice esta pregunta: ¿qué le motiva? Bueno, a mí me emociona poder ayudar a los niños a navegar bien por los peligros y las trampas de la vida para llevarlos hasta un lugar de salud, un lugar donde ellos estén seguros con su verdadera identidad, donde ellos vivan los propósitos de Dios y estén cumpliendo con su único destino. ¿Qué de usted? ¿Qué lo anima? Escuche las emociones que le animen y permita que estas alimenten su pasión y les motive a alcanzar a su audiencia.

Para ser *resuelto* no debemos permitir que el tamaño y alcance de los problemas que vemos nos abrumen. Persevere. No se dé por vencido ni renuncie. Los niños actuales en su iglesia y comunidad están atravesando obstáculos en su porción del mapa del panorama y ellos necesitan su ayuda. No tire la toalla cuando las cosas se ponen difíciles. En su lugar, sea resuelto para hacer algo en cuanto a las cosas que ve, sin considerar cuánto le cueste.

Espero que ahora mismo su corazón se conmueva y se motive a DAR porque ver este mapa sinceramente me motiva a querer hacer algo acerca de esto. Y cuando miro el panorama, sé que se debe hacer algo. Dios nos colocó a usted y a mí exactamente donde estamos para que podamos ayudar a nuestros hijos a navegar por este panorama lleno de decepción y peligro. No podemos agarrarlos y llevarlos en nuestras espaldas (aunque eso es lo que nos gustaría hacer). Pero sí debemos estar resueltos a hacer lo que podamos hacer para guiarlos hacia la salud espiritual de manera que ellos estén completamente preparados para enfrentar estos obstáculos y el engaño del enemigo.

Jesús le encomendó a su audiencia que fuera eficiente, no exclusiva

La segunda lección que vemos en la vida de Jesús es que él le encomendó a su audiencia que fuera eficiente, pero no exclusiva. Durante su ministerio, Jesús enfocó su mensaje en el blanco de una audiencia específica, y esto ha sido una sorpresa para algunos. «Jesús envió a los doce apóstoles con las siguientes instrucciones: "No vayan a los gentiles ni a los samaritanos, sino solo al pueblo de Israel, las ovejas perdidas de Dios"» (Mateo 10.5, 6, NTV). Literalmente Jesús les dijo a los doce apóstoles que no dieran las buenas nuevas a los gentiles ni a los samaritanos. A primera vista esto puede ser difícil de entender. De hecho, estos versículos me confundieron cuando yo era más joven. Jesús mandó no hablarles, no compartan mi amor por ellos, no compartan el amor del Padre, solo vayan a Israel. ¿De qué se trata todo esto?

Al pensar en esto, algunos de ustedes pueden estar en el borde de sus sillas y algunos hasta pueden tener puestos sus guantes teológicos porque todos nosotros sabemos que Jesús ama a todos, y él dio su vida por todos. Después de todo, Juan 3.17 dice: «Dios no envió a su Hijo *al mundo* para condenar al mundo, sino para *salvarlo* por medio de él» (NTV, énfasis del autor).

Sin embargo, la historia anterior ilustra que Jesús estaba pensando en el paisaje general. Aquí nosotros podemos aprender una lección crítica acerca de elegir a los destinatarios. Jesús solo estuvo en la tierra durante treinta y tres años. De esas tres décadas, él solo ejerció su ministerio durante tres años. Jesús tuvo tres años para modelarles a sus discípulos cómo ganar el mundo. Eso no es mucho tiempo. Durante esos tres años Jesús estuvo modelando cómo elegir a los destinatarios de una manera estratégica.

Vemos estos mismos principios en otra parte de la vida de Jesús. Esta vez Jesús iba saliendo de Galilea y dirigiéndose al norte, a la región de Tiro y Sidón.

> «Una mujer gentil de los gentiles, que vivía allí, se le acercó y le rogó: "¡Ten misericordia de mí, oh Señor, Hijo de David! Pues mi hija está poseída por un demonio que la atormenta terriblemente". Pero Jesús no le contestó ni una palabra. Entonces sus discípulos le pidieron que la despidiera. "Dile que se vaya —dijeron—. Nos está molestando con sus súplicas". Entonces Jesús le dijo a la mujer: "Fui enviado para ayudar solamente a las ovejas perdidas de Dios, el pueblo de Israel"» (Mateo 15.22–24, NTV).

Aquí está una mujer gentil que vino a Jesús y le pidió que salvara a su hija de un demonio. ¡Y él se negó a ayudarla!

Este es Jesús, el que pudo haber dicho: «Vete a la casa, el demonio se fue». Ya él había hecho cosas semejantes. ¿Por qué no lo hizo ahora? ¿Jesús estaba cansado? ¿No le gustó la mujer? ¿Estaba contradiciendo la verdad de que el mensaje de Dios es para toda persona? Absolutamente no. Jesús tenía un plan, y ese plan incluía identificar quién escucharía qué y cuándo ellos debían escuchar. Jesús estaba determinando estratégicamente sus destinatarios con la meta de eventualmente alcanzar al mundo.

Lo que aprendemos del ejemplo de Jesús

De estas dos historias acerca de cómo Jesús escogió enfocarse en las ovejas perdidas de Israel, podemos aprender varias lecciones. Una es que usted no puede hacerlo todo a la vez. Hasta Jesús fue intencional al enfocarse de manera estratégica en los destinatarios selectos para alcanzar eficazmente sus objetivos. Por esta razón nosotros, en la iglesia Saddleback, no tratamos de lograr todos los propósitos en cada programa o servicio de fin de semana. No todo se puede hacer al mismo tiempo. Jesús no estaba tratando de alcanzar a todos en una sola misión.

Seguir el ejemplo de Jesús puede ser difícil. Como líderes de la iglesia, tenemos que desear tomar algunas decisiones «impopulares» en un corto término para que sean efectivas a largo término. Por eso dijo: «No vayan a los gentiles ni a los samaritanos, sino sólo al pueblo de Israel» (Mateo 10.5). Aunque Jesús vino a salvar a todos, en este momento en particular en Mateo 10.5, él estaba enfocado en llamar al pueblo de Israel al arrepentimiento. La misión eventualmente era alcanzar a los gentiles (y al resto del mundo), pero Jesús tenía un tiempo limitado para preparar el escenario de un plan a largo plazo que esparciría el evangelio alrededor del mundo. Esta es la clave: El mandato en Mateo 10.5: «No vayan a los gentiles ni a los samaritanos, sino sólo al pueblo de Israel», se dio antes de la resurrección. La Gran Comisión: «Vayan y hagan discípulos de todas las naciones», vino después de la resurrección. El reino progresará, pero la audiencia hará que suceda estratégicamente en etapas y paso a paso.

¿Por qué es importante seleccionar a los destinatarios del ministerio? Además de seguir el método de ministerio de Jesús que seleccionó su audiencia, seleccionar le da un cuadro claro de a quién está usted tratando de alcanzar y define el propósito que está tratando de lograr. Esto permite desarrollar con éxito la senda y los programas más efectivos al mismo tiempo que le da la habilidad de comunicarse con más claridad con su audiencia.

Lo que la Biblia no declara es cuándo, dónde y cómo comunicamos el mensaje. Imagine que a usted le piden hablar a un grupo de personas sobre el tema del perdón. Esto suena bastante fácil, ¿verdad? ¿Cuál cree usted que será la primera pregunta? Sí, la adivinó, ¿quién es la audiencia? Digamos que sus preguntas y la información que usted reunió sea algo como esto:

- ¿Serán niños o adultos? Niños
- ¿Qué edades? Siete años
- ¿Son niños de la iglesia? Tal vez
- ¿De dónde vienen? Del sur de California
- ¿Qué idioma hablan? Inglés

Cualquiera de estas preguntas cambiaría por completo cómo usted se dirige a la audiencia. Si le dicen: «No estamos seguros de ningunas de esas preguntas», usted se sentirá perdido porque la audiencia es muy amplia. Pero seleccionar los destinatarios aumenta significativamente su efectividad como un orador para un solo programa. Imagine de cuánta ayuda sería para todo un ministerio conocer su audiencia. Repito, esto no excluye a otros, esto solo se enfoca en cierto grupo para que usted pueda lograr su propósito principal con ellos. Luego, basado en la fuerza que esto da, podrá alcanzar a otros.

Centrarse en su audiencia siempre le permitirá enfocar sus pensamientos creativos, le dará la oportunidad de planear de manera estratégica, y le permitirá prepararse adecuadamente para ministrar los programas. Podemos maximizar nuestra influencia al seguir el modelo que Jesús nos dio y escoger nuestra audiencia. Por último, seleccionar sus destinatarios le ayuda a desarrollar caminos efectivos para llevar a los niños hacia la salud espiritual. Más adelante en este libro hablaremos en específico acerca de esos caminos.

La importancia de conocer a quienes nos rodean

¿Alguna vez intentó usted comprar un regalo para alguien que no conocía muy bien? Efectivamente, no es tan fácil. Para mí es bastante difícil comprar regalos para personas conocidas. No es un secreto en mi familia que me llevó bastante tiempo acertar en esto. Año tras año yo le compraba a mi esposa regalos de Navidad o de cumpleaños que ella nunca quería, no los consideraba apropiado y ni siquiera le gustaban. Ella fue muy paciente y tuvo mucha gracia porque sabía que mis intenciones eran buenas, pero yo no daba en el blanco.

Comencé a darme cuenta cuando ella me empezó a mostrar anuncios de algún regalo específico de una tienda, catálogo o revista, con direcciones escritas de la tienda o en línea donde yo podría comprar el artículo. Sí, entendí la señal. No era que no conociera a mi esposa, el problema era que yo no prestaba atención a las pistas en nuestras conversaciones a lo largo de los años. Cuando llegaba el momento de comprar un regalo, esas pistas no estaban en mi cabeza, y yo me agitaba para encontrar algo que ella disfrutara. No me convertí en un buen dador de regalos hasta que aprendí a prestar atención y estar alerta a las cosas que a ella le interesaban. Aunque tal vez no siempre llegué a casa luego de apuntar un «gol» por haber comprado el mejor regalo, estar consciente me preparó para saber escoger mejor.

Tengamos este mismo pensamiento al considerar la audiencia de nuestro ministerio para niños. ¿Qué tan bien conoce usted a los niños que atiende? Es posible que sepa sus nombres, y quizá hasta conozca a sus familias. Pero además de los nombres, ¿qué tan bien los conoce a ellos y a su mundo?

Es importante que no pensemos conocer a nuestra audiencia si no hemos pasado algún tiempo entendiendo su mundo. Debido a nuestra cultura siempre cambiante y a la velocidad de la vida, es necesario para nosotros ser proactivos para conocer y entender a los niños en nuestra iglesia y a los que estamos tratando de alcanzar. Yo quería conocer mejor a la audiencia que me rodeaba, así que comencé con la geografía de mi iglesia.

De nuevo, en Jesús encontré un gran modelo para entender el alcance en términos de geografía. Este es el tercer principio de la vida de Cristo, y esto viene después de su resurrección. Él se apareció a sus discípulos para confirmar su llamado para alcanzar al mundo al identificar cuatro objetivos geográficos para ellos: «Ustedes [...] serán mis testigos, y le hablarán a la gente acerca de mí en todas partes: en Jerusalén, por toda Judea, en Samaria y hasta los lugares más lejanos de la tierra» (Hechos 1.8, NTV). Como una respuesta a este pasaje, yo conseguí un mapa del área alrededor de mi iglesia y dibujé un círculo alrededor que abarcaba un radio de cinco millas. El círculo representaba la comunidad geográfica que está a una distancia que se puede caminar o manejar hasta nuestra iglesia.

Comencé a aprender todo lo que podía acerca de los vecindarios alrededor de nuestra iglesia y la gente que vive allí.

Identifique su audiencia de acuerdo a su nivel de compromiso

Ahora que ya estamos un poco más conscientes del potencial de la audiencia que nos rodea, seguiremos al próximo paso: identificar su audiencia al identificar el nivel del compromiso espiritual de cada niño.

Ilustramos este proceso mediante lo que llamamos el «Círculo del compromiso». Es importante notar que identificar su audiencia mediante los Círculos de compromiso no es un equivalente a dar una identidad a los niños. Identificar su audiencia no es etiquetar un niño o aislarlo. Identificar su audiencia según su compromiso espiritual es simplemente una manera de relacionarse con un niño efectiva y estratégicamente.

En los Círculos de Compromiso, usted puede ver, yendo desde el círculo más externo hasta el círculo más interno, las siguientes audiencias destinatarias: Comunidad, Multitud, Congregación, Comprometidos, Núcleo y Comisionados.

La meta es llevar a los niños desde el círculo más externo: ningún o poco compromiso y una baja madurez, al círculo más interno: alto compromiso y alta madurez. Dicho con sencillez, estamos llevando intencionalmente a los niños desde «No me importa» a «estoy comprometido a compartir». Trabajar por medio de los Círculos de compromiso hace posible que usted y sus líderes identifiquen a los que usted está tratando de alcanzar. También ayuda a conocer lo que está tratando de enfatizar de manera que usted pueda ser intencional acerca del balance. Piense cuán bien ilustra esto el proceso de llevar al niño en su ministerio desde el círculo exterior (bajo compromiso) al círculo interior (alto compromiso). Esto es parte de la estrategia que se usa para crear la senda que lleva a los niños hacia la salud espiritual, la cual cubriremos en un capítulo más adelante.

Nuestro objetivo es llevar niños desde la comunidad al compromiso, desde no tener compromiso y estar desconectado de Cristo a estar completamente rodeado de Jesús, presentando y compartiendo su fe en las esferas personales, locales y globales. Esto concuerda con nuestro último objetivo de llevar niños hacia la salud espiritual.

Veamos más de cerca cada uno de estos seis Círculos de compromiso y lo que cada uno significa. A medida que lea las descripciones, es posible que descubra que su ministerio para niños no tiene uno de estos círculos específicos de niños. Enfóquese en la palabra *potencial*. Tal vez usted no tenga ningún niño comprometido, pero los niños que tiene poseen el potencial para convertirse en niños comprometidos.

La Comunidad. Los niños en la comunidad están comprometidos a no asistir a la iglesia; ellos viven separados de Cristo. Hay niños a quienes sencillamente no les importa. Tal vez asisten en ocasiones, quizá dos o tres veces al año. Si los ve, es porque probablemente están en un servicio de Resurrección o de Navidad. Ellos viven a una distancia de la iglesia que es accesible en auto, pero no ven la iglesia como algo divertido o incluso necesaria. Típicamente no conocen a Cristo, y no están interesados en la iglesia.

La Multitud. Los niños de la multitud están comprometidos a asistir a nuestra iglesia, ellos están escuchando de Cristo. Estos son niños que asisten con regularidad durante los fines de semana. Usted los ve cada domingo, y por lo general son abiertos y se interesan en los asuntos espirituales. A veces los niños de la multitud están en la iglesia porque sus padres los obligan a venir. Pero son amistosos y hasta han comenzado a relacionarse con otros niños y líderes. Es posible que vayan a las actividades o programas de otra iglesia, pero están principalmente comprometidos con el servicio de los domingos, o han hecho un compromiso de seguir a Cristo o están interesados en conocer más acerca de Cristo.

La Congregación. Los niños de la congregación están comprometidos con un grupo pequeño, ellos tienen una relación con Cristo y con otros cristianos. Estos son los niños que han dado un paso más allá de asistir a los servicios de los fines de semana. Definitivamente han tomado la decisión de seguir a Cristo y están comprometidos a venir los domingos. Ellos también están comprometidos a tener comunión con aquellos que los rodean en un grupo pequeño. Les encanta ser una parte de la iglesia y valoran la comunidad y el crecimiento que están experimentando.

Los Comprometidos. Los niños comprometidos están comprometidos con los hábitos espirituales, están creciendo en Cristo. Estos son los niños que están comprometidos a asistir durante los fines de semana, son fieles a los grupos pequeños y crecen visiblemente en su andar con Cristo. ¿Cómo lo sabe? Sus valores están influenciando las decisiones que han hecho.

El Núcleo. Los niños del núcleo están comprometidos a hacer el ministerio, están sirviendo debido a Cristo. Estos son niños que están asistiendo los fines de semana, comprometidos a un grupo pequeño, están creciendo visiblemente en su andar con Cristo y están activamente involucrados en un ministerio como voluntarios. Ellos entienden que Dios les ha dado dones y talentos que deben usarse para su gloria y están compartiendo esos dones y talentos al servir.

Los Comisionados. Los niños comisionados están comprometidos a presentar a Cristo personal, local y globalmente. Estos son los niños que están comprometidos a asistir los fines de semana, son fieles a los grupos pequeños, están creciendo visiblemente en su andar con Cristo y están activamente involucrados en un ministerio como voluntarios, compartiendo a Cristo con aquellos que los rodean, e involucrado en un viaje misionero.

El Círculo de los Comisionados es nuestra última meta u objetivo. ¿Llegarán todos los niños a este círculo? No. Si un niño no cae entre los Comisionados, ¿significa eso que no es espiritualmente saludable? No, de ninguna manera. ¿Puede un niño estar espiritualmente saludable y no ser un niño comisionado? ¡Sí! ¡Absolutamente!

Nuestro objetivo es llevar progresivamente a los niños a la salud espiritual mediante un proceso de discipulado intencional. Este proceso es una herramienta que puede ayudarnos a identificar a quiénes estamos alcanzando y determinar cómo mantener a los niños moviéndose estratégicamente hacia el destino de la salud espiritual.

En *Ministerio de jóvenes con propósito*, Doug Fields lo describe de esta manera: «Cuanto más claro sea el cuadro que tenga sobre cada nivel de compromiso, tanto más fácil será relacionarse con los jóvenes en sus respectivos niveles».[11] Recuerde, un ministerio con propósito para niños es evolucionista. Estamos guiando a los niños por un proceso de discipulado hacia la salud espiritual.

Cuando reconocí la importancia de la audiencia

Hace años yo aprendí una lección muy valiosa sobre la importancia de seleccionar la audiencia destinataria. Entre los norteamericanos, el Halloween [fiesta de los difuntos] es una gran oportunidad para alcanzar a la comunidad y como muchas otras iglesias, la iglesia en la que estaba trabajando auspició un programa para alcanzar la comunidad. Tuvimos juegos divertidos, toneladas de caramelos y un ambiente épico que invitaba a las familias. Los muchachos se divirtieron de lo lindo. Como era un programa de evangelismo, se esperaba que de alguna manera predicáramos el evangelio en algún momento durante el programa. Planeamos que los muchachos vinieran y pasaran un buen tiempo con sus amistades, luego se sentarían y escucharían el evangelio, y luego recibirían sus caramelos. Suficiente, ¿verdad?

Pero, para mí, el punto culminante fue un intercambio entre padres que yo escuché. Parada en la parte de atrás del salón yo vi a una mamá volverse a otra y decirle muy brava: «¡Yo lo sabía! Yo sabía que habría una traba en este programa de Halloween. Sabía que ellos nos iban a embaucar con el anzuelo de recibir caramelos y luego ¡bam! engañar los niños para que escucharan una historia bíblica antes que siquiera pudieran tener un caramelo. ¡Nos embaucaron!». ¡Huy! Ella siguió explicando que sus hijos tuvieron un largo día en la escuela, se estaba haciendo tarde, al próximo día ella tendría que levantarse temprano por la mañana para ir a trabajar, y ya era demasiado tarde para que sus hijos ni siquiera pudieran disfrutar un caramelo de los que recibirían. Entonces me di cuenta que yo estaba escuchando a uno de los destinatarios, una familia que no conocía a Jesús como su salvador y sentía que la estábamos engañando con un escenario donde las obligaban a escuchar acerca de Jesús. Habíamos traicionado su confianza. No planeamos apropiadamente el programa pensando en nuestra audiencia destinataria.

Por favor, no me malinterprete. El punto principal que yo aprendí no era si se debe o no predicar el evangelio en un programa de Halloween. Cada iglesia es diferente. Cada comunidad es única. Lo que aprendí es que yo no me había dirigido a mi audiencia. Punto. Yo había planeado un programa de Halloween como un alcance a la comunidad que terminó por planearse para los niños de la iglesia, y no para las familias en la comunidad. Cuando vayamos a eligir la audiencia, debemos planear con efectividad para dejar una influencia óptima con el fin de ayudar a llevar a los niños hacia la salud espiritual.

Ahora que hemos identificado a quién estaremos tratando de alcanzar y por qué es importante seleccionar los destinatarios, es hora de pasar a la pregunta *cómo*. ¿Cómo usted pasará a los niños hacia la salud espiritual?

Guía para el intercambio de ideas

En este ejercicio usted:

- Obtendrá conocimientos de la audiencia que está tratando de ganar.
- Considerará su comunidad y las culturas de la iglesia.
- Entenderá las luchas y obstáculos que encaran los niños de hoy.

Descubrimiento/Reflexión:

¿Cómo determinar la audiencia?

1. ¿A quién está usted tratando de alcanzar en su ministerio para niños? Sea específico. ¿Cuáles son las edades, dónde viven ellos y a qué escuelas asisten?

2. ¿Ha caído usted en la trampa de tratar de alcanzar a todos y extenderse demasiado? ¿Cuál es el peligro de hacer esto?

3. ¿Es usted capaz de identificar quién o qué tipo de niños le quebrantan el corazón? Esto puede ser diferente en cada persona de su equipo. Hablen juntos sobre sus reacciones.

Demos un vistazo a cómo determinar la audiencia para su ministerio con los niños. Comenzaremos con una sola pregunta básica acerca de su comunidad: ¿cuántas personas viven dentro de un radio de cinco millas de su iglesia?

Ahora tome unos minutos para contestar las siguientes preguntas que pintarán un cuadro de esos niños que viven en su comunidad.

1. ¿Cuáles 3–4 palabras describen su comunidad?

2. ¿Cómo describiría usted la composición demográfica de su comunidad?

3. ¿Cómo describiría usted las características económicas de los niños en su comunidad?

Considere utilizar un sitio de la Internet como http://www.thearda.com/DemographicMap/ para encontrar información demográfica acerca del área alrededor de su iglesia. Una de las razones por las que algunas iglesias no son efectivas al alcanzar a quienes les rodean es que están «ciegas a las personas», no las ven. No son sensibles a las diferencias culturales y sociales de la gente. La cultura, en este caso, es simplemente el estilo de vida y las actitudes de los que viven alrededor de su iglesia.

Conteste las siguientes preguntas para comprender mejor la cultura de su comunidad.

1. ¿Qué valoran los chicos de su comunidad?

2. ¿Qué está de moda entre los niños que les rodean?

Si su objetivo principal es guiar a los niños hacia la salud espiritual, es vital descubrir el actual trasfondo espiritual de los niños y las familias en la comunidad que los rodea.

Para comenzar a descubrir el panorama espiritual actual de las personas en su comunidad, conteste las siguientes preguntas:

1. ¿Qué saben y entienden los niños de su comunidad acerca de la Biblia?

2. ¿Cuál es el clima espiritual de su comunidad?

3. ¿Cuáles son las cinco luchas y obstáculos principales de los niños en su iglesia y comunidad que están encarando ahora mismo? Por ejemplo, en cuanto a mi comunidad, yo podría contestar la pregunta con las siguientes luchas y obstáculos: divorcio, presiones de los compañeros, inseguridades, intimidaciones y familias quebrantadas.

1.

2.

3.

4.

5.

Ahora, simbólicamente, escriba los obstáculos que usted enumeró antes en el panorama del mapa. Recuerde, esto solo sirve como una representación visual de cómo es la vida por la que los muchachos en su comunidad tienen que navegar todos los días.

Conexión:

Pida a Dios en oración una clara comprensión del «panorama» por el cual los niños de su iglesia y comunidad están andando todos los días. Ore que Dios quebrante los corazones de ustedes por esos niños.

CAPÍTULO 6

¿Cómo llevará a sus hijos hacia la salud espiritual?

Jesús empleó muchas historias e ilustraciones similares para enseñar a la gente tanto como pudieran entender. De hecho, durante su ministerio público nunca enseñó sin usar parábolas; pero después, cuando estaba a solas on sus discípulos, les explicaba todo a ellos.

MARCOS 4.33, 34, NTV

En el capítulo 3 exploramos nuestra misión y propósito y desarrollamos una declaración de misión que sirve como el fundamento para todos los demás componentes de nuestro ministerio para niños. Aunque la declaración de misión establece por qué existe su ministerio y hasta afirma lo que usted hará, esta no explica cómo se logrará la misión. Esto nos lleva a la estrategia. Su estrategia contestará la pregunta *cómo*.

Déjeme comenzar con una definición de estrategia. Recuerde esto a medida que lea este capítulo:

Una estrategia es un plan deliberado (o intencional) o un método para lograr un objetivo predeterminado.

Identificar su meta u objetivo es primordial, pero hay otro paso que usted debe dar. Debe desarrollar un plan deliberado o intencional para lograr la meta u objetivo. Ese plan deliberado es su estrategia. En otras palabras, su estrategia le dice cómo va usted a llegar a su destino.

Como comentamos en el último capítulo, Jesús demostró un modelo efectivo para ministrar en el que no solo tuvo destinatarios selectos, sino que además tenía una estrategia para alcanzarlos. De hecho, la estrategia que Jesús modeló era tan efectiva que todavía hoy se está implementando. Incluso más, ahora los resultados son tan efectivos como lo fueron durante sus días. Jesús sabía cuál era su objetivo, y desarrolló una estrategia para poder lograr ese objetivo. Marcos 4.33, 34 sirve como un buen ejemplo de cómo Jesús usó la estrategia cuando enseñó a las multitudes: «Jesús empleó muchas historias e ilustraciones similares para enseñar a la gente, tanto como pudieran entender» (Marcos 4.33, NTV).

Note que Jesús enseñó a la multitud de una forma que «pudieran entender». La meta de su estrategia era entender, lo cual es el camino a una transformación auténtica. Él adaptó su mensaje al nivel de

145

la comprensión de los que estaban en la multitud. Las historias que Jesús le contó a la multitud revelaron solo una porción de la revelación de su mensaje. Pero cuando estaba con los discípulos en un pequeño grupo, Jesús dejó al descubierto todo el significado de su enseñanza: «De hecho, durante su ministerio público nunca enseñó sin usar parábolas, pero después, cuando estaba a solas con sus discípulos, les explicaba todo a ellos» (Marcos 4.34, NTV).

En cuanto a la estrategia, ¿por qué Jesús usó parábolas al principio y luego las explicó? ¿Estaba tratando de confundir a la multitud? ¿Estaba apurado? ¿Qué de la multitud? ¿No le importaba? ¿Acaso Jesús no tenía un sentido de urgencia para «contarlas tal cual eran»?

Creo que todos estaremos de acuerdo en que la respuesta a cada una de estas preguntas es un resonante no. Considere esto: nadie quiso a esta gente más que Jesús, y nadie tenía mejor sentido de urgencia que Jesús. Y, sin embargo, él solo les dio un ápice de su enseñanza.

¿Qué estaba haciendo Jesús? Él estaba modelando una estrategia.

Él sabía cuál era su propósito y conocía a su audiencia, así que intencional y estratégicamente formateó una estrategia de enseñanza para relacionarse con la gente frente a él. Ahora los discípulos estaban allí, escuchando junto con la multitud, pero Jesús tenía un método diferente para ellos. Una vez que estaba con sus discípulos en un pequeño grupo, él les revelaba verdades más profundas. Jesús sabía que ellos estaban listos para esto, aunque no entendían por completo todo lo que él decía. En su peregrinaje espiritual la multitud no estaba en el mismo lugar que los discípulos. Y Jesús, con toda sabiduría, adaptó su mensaje para relacionarse con la multitud a un nivel que su mensaje fuera comprensible. Jesús los estaba exponiendo a la verdad de su Palabra y su reino. Él estaba preparando el terreno de manera estratégica para el próximo paso de la comprensión y desarrollo espiritual de la multitud.

La estrategia contesta cómo usted dirigirá a sus niños hacia la salud espiritual

Jesús comprendió la importancia de la estrategia. Si la estrategia era importante para él, entonces nosotros debemos considerar cómo aplicar una estrategia a nuestras vidas. Su meta final, como la nuestra, era ayudar a la gente a conocer a Dios para que pudieran transformarse. Al igual que Jesús con sus discípulos, si estamos tratando de guiar a los niños hacia la salud espiritual, necesitamos un proceso estratégico. Si no tenemos uno, sería algo semejante a tirar las piezas de un rompecabezas al aire y esperar que caigan en su lugar. Es posible que algunas piezas caigan en un lugar lo suficientemente cercano como para reconocer porciones del rompecabezas, pero creo que con seguridad puedo decir que sería imposible que cada pieza cayera en el lugar correcto para completar todo el cuadro. A pesar de esto, no estoy diciendo que la ausencia de una estrategia signifique un fracaso automático para su ministerio. Sin embargo, la evidencia muestra que la estrategia aumenta la efectividad y maximiza las oportunidades.

En el capítulo 2 yo usé una historia acerca de los LEGO para distinguir entre las actividades al azar y las actividades intencionales. Hay un tiempo y lugar para andar al azar, pero no es así cuando se trata del proceso del discipulado en su ministerio para niños. Es como dice el proverbio: «Antes de construir tu casa haz tus planes y prepara los campos» (Proverbios 24.27, NTV). El escritor de Proverbios usó esta analogía de trabajar en los campos para ayudarnos a entender la importancia de dar prioridad a las primeras cosas. Él nos urge a no apurarnos a construir la casa antes de pensar en los otros aspectos relacionados con el resultado final. En otras palabras, hay un proceso que requiere un planeamiento y una preparación estudiada para que cualquier esfuerzo tenga éxito. El crecimiento espiritual es un proceso, y ese proceso se identifica y se aclara al desarrollar una estrategia

No fue por casualidad que Jesús comparó nuestro desarrollo espiritual con el proceso de desarrollo de una planta. Tanto la persona como la planta crecen y se desarrollan mediante un proceso. Jesús también dijo:

« El reino de Dios es como un agricultor que esparce semilla en la tierra. Día y noche, sea que él esté dormido o despierto, la semilla brota y crece, pero él no entiende cómo sucede. La tierra produce las cosechas por sí sola. Primero aparece una hoja, luego se forma la espiga y finalmente el grano madura. Tan pronto como el grano está listo, el agricultor lo corta con la hoz porque ha llegado el tiempo de la cosecha» (Marcos 4.26–29, NTV).

El campesino utilizó su conocimiento y experiencia para preparar la tierra y plantar la semilla, y luego dejó que la tierra hiciera su trabajo. La planta no brotará en un instante ni saldrá fuera de la tierra completamente desarrollada. Lleva intención, tiempo y paciencia para que la semilla crezca hasta llegar a ser una planta completamente desarrollada. El campesino no sabe cómo sucede este proceso, pero eso no le impide tomar los pasos que él sí entiende. Tal vez él no entienda la ciencia de lo que sucede en la tierra, pero tiene confianza en el proceso y tiene fe en que su trabajo producirá la cosecha.

Este es un hermoso ejemplo del proceso de formación espiritual y la estrategia que Jesús implementó para guiar a la gente, paso por paso, por niveles cada vez más profundos de comprensión y compromiso a su reino. El apóstol Pablo, siguiendo el modelo de Jesús, lo dijo de esta manera: «Yo planté la semilla en sus corazones, y Apolos la regó, pero fue Dios quien la hizo crecer» (1 Corintios 3.6, NTV).

Un líder del ministerio para niños me dijo una vez: «No necesitamos una estrategia. Las estrategias hechas por los hombres interfieren con lo que Dios quiere hacer en la vida de una persona». Aunque este líder tenía buenas intenciones y en verdad quería lo mejor para los niños en su ministerio, su respuesta me indicaba que ella no había comprendido por completo la importancia de la estrategia. La estrategia, cuando se implementa de manera correcta, no limitará la obra de Dios en la vida de un niño. Al contrario, esta proveerá un ambiente apto para el trabajo de Dios que solo él puede hacer.

Una estrategia con propósito está basada en las Escrituras y sigue la metodología de Jesús. El proceso define nuestra parte en la obra de Dios y nosotros confiamos en que Dios hará lo que solo él puede hacer. Entonces, ¿cómo desarrolla usted una estrategia que se alinee con el ejemplo que Jesús nos ha dado?

Definir los componentes de la estrategia de un discipulado

Para desarrollar la estrategia que especifica cómo alcanzar el objetivo de llevar a los niños hacia el destino de la salud espiritual, primero debemos definir los factores que hacen la estrategia. Yo me refiero a esto como un mapa M.A.S.P.:

Misión + Audiencia = Senda / Programa

Su misión se desarrolló al contestar la pregunta «¿Por qué está haciendo lo que está haciendo?» (Capítulo 3). Su audiencia se identificó al contestar la pregunta «¿A quién está usted tratando de alcanzar?» (Capítulo 5). Con estos dos componentes en su lugar, ahora usted está listo para diseñar sus sendas y programas para completar la estrategia. Así que demos una mirada profunda al último componente de la estrategia mapa M.A.S.P.: Sendas y Programas.

Las sendas y los programas

Muéstrame la senda correcta, oh Señor; señálame el camino que debo seguir.

SALMOS 25.4, NTV

Cuando manejo desde mi casa hasta la oficina de la iglesia, no necesito usar el GPS. Lo he hecho tantas veces que realmente creo que lo podría hacer hasta dormido. De hecho, creo que un par de veces hice ese recorrido en mis sueños. Pero si saliera de mi casa para ir a un destino al que nunca he ido antes, entonces necesito más que la dirección del destino. Necesito una ruta o senda para llegar.

Para llevar a los niños por su peregrinaje espiritual, necesitamos desarrollar sendas que ellos sigan con pasos específicos o programas en cada senda.

Traza un sendero recto para tus pies; permanece en el camino seguro, no te desvíes, evita que tus pies sigan el mal.

PROVERBIOS 4.26, 27, NTV

Ofrezco esta ilustración para ayudar a definir lo que quiero decir con «sendas y programas». Digamos que usted va viajando desde Los Ángeles hasta la ciudad de Nueva York. Hay varias rutas que puede tomar para llegar a su destino final. Luego de escoger la ruta, usted sigue las instrucciones y la ruta lo llevará a Nueva York. Estas rutas son como las «sendas» del ministerio. Para ayudarle en el viaje, hay paradas por el camino tales como restaurantes, estaciones de gasolina, hoteles, librerías, Starbucks, etc. Estos son como los «programas» del ministerio.

La relación entre las sendas y los programas del ministerio trabajan en forma similar que las rutas y las paradas. Las sendas son las oportunidades (rutas) que su ministerio provee para el desarrollo espiritual de los niños. Por ejemplo, las oportunidades o rutas que nuestros ministerios ofrecen para los niños son los programas especiales, cultos de fin de semana y grupos pequeños de discipulado a mediados de la semana. Los programas son los pasos individuales y especializados en el peregrinaje del discipulado de los niños que progresivamente los pasan entre lugares (paradas) hacia el destino. Este es un ejemplo de cómo esto funciona en el ministerio:

Senda: Discipulado en grupos pequeños

Programas: Clases 101 de niños (Pertenecer a Cristo)

Más adelante profundizaremos en estos ejemplos con más detalles. Por ahora es importante entender que este aspecto del proceso del desarrollo de la estrategia del discipulado es importante por una sencilla realidad: los niños pasan por su peregrinaje espiritual mediante una serie de pasos. Considere esta ilustración: si usted estuviera parado en el extremo de un salón y necesitara ir hasta el otro extremo del salón, nadie esperaría que usted hiciera esto dando un salto gigante. Por el contrario, usted se movería desde donde está parado hasta donde quiere ir dando una serie de pasos. Y es muy posible que haya obstáculos en el salón, así que usted tendrá que caminar por los alrededores para llegar al otro lado.

Por esta razón los pasos no pueden ser pasos al azar que por casualidad van a caer en su lugar. Estos son pasos estratégicos diseñados para llevarlo de donde está a donde quiere llegar.

Esta misma idea es cierta para nuestro ministerio para niños. Nuestro deseo es brindarles a los niños una oportunidad para experimentar personalmente a Dios y desarrollar una relación dinámica con él mediante una serie de pasos intencionales y estratégicos. El formato más efectivo que he descubierto para este proceso es primero identificar sendas y luego desarrollar programas para cada senda.

Cómo Saddleback desarrolla sendas y programas

Utilizaré el ministerio para niños de Saddleback como un ejemplo de cómo las sendas y los programas estratégicos trabajan juntos. Nuestro ministerio para niños utiliza tres sendas: Programa especiales, Servicios de fin de semana y Discipulado en grupos pequeños. Más adelante, en este capítulo, comentaremos esto con más detalles.

Para desarrollar nuestra estrategia usamos las palabras de propósito de nuestra declaración de misión para identificar el propósito principal. Recuerde, sus servicios, programas y actividades satisfarán varios propósitos a la vez. Pero tener siempre un propósito principal que enfoque nuestros esfuerzos puede mejorar la efectividad. Luego agregamos a la ecuación a los destinatarios. Igual que con el propósito, es típico tener varias audiencias participando en un solo programa, pero tenemos una audiencia destinataria que determina cómo se diseña e implementa el programa. Por ejemplo, nuestros servicios de fin de semana tienen el propósito principal de adorar, y la audiencia destinataria es la multitud. La realidad es que podríamos tener las seis audiencias asistiendo a los servicios de fin de semana, y quizá las tengamos, y también en una escala pequeña, estar logrando indirectamente los cinco propósito en los servicios de fin de semana. Pero no estamos tratando de hacerlo todo en el fin de semana. Tenemos propósitos principales y una audiencia destinataria que determina el programa.

Aquí está un ejemplo de la estrategia del ministerio para los niños de Saddleback, usando nuestras palabras con propósito además de nuestra identificación de la audiencia. Estas, combinadas con nuestras sendas y programas, están diseñadas para llevar a los niños de manera progresiva hacia la meta que es la salud espiritual.

(Estos solo son ejemplos de los programas que nosotros ofrecemos.)

Misión primaria	Audiencia destinataria	Senda	Programa
Compartir (traer)	Comunidad	Programas especiales	EBV
Adorar	Multitud	Servicios fin de semana	Servicio de adoración de grupos grandes
Pertenecer	Congregación	Discipulado	Clase 101: Pertenecer a Jesús
Crecer	Comprometi-dos	Discipulado	Clase 201: Crecer en Jesús
Servir	Núcleo	Discipulado	Clase 301: Servir a Jesús
Compartir (ir)	Comisionados	Discipulado	Clase 401: Presentar a Jesús

El mapa M.A.S.P., una representación visual de su estrategia

En mis viajes a lo largo del globo, enseñando estos principios del ministerio para niños, he tenido que esforzarme para encontrar una forma visual de comunicación que todos entiendan. Hasta que comprendí que hay una forma visual de comunicación que todos entienden... el mapa.

Esto tiene un perfecto sentido cuando se considera el hecho de que se cree que los mapas son una de las formas más antiguas y comunes de comunicación conocida por la humanidad. Los mapas son tan comunes hoy que no pensamos mucho en estos. Tenemos mapas para todo lo que usted se pueda imaginar, mapas para el estado del tiempo, mapas para las carreteras, mapas para el fondo del mar, mapas de la luna, mapas socioeconómicos, mapas políticos, mapas topográficos y mapas militares. ¡La lista podría seguir! No importa a qué lugar del mundo yo viaje, un mapa es la cosa que todos parecen entender o con la cual tienen afinidad. Por esa razón nosotros usamos el mapa M.A.S.P. como una guía tangible que nos ayuda a desarrollar, diagramar, evaluar y hasta comunicar la estrategia que implementamos para llevar a los niños hacia la salud espiritual.

Misión + Audiencia = La Senda

La Senda y los Programas en un mapa M.A.S.P.

Permítame mostrarle un ejemplo de cómo las sendas y los programas trabajan juntos en el mapa M.A.S.P.

Para desarrollar, diagramar, evaluar y comunicar con claridad los programas de nuestro ministerio para niños, usamos las sendas que categorizan nuestros programas. Cualquier programa que exista en la actualidad, o uno que se esté considerando, debe «encajar» en una de las sendas. En lugar de hacer lo que parece ser un mapa de una ciudad, parece tener sentido usar una isla para representar las etapas de la vida de un niño en el ministerio para niños y las diferentes etapas del viaje espiritual del niño. A continuación encontrará un ejemplo del mapa M.A.S.P. de la Misión que muestra la estrategia del ministerio para niños de Saddleback.

Nuestro mapa M.A.S.P. de la estrategia tiene una X que representa el destino de la salud espiritual. Hay una cantidad de puertos en la isla que representan las sendas que llamamos Programas Especiales. Utilizamos Programas Especiales para establecer la conexión inicial con nuestra comunidad y proveer una senda que los lleve al servicio de fin de semana. Después, usted notará una larga senda por el perímetro de la isla que representa la senda que llamamos Servicios de fin de semana. Como lo indica el mapa M.A.S.P., a los niños que asisten solo los fines de semana se les da la oportunidad de progresar hacia el destino de la salud espiritual. Sin embargo, estos programas de la senda de los fines de semana no están diseñados con el mismo grado de profundidad espiritual que las sendas del interior. Por lo tanto, una

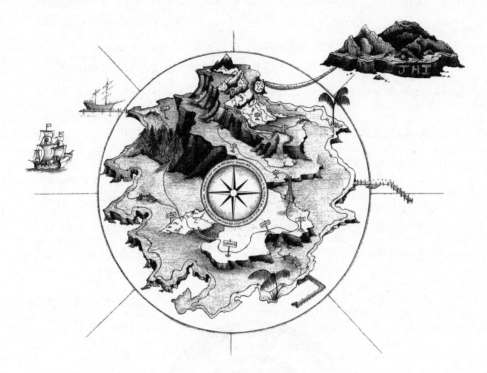

vez que los niños comienzan su peregrinaje en la senda de los fines de semana, entonces los animamos a tomar el próximo paso de su peregrinaje del discipulado y avanzar por una senda con más desafíos y remuneraciones como es el Discipulado del grupo pequeño. Cada senda es estratégica y tiene múltiples pasos o programas. La idea básica es esta: Llevarlos a la isla mediante los puertos (Programas especiales), pasarlos a la primera senda (Servicios de fin de semana), y luego a la senda interior con más desafíos (Discipulado de grupos pequeños).

Recuerde que sus sendas y programas serán diferentes a los nuestros. El punto no es que usted necesariamente adopte las sendas y programas del ministerio para niños de Saddleback, aunque si lo hace es totalmente aceptable. El punto es mostrarle el proceso mental detrás de cada senda, cómo trabaja unida cada componente de la estrategia y guiar su manera de pensar a medida que usted considera las sendas y programas más efectivas para su estrategia.

Aquí está una vista general de cada senda que utilizamos y un ejemplo de un programa en la senda:

PROGRAMAS ESPECIALES: Establecer la relación inicial

Aunque algunos de nuestros programas están diseñados principalmente para grupos específicos en nuestro ministerio para niños, la mayor parte de la energía que invertimos en planear programas especiales está dedicado principalmente a alcanzar y relacionar a los niños de la comunidad con nuestros círculos de compromiso.

Destinatarios: Comunidad

Los programas especiales establecen una relación inicial para aquellos que están interesados en la iglesia, pero tal vez no están interesados, dudan o temen presentarse en el fin de semana.

¿Por qué cree usted que Jesús pasó tanto tiempo en bodas, fiestas y hogares de personas? Sencillamente porque era una oportunidad de iniciar una relación y construir un puente relacional.

Más tarde, Mateo invitó a Jesús y a sus discípulos a una cena en su casa, junto con muchos cobradores de impuestos y otros pecadores de mala fama. Cuando los fariseos vieron esto, preguntaron a los discípulos: «¿Por qué su maestro come con semejante escoria?». Cuando Jesús los oyó, les dijo: «La gente sana no necesita médico, los enfermos sí».

MATEO 9.10, 12, NTV

Para muchos niños, un programa especial quizá sea su primera interacción con el ministerio para niños de su iglesia, así que queremos crear un ambiente divertido que los haga sentirse bienvenidos, cómodos y con el deseo de volver a dar un vistazo a los servicios de fin de semana.

Los programas especiales son «fáciles para invitar» porque se diseñan estratégicamente para que no sea una amenaza para un niño que no tiene una iglesia.

Para una persona que no va a la iglesia, la idea de venir a una iglesia puede ser extremadamente intimidante y sinceramente espeluznante. Alguien que no está acostumbrado a pertenecer a una comunidad de iglesia puede sentirse vulnerable o en riesgo al solo dar un paso para entrar por las puertas de la iglesia por primera vez o porque no saben qué esperar o quizá haya tenido una mala experiencia en el pasado. Los programas especiales son una increíble oportunidad para hacer que una persona sin iglesia se sienta más cómoda, a gusto y menos amenazada al pasar por las puertas de la iglesia.

Aquí está un ejemplo de cuál es una estrategia que puede parecer diseñada para alcanzar la comunidad:

Misión principal + Audiencia destinataria = Senda / Programa

Compartir (traer) + Comunidad = Programas especiales /EBV

Cosas que recordar al desarrollar las sendas de los programas especiales

1. Un plan estratégico para los próximos pasos de aquellos que asisten a sus programas especiales.

Los programas especiales al azar pueden ser divertidos y pueden servir un propósito. Pero la mayoría de las veces los programas especiales aislados ocupan nuestro tiempo, esfuerzos y recursos y nos quedamos sintiéndonos como si fuera una pérdida de tiempo. A estos programas así les llamo «programas apéndices». Existen, pero nadie sabe por qué y no parecen servir ningún propósito.

Nuestros programas especiales logran tener propósito cuando incluyen de manera estratégica un próximo paso para aquellos que asisten a los programas especiales.

Este próximo paso puede ser una sencilla invitación al próximo programa que ya está planeado y aparece en el almanaque.

Planee sus programas especiales por adelantado de manera que pueda promover «algo más» en cada programa especial. Por ejemplo, si va a tener un programa de Halloween y usted sabe que asistirán muchas personas de su comunidad, entonces puede prepararse para promover algo realmente divertido y chévere que estará haciendo en el servicio del próximo fin de semana.

2. Considere estratégicamente la frecuencia de sus programas especiales

«Más» no siempre significa «mejor». De hecho, lo opuesto puede ser cierto. A veces, realmente estamos haciendo más daño que beneficio al tener muchas actividades y llenar nuestro calendario con programa tras programa.

3. Programe estratégicamente sus programas especiales

Al desarrollar sus programas, usted siempre debe considerar la agenda de su iglesia y la agenda de la comunidad. Tanto como pueda, usted quiere evitar competir con la misma audiencia el mismo día con otro grupo dentro o fuera de su iglesia.

4. Esté estratégicamente consciente de la carga

¿Alguna vez escuchó la frase «la pared de sostén»? Es un término de la construcción que se usa para describir las paredes de su casa que realmente cargan el peso de la casa. Estas paredes sostienen el peso que se transfiere abajo, llamado la «carga», desde el techo hasta los cimientos. Estas paredes de sostén tienen limitaciones y solo pueden sostener cierta cantidad de la presión que genera el peso. Si se coloca demasiado peso sobre las paredes de sostén, estas se caerán.

Esta metáfora representa una limitación similar cuando se trata de programas especiales. Los programas especiales son diferentes al servicio del fin de semana o a la senda del discipulado del grupo pequeño, pero cuando el ministerio para niños es responsable de un programa especial, típicamente lo harán las mismas personas que realizan todos los programas de los niños.

Al planear y desarrollar nuestros programas especiales, debemos recordar la energía y el margen de las personas que están implementando el programa. Si se pone demasiada «carga» en los voluntarios, ellos dejarán el ministerio para niños o colapsarán. Cualquiera de estas cosas sería un triste comentario sobre nuestro liderazgo.

No solo tenemos que tener en cuenta la energía del personal y los voluntarios, también debemos pensar en la tensión y presión que los programas ejercen en el presupuesto.

Aparte tiempo al inicio para realmente medir bien sus recursos y energía. ¿Está su equipo agotado? ¿Tiene los medios financieros para hacer todo lo que le gustaría hacer para realizar este programa especial?

Servicios de fines de semana, presentar a los niños a Cristo, su Palabra y nuestras creencias

Y cada día, en el templo y casa por casa, seguían enseñando y predicando este mensaje: «Jesús es el Mesías».

HECHOS 5.42, NTV

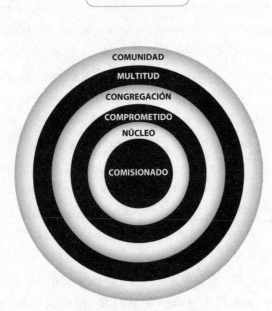

Destinatarios: La multitud

Los servicios de fin de semana son la puerta de entrada de su ministerio para niños. Para algunos niños la puerta de entrada puede ser su primera experiencia con su ministerio para niños. Aunque la senda del servicio de fin de semana tiene una audiencia en particular, esta realmente incluye a todos los niños que interactúan con su ministerio para niños semanalmente.

Ellos vienen con regularidad y los fines de semana participan en su ministerio para niños. Han estado expuestos a Jesús, y ven la iglesia como un lugar divertido al cual ir. Luego de saber esto, queremos ser los mejores mayordomos del tiempo en el servicio de los fines de semana para soplar la llama del entusiasmo y compromiso natural en los niños de la multitud y, por último, crecer con ellos y pasarlos al próximo nivel en los Círculos de compromiso.

Misión principal + Audiencia destinataria = Senda / Programa

Adoración + Multitud = Servicios de los fines de semana / programas de acuerdo a la edad

¿Por qué «los servicios de fin de semana» para niños de la multitud?

Al principio de este libro yo describí mi primera experiencia en la iglesia de los niños. Pasar a un ambiente apropiado para mi edad y que estuviera diseñado conmigo en mente fue harina de otro costal que cambió por completo la manera en que yo veía e interactuaba con la iglesia. Mientras crecía, yo tenía la costumbre de asistir a los servicios de la iglesia, y bueno, aunque quería a mi papá, esta nunca llegó a ser realmente divertida para mí como un niño. Me encantaba mi experiencia en la iglesia de los niños porque podía interactuar y comprometerme con una adoración y enseñanza divertida y adaptada para niños que cautivaron mi atención con los títeres y líderes que me conocían por nombre y formaban una relación conmigo porque tenían interés.

A medida que intencionalmente diseñamos servicios para los fines de semana que se enfoquen en la multitud, la enseñanza de la Palabra de Dios es central, con elementos de apoyo como una adoración energética e interactiva, juegos y actividades divertidas, y lecciones con ejemplos prácticos. La meta es crear un ambiente seguro y divertido que resuene con los niños de la multitud al mismo tiempo que satisfaga las necesidades espirituales y de desarrollo de los demás grupos que asistirán a los servicios de fin de semana. Nuestra oración es que ellos no solo quieran volver cada semana, sino que quieran traer a sus amigos.

Los servicios de fin de semana son diferentes en iglesias diferentes, pero hay varios principios y aspectos generales que podemos aplicar a los servicios de fin de semana para relacionarnos con los niños y aumentar nuestra eficiencia al llevarlos hacia la salud espiritual. Aquí hay algunas cosas que recordar a medida que usted planea sus servicios de fin de semana:

Procure su atención

Lo primero que suceda en su servicio de fin de semana debe captar la atención de los niños. Usted puede hacer esto de varias maneras diferentes, como son los juegos y videos cómicos. Pero, hay otras maneras de obtener la atención de los niños que no son tan obvias. Por ejemplo, sea intencional acerca de hacer que los niños que entran por las puertas se sientan bienvenidos. Déjeles saber que ellos pertenecen aquí. Eso parece tan simple, pero es un algo muy grande. Otra forma de obtener su atención es dejarles saber que usted ha estado preparándose para su llegada. ¿Cómo hacemos esto? Al dejarles saber que aquí ellos son queridos. Concéntrese en crear un ambiente que grite «Hicimos esto para ti» en lugar de «Ya que estás aquí...». Esto no significa que usted deba tener una pared para escalar, un zoológico interactivo bajo techo, pista de carreras *go-kart* y un salón de videojuegos para crear un ambiente efectivo para su gran grupo de adoración. Lo que sí significa es que usted hizo lo mejor que pudo con las facilidades y recursos a su disposición. A veces las cosas más sencillas son las comunican un mensaje poderoso.

Obtenga su interés

Si un niño está aburrido, mentalmente cierra la puerta. Y si está mentalmente cerrada, usted no podrá comunicar con eficiencia ni podrá relacionarse con ellos. La cura para el aburrimiento es DIVERTIRSE. La diversión es la herramienta que abre la mente de un niño.

La diversión con propósito abre el corazón y la mente de un niño y nos da la valiosa apertura que necesitamos para comunicar la transformación de la vida. La diversión nos provee la oportunidad de relacionaros con ese niño en su nivel. Es posible pasar mucho tiempo y energía intentando hacer que el niño suba al nivel del adulto de manera que podamos enseñarlos. Sin embargo, la manera más productiva de acercarse es ir al nivel del niño y relacionarse eficientemente con ellos en una manera relevante. Este es el tipo de relación que le permite enseñar la Palabra de Dios con eficiencia.

Haga que ellos se relacionen

Si un niño se siente aislado, se cerrará. Toda su energía mental y emocional se enfocará solo en el hecho de que él está «solo y a nadie le importa». Al instante, este generará sentimientos tales como «Odio este lugar», «Ellos no son amistosos», «Aquí no soy bienvenido» y «No quiero estar aquí». La cura para el aislamiento es AMIGOS.

Cuando esté pensando y planeando el flujo de su servicio de fin de semana para el ministerio para niños, asegúrese de que cada niño conozca a uno de los líderes en el salón y que tenga la oportunidad de conocer a otros niños de su edad. Si no logramos que los niños se relacionen con otros niños y líderes, perderemos la oportunidad de relacionarlos con Dios porque es probable que no vuelvan.

Haga que se involucren

A los niños les encanta la interacción. A medida que usted desarrolle su servicio de fin de semana, incorpore estratégicamente maneras de hacer que los niños participen activamente en el servicio. Sea muy intencional acerca de incluir a todos y asegúrese de que ninguno se quede fuera.

Hágalos regresar

Antes mencioné la Senda del fin de semana como la puerta de entrada de su ministerio para niños. Si no somos estratégicos con esta senda, esta también puede convertirse en la puerta de salida. No queremos que los niños nuevos prueben nuestro ministerio una vez y no regresen. Al mismo tiempo, no queremos que los niños que le llaman hogar a nuestra iglesia pierdan interés y dejen de venir.

Para cerrar la puerta de atrás y mantenerla cerrada, creamos un ambiente en que los niños llegan anticipando una experiencia increíble y luego salen con un sentido de anticipación para la próxima semana. Queremos que los niños se queden encantados con lo que están experimentando al punto de decidir volver a la iglesia antes de aceptar otras opciones que podrían llenar su día. Otra manera de cerrar la puerta de atrás es utilizar una estrategia de seguimiento intencional para relacionarse con los niños que se pierden durante un tiempo prolongado. Esto les deja saber que usted notó que ellos no estaban allí y usted los extraña.

Ya sea que el niño asista con frecuencia o no, una estrategia claramente desarrollada le ayudará a maximizar las oportunidades que usted tenga con cada niño.

Discipulado: Explorar, comprometerse, capacitar y expresar los propósitos de Dios

El discipulado es la senda que utilizamos para llevar niños desde los servicios de fin de semana al próximo nivel de compromiso espiritual

Audiencia destinataria: Congregación, Comprometidos, Núcleo, Comisionados

En la iglesia Saddleback, a nuestra senda de discipulado le llamamos Grupos pequeños de niños (GPN). Esta senda está disponible para niños de prekínder hasta el sexto grado que se reúnen a mitad de semana. Este tiene cuatro audiencias destinatarias: la congregación, los comprometidos, el núcleo y los comisionados. Esto tiene muchos de los mismos rasgos de la Escuela Dominical, excepto que nuestro programa no se celebra los domingos.

Al trabajar a través del *Peregrinaje* (nuestro currículo del discipulado), el niño se enfocará en el desarrollo de una relación con Jesús, aprendiendo lo que significa ser una parte de la familia de la iglesia, y relacionándose con sus compañeros y líderes. Todo esto se hace en un ambiente constante de un grupo pequeño con los mismos líderes, los mismos niños y el mismo día y la misma hora cada semana. Una reunión típica de GPN incluirá un estudio bíblico y aplicación a la vida, manualidades y juegos que se relacionan con la lección, adoración mediante la música y cantos, peticiones de oración y grupos de oración, memorización de las Escrituras y oportunidades de servir.

Nuestra senda de grupo pequeño de discipulado está diseñada de manera estratégica para involucrar a los padres en el desarrollo espiritual del niño. Cada semana los estudiantes estudian sus lecciones con su grupo pequeño y los líderes en la iglesia, y en el hogar se le pide a los padres que repasen las lecciones y ayuden a sus niños con los versículos a memorizar. Esta es una gran oportunidad para crecer con los hijos a medida que ellos repasan juntos las preguntas y ven a su hijo descubrir verdades espirituales vitales. El tiempo que pasan con sus hijos es un regalo y una oportunidad de impactar sus vidas en un nivel eterno.

¿Cómo trabaja un grupo pequeño de discipulado en el ministerio para niños de Saddleback?

En la iglesia Saddleback hay dos divisiones primarias para nuestra senda de discipulado:

Jardín de infantes hasta el segundo grado.
Grados 3 al 6.

Estas dos divisiones pasan por la misma senda, pero tienen programas diferentes. Déjeme llevarles brevemente por cada una de estas. El resultado principal para nuestros prekínder hasta el segundo grado es que se familiarizaron con la Biblia y sus enseñanzas, teniendo en cuenta la salud espiritual. El plan de estudio para estos estudiantes se enfoca en presentarles a los estudiantes una relación con Dios y lo que significa ser una parte de la iglesia. Los niños aprenden acerca de las historias principales del Antiguo y Nuevo Testamento y las lecciones que Dios quiere que aprendamos de estas historias. Hacemos esto mediante los cuatro programas que los lleva a lo largo del Antiguo Testamento y del Nuevo Testamento:

- Jardín de infantes: «Cómo conocer a Dios», Antiguo Testamento Parte 1
- Kindergarten: «Cómo obedecer a Dios», Antiguo Testamento Parte 2
- Grado 1: «Cómo amar a Jesús», Nuevo Testamento Parte 1
- Grado 2: «Cómo adorar a Jesús», Nuevo Testamento Parte 2

La manera en que discipulamos durante cada uno de estos programas es mediante un estudio bíblico en un grupo pequeño con historias del Antiguo y Nuevo Testamento, lecciones para aplicar a la vida, manualidades y juegos cada semana. Todas nuestras actividades en estos programas están diseñados para niños que están listos para dar el próximo paso en su peregrinaje de discipulado. Tenemos un tiempo de grupo de adoración con cantos y memorización de las Escrituras, un tiempo para peticiones de oración y oración en grupo, y una oportunidad para que los padres participen en el crecimiento espiritual de sus hijos a una temprana edad mediante un repaso de las lecciones semanales.

Esto es similar a lo que sucede con los estudiantes en los grados 3ro. al 6to. Ellos tienen la oportunidad de desarrollar relaciones profundas y constantes con otros estudiantes y líderes por medio de cuatro programas básicos:

- Cómo conocer a Jesús (Lo que llamamos «Niños 101»)
- Cómo crecer en Jesús (Lo que llamamos «Niños 201»)

- Cómo servir a Jesús (Lo que llamamos «Niños 301»)
- Cómo presentar a Jesús (Lo que llamamos «Niños 401»)

Todos estos programas son pasos hacia la salud espiritual. Déjeme dar un ejemplo de cómo es un grupo pequeño de discipulado para los estudiantes de los últimos grados de la elemental en nuestra estrategia:

Congregación: Explore las verdades más profundas de pertenecer a la familia de Dios y los propósitos de Dios

Misión principal + Audiencia destinataria = Programa

Pertenecer + Congregación = Niños de 101

Llamamos este programa «Cómo pertenecer a Jesús». En este programa nuestros niños aprenden acerca de Dios el Padre, su hijo Jesús y el Espíritu Santo. Ellos también aprenden acerca del pecado, la salvación, bautismos, cielo, comunión y los cinco propósitos que se encuentran en el Gran Mandamiento y la Gran Comisión: adorar, pertenecer, crecer, servir y compartir (traer e ir).

Comprometidos: Comprometido con las disciplinas y prácticas espirituales bíblicas

Misión principal + Audiencia destinataria = Programa

Crecer + Comprometidos = Niños 201

En este programa llamado «Cómo crecer en Jesús», nuestros niños aprenden lo que significa ser amigos de Jesús y las disciplinas y prácticas espirituales basadas en las Escrituras que nosotros, como seguidores de Cristo, seguimos para crecer en la fe y relación con

Cristo. Aquí hay varios ejemplos de las disciplinas espirituales que enseñamos en el ministerio de niños en la iglesia Saddleback: comunión, silencio, oración, ayuno, pertenencia a la familia de Dios, ofrenda/diezmo, memorización de las Escrituras.

Núcleo: Realiza el diseño y propósito únicos que Dios da mediante el servicio

Misión principal + Destinatarias = Programa

Servir + Núcleo = Niños 301

Este programa se llamó «Cómo servir a Jesús» y enseña a los niños cómo servir. No solo aprenden acerca de servir, sino que también se les da la oportunidad de llevar a la práctica lo que han aprendido al servir de voluntarios en el ministerio tanto dentro como fuera de la iglesia.

Comisionados: Expresar amor y devoción a Cristo al hablar de nuestra fe

Misión principal + Audiencia destinataria = Programa

Compartir (ir) + Comisionados = Niños 401

A este programa se le llama «Cómo presentar a Jesús». Este paso se diseñó para ayudar a los niños a descubrir y entender su misión de salir fuera y hablar de Cristo en los ámbitos personales, locales y globales.

Desarrollar su senda y programas

A medida que desarrolle sus sendas y programas, es importante recordar que no hay una cantidad de sendas o programas correctos. Cada iglesia es diferente, y las sendas y los programas variarán en estilo, cantidad e implementación. Por ejemplo, conozco a un líder de un ministerio para niños que tiene dos sendas principales: programas especiales y servicios de fin de semana. Esto significa que los programas y pasos que él y su equipo desarrollen tienen que encajar en una de estas dos sendas. La meta no es establecer una cierta cantidad de sendas o programas, la meta es descubrir qué sendas están disponibles para usted utilizar e identificar los mejores programas para ir llevando a los niños progresivamente hacia el destino de la salud espiritual.

Para desarrollar la estrategia de su ministerio para niños, siga la misma fórmula que hemos usado como un punto de partida:

$$\text{Misión} + \text{Audiencia} = \text{Senda}$$

Si usted descubre que tiene una nueva fórmula o una manera diferente de hacer su estrategia, ¡úsela con toda seguridad! Cualquier cosa que haga, asegúrese de ser intencional, juicioso y de hacerlo en oración.

Razones para usar un mapa M.A.S.P. del ministerio

Luego de exponer cómo es un mapa M.A.S.P. del ministerio para niños, quiero presentarle el caso para que usted también lo haga. Aunque parezca como «solo otra cosa que hacer», al final debe eliminar muchas cosas que usted no quiere hacer, ¡cómo tratar con un ministerio caótico para niños! Y eso no es divertido para los líderes, tampoco para los voluntarios ni para los niños. Aquí les presentaré la importancia y los beneficios de desarrollar un mapa M.A.S.P. de la misión que ilustra la estrategia de su ministerio para niños.

Primero, el mapa M.A.S.P. para la misión muestra un vistazo del panorama de un ministerio. Sé por experiencia que es muy fácil perderse en el trabajo día a día del ministerio para niños y perder de vista el gran cuadro. Trazar su estrategia en un mapa lo mantiene advertido del objetivo y cómo usted va a alcanzar ese objetivo. Con un simple vistazo se puede ver el gran cuadro y recordar que usted se ha comprometido con algo que está marcando una diferencia en las vidas de los niños que usted sirve.

Considere cuán eficiente es la herramienta Misión mapa M.A.S.P. para la comunicación. Los mapas transcienden las barreras del lenguaje y la cultura, ¡todos entienden un mapa! La Misión Mapa cuenta una historia acerca del ministerio para niños. Esto crea claridad. La Misión mapa M.A.S.P. también le ayudará a mostrar con claridad a los padres adónde usted está llevando a sus hijos. Además, es una gran herramienta para mostrar a los voluntarios potenciales que su ministerio es estratégico y que tiene propósito.

Tener un claro mapa visual de su ministerio es poderoso. Por ejemplo, considere la historia de uno los miembros de mi equipo: «En 2014 fui con un equipo a ultramar, a Manila, en las Filipinas, a una conferencia de *Un ministerio con propósito para niños*. El día de la conferencia todo estaba en su lugar. El pastor Steve estaba levantado y corriendo, todo estaba a tiempo, y las cosas sucedían como se tenían planeadas.

Luego de unos minutos en la enseñanza, el hombre sentado a mi lado comenzó a moverse inquieto en su asiento. Discretamente le pregunté si todo andaba bien. Él me explicó que tenía impedimentos para oír bien y que se acababa de dar cuenta que durante el programa no habría ayuda de lenguaje por señas. Él dijo que podía leer los labios, pero de acuerdo al arreglo del salón, a él no le era posible ver bien al pastor Steve para saber lo que estaba diciendo.

Ahora bien, aquí estaba este bondadoso caballero, un siervo que ama al Señor, listo para sacar tanto conocimiento como pudiera, sin embargo, lo iba a perder. Me pidió con delicadeza que le repitiera lo que estaba diciendo el pastor Steve, pero más alto y con énfasis... y directo a sus oídos. Qué podía yo decir, excepto que haría lo mejor que pudiera.

Comenzamos con dificultades, ya que yo tenía que luchar para no quedarme atrás con la información. Agregue a esto la frase, por aquí y por allá, de «repita eso por favor» con algunas miradas acusativas de los demás asistentes en el salón. Así que teníamos una situación difícil.

Entonces el pastor Steve sacó el mapa M.A.S.P. de la Misión. Gracias al Dios bondadoso, el hombre podía verlo. Esta representación visual de cada paso en el modelo del ministerio con propósito le permitió recrear en su mente lo que estaba tratando de entender. Él estaba contento y pasó el resto del día haciendo notas diligentemente en su libreta.

Ese, para mí, fue el momento en que se abrieron mis ojos. Vi de primera mano cuán eficiente podía ser esto para hacer un puente entre las prácticas productivas del ministerio y la confusión. Y ese caballero salió de la conferencia lleno de entusiasmo y confianza y listo para iniciar su ministerio. Aunque sus voluntarios y su equipo del ministerio no estén sordos, es posible que tengan que luchar para realmente escuchar su visión y estrategia. No importa cuánto usted diga, algunas personas tienen que verlo. Algunos, de acuerdo a su estilo de aprendizaje en particular, realmente no lo comprenderán hasta verlo. Lo ideal es darle a cada uno la oportunidad de «entenderlo» porque eso hará que la unidad de su equipo se fortalezca.

Otro gran beneficio del mapa M.A.S.P. de la Misión es que este muestra las relaciones y los vínculos entre los diferentes componentes de los ministerios para niños y cómo trabajan juntos y se relacionan unos con otros. Esto se puede complicar (especialmente en las iglesias grandes), así que es importante demostrar cómo todo funciona en conjunto hacia una meta específica. El mapa M.A.S.P. de la Misión nos ayuda a todos a identificar los programas que están sincronizados y funcionando juntos, al igual que los programas que están aislados y que realmente no funcionan como un paso que lleve a los niños hacia el destino. Es vital evaluar la relación y conexión entre las sendas y los programas para comprender la efectividad de cada paso que le proveemos a nuestros niños.

Después considere cómo el mapa M.A.S.P. de la Misión le ayudará a balancear su ministerio. Al menos que usted prepare un plan intencional para balancear los cinco propósitos de la iglesia, dando igual énfasis a la adoración, pertenencia, crecimiento, servicio y compartir, usted tendrá la tendencia de hacer demasiado énfasis en lo que más le apasiona al líder. Si lo que a usted más le apasiona es la adoración, su ministerio para niños tendrá un fuerte énfasis en la adoración y quizá no guíe a los niños por los otros cuatro propósitos. Al trazar nuestras sendas y programas en el mapa M.A.S.P. de la Misión, usted será capaz de ver e identificar aspectos que estarán fuera de balance y crear el plan de acción apropiado para establecer el balance que desee. Yo he descubierto que esta manera de rendir cuentas es clave para desarrollar un ministerio saludable para niños.

Implementar su estrategia

Los planes bien pensados y el arduo trabajo llevan a la prosperidad, pero los atajos tomados a la carrera conducen a la pobreza.

PROVERBIOS 21.5, NTV

¿Alguna vez escuchó la expresión «larga ausencia causa olvido»? Esta frase es relevante para nuestro tema porque ver es vital para la memoria. Si podemos ayudar a nuestra gente a recordar nuestra misión, audiencia y senda, estaremos en camino para tener un ministerio saludable. Una historia para ilustrar esto: hace años yo hice algo inusual en mí: hice mis compras de Navidad antes de tiempo. En septiembre encontré un buen precio para un sistema de juego de video y lo compré para regalárselo a mis hijos, así que escondí el nuevo sistema de juego en el garaje en un lugar donde solo yo lo podría encontrar.

El problema era que faltaban tres meses para las Navidades, y en tres meses pueden suceder muchas cosas.

Las Navidades llegaron y se fueron, y yo nunca pensé en el regalo. Pasaron seis meses con rapidez y llegó junio. Un día yo estaba en el garaje buscando algo y allí, enterrado bajo un montón de cosas, estaba el nuevo sistema de juegos que yo quería darles a mis hijos por Navidad. La verdad me pegó fuerte: larga ausencia causa olvido.

El peligro es que con nuestros ministerios pueda suceder esta misma escena «larga ausencia...». Recuerdo que hace muchos años el pastor principal de la iglesia en que yo servía le dio a cada pastor de nuestro personal una copia del libro *Una iglesia con propósito*. Durante nuestra reunión semanal de los pastores de la iglesia dedicamos un tiempo para comentar el libro como un equipo. Tuvimos grandes discusiones sobre los diferentes aspectos de la metodología «con propósito» que desafiaba nuestras suposiciones acerca de la manera en que abordábamos el ministerio en nuestra iglesia. También tuvimos ciertos momentos memorables de esta discusión, pero hay uno que nunca olvidaré.

Estábamos comentando los capítulos 4 y 5 del libro, el cual bosqueja la necesidad de establecer el propósito de su ministerio y desarrollar una declaración de misión, cuando uno de los pastores dijo: «Necesitamos una declaración de misión». Nuestro pastor principal respondió, diciendo: «Tenemos una». Esto fue una sorpresa para muchos de nosotros. Nuestro pastor principal citó la declaración de misión y dijo que se había desarrollado años antes. La declaración de misión estaba bien escrita y había una copia en un archivo. Sin embargo, muy pocos sabían que esto existía. Repito: «larga ausencia causa olvido».

Una vez que usted desarrolle su estrategia debe darla a conocer y dejarla visible, o tal vez descubra que su ministerio se está saliendo del curso. La estrategia mapa M.A.S.P. es una manera efectiva de mantener la estrategia visible y en la mente de aquellos que la implementarán. Nunca debemos suponer que la estrategia es conocida o que se está implementando, a no ser que caiga en la trampa «larga ausencia causa olvido». Créame, eso le puede suceder a cualquiera.

Para terminar

Espero que este capítulo le haya mostrado que conocer su estrategia es muy importante, pero esto no completa el trabajo de presentarla a otros. Mi esperanza es que usted haya obtenido las herramientas para crear una estrategia visual y la motivación para presentarla a su equipo en maneras creativas. Es como escuchar la Palabra de Dios, esto en sí mismo, es algo grande, pero no es suficiente. Debemos poner en acción lo que hemos escuchado. Lo mismo sucede con las estrategias. El poder y la efectividad de una clara estrategia no se materializarán sin la acción diligente. Como dice en el libro de Santiago: «No solo escuchen la palabra de Dios, tienen que ponerla en práctica. De lo contrario, solamente se engañan a sí mismos» (Santiago 1.22, NTV). Ya que usted ha contestado la pregunta «cómo» al desarrollar su estrategia con un mapa M.A.S.P., es hora de pasar a la quinta y última pregunta: ¿qué?

Guía para el intercambio de ideas

En este ejercicio usted:

- Entenderá y analizará detenidamente las sendas y los programas intencionales con el propósito de diseñar oportunidades estratégicas que guiarán a los niños hacia el destino de la salud espiritual.

Descubrimiento/Reflexión:

Identificar sendas en su iglesia

Identificar las oportunidades disponibles para el ministerio en su iglesia como sendas le ayudará a:

- Crear categorías o unidades para oportunidades en el ministerio que tienen una función común.
- Designar cada senda para propósitos específicos.
- Organizar y arreglar programas actuales para que cada uno edifique sobre el otro y estos no existan aislados.
- Identificar pasos que faltan o que son innecesarios.
- Ganar un buen punto de comienzo para diseñar nuevos programas.

La tentación de muchos líderes cristianos es hacerlo «todo» (los cinco propósitos) cada vez que sus niños vienen a la iglesia o asisten a una de sus actividades. Es posible que cada senda y programa no sea perfecto y quizá no siempre se logre lo mejor, pero su objetivo debe ser diseñar intencionalmente oportunidades estratégicas que guíen a los niños hacia el destino de la salud espiritual.

1. ¿Tiene su ministerio para niños un claro proceso para llevar a los niños por su peregrinaje espiritual? Si es así, ¿puede usted expresar el proceso? Si no, ¿por qué no?

2. ¿Están las sendas y los programas en su proceso diseñados intencionalmente como etapas para llevar a un niño hacia la salud espiritual? ¿Dónde se atasca la gente? ¿Dónde ve usted el mayor crecimiento en el proceso?

Preguntas que hacer sobre sus servicios de fin de semana

1. ¿Qué ven y huelen los niños cuando entran en el lugar de adoración de su grupo grande?

2. ¿Qué escuchan los niños cuando entran en el lugar de adoración de su grupo grande?

3. ¿Qué puede usted hacer este fin de semana para ayudar a los niños que asisten a su iglesia a saber que ellos pertenecen allí?

4. ¿Qué puede hacer usted este fin de semana para hacer que su servicio de fin de semana sea DIVERTIDO?

5. ¿Qué puede hacer usted este fin de semana para hacer que los niños se relacionen e involucren?

6. ¿Qué puede hacer usted este fin de semana para hacer que los niños vuelvan a asistir su ministerio para niños?

Cosas que recordar a medida que usted
desarrolle la senda del discipulado

Su iglesia puede tener un programa a mediados de semana que sirva como un ambiente intencional para grupo pequeño. O quizá su iglesia incorpore un discipulado más profundo en el servicio de fin de semana, dividiendo las participantes en grupos pequeños. A pesar del método o la senda que usted utilice para el discipulado, el propósito permanece igual: progresiva e intencionalmente llevar a los niños al próximo nivel de compromiso espiritual en su camino hacia la salud espiritual.

1. ¿Tuvieron sus niños la oportunidad de aprender la Palabra de Dios y crecer en su relación con Cristo en el contexto de un ambiente de grupo pequeño? ¿Dónde tienen ellos esta oportunidad?

2. ¿Tuvieron sus niños la oportunidad de estudiar más profundamente la Palabra de Dios? ¿Cuáles son algunos contextos en que esto sucede?

3. ¿Tuvieron sus niños la oportunidad de aprender acerca de sus dones y talentos y luego usarlos para servir a otros? ¿Dónde puede un niño aprender esto?

4. ¿Tuvieron sus niños la oportunidad de expresar su amor y devoción a Cristo al presentar su fe personal, local y globalmente? ¿Cuáles son algunas maneras en que esto suceda?

Desarrolle sus sendas y programas

Voy a ilustrar cada paso de la senda del discipulado usando el ministerio para niños de Saddleback para darle un ejemplo claro del proceso.

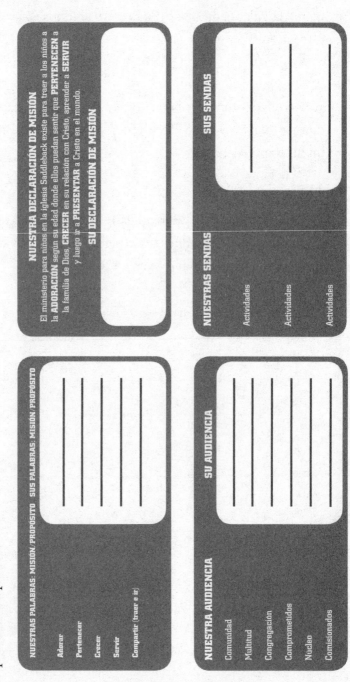

NUESTRA DECLARACIÓN DE MISIÓN

El ministerio para niños en la iglesia Saddleback existe para traer a los niños a la **ADORACIÓN** según su edad donde ellos puedan sentir que **PERTENECEN** a la familia de Dios, **CRECER** en su relación con Cristo, aprender a **SERVIR** y luego ir a **PRESENTAR** a Cristo en el mundo.

SU DECLARACIÓN DE MISIÓN

SUS SENDAS

NUESTRAS SENDAS

Actividades

Actividades

Actividades

NUESTRAS PALABRAS: MISIÓN/PROPÓSITO

Adorar

Pertenecer

Crecer

Servir

Compartir (traer e ir)

SUS PALABRAS: MISIÓN/PROPÓSITO

SU AUDIENCIA

NUESTRA AUDIENCIA

Comunidad

Multitud

Congregación

Comprometidos

Núcleo

Comisionados

Aquí hay algunos modelos de sendas para el ministerio de niños en Saddleback (vea Nuestras Sendas). Ahora escriba en las cajas anteriores las sendas que su ministerio utiliza. Luego transfiera estas a las cajas que aparecen debajo y piense en los programas actuales que su ministerio para niños ofrece en cada senda.

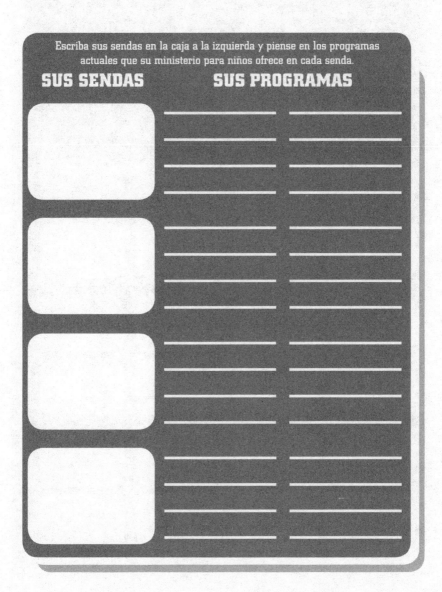

Escriba sus sendas en la caja a la izquierda y piense en los programas actuales que su ministerio para niños ofrece en cada senda.

SUS SENDAS **SUS PROGRAMAS**

Use la información acerca de su Misión, Audiencia, Sendas y Programas, llene la gráfica que aparece debajo.

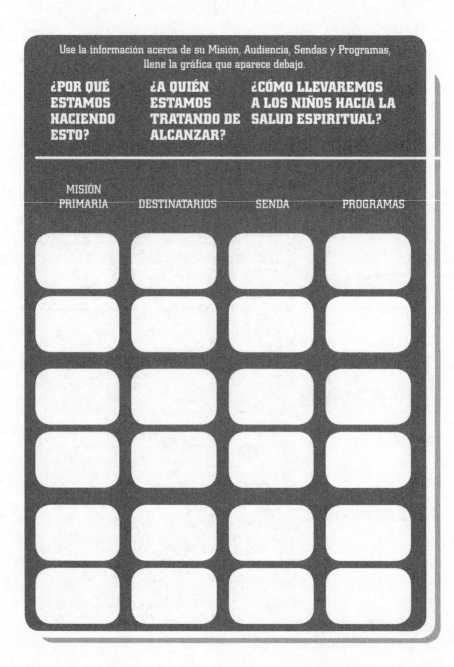

Use la información acerca de su Misión, Audiencia, Sendas y Programas, llene la gráfica que aparece debajo.

¿POR QUÉ ESTAMOS HACIENDO ESTO?   **¿A QUIÉN ESTAMOS TRATANDO DE ALCANZAR?**   **¿CÓMO LLEVAREMOS A LOS NIÑOS HACIA LA SALUD ESPIRITUAL?**

MISIÓN PRIMARIA   DESTINATARIOS   SENDA   PROGRAMAS

Este ejercicio fue útil para mí cuando contesté las siguientes preguntas:

1. ¿Qué programas realmente contribuyen como pasos que de manera progresiva lleven a los niños hacia el destino de la salud espiritual?

2. ¿Qué programas *no* contribuyen como pasos?

3. ¿Cuáles sendas necesitan reestructurarse?

4. ¿Cuáles programas necesitan eliminarse?

5. ¿Qué programas necesitan agregarse?

6. ¿Cuáles de nuestros programas necesitan estar más enfocados?

Desarrollar su estrategia llevará algún tiempo y esfuerzo. No se preocupe por hacerlo todo perfecto la primera vez, pero sí esté dispuesto a regresar y volver a organizar la estrategia hasta que usted y su líder sientan que están en la trayectoria correcta.

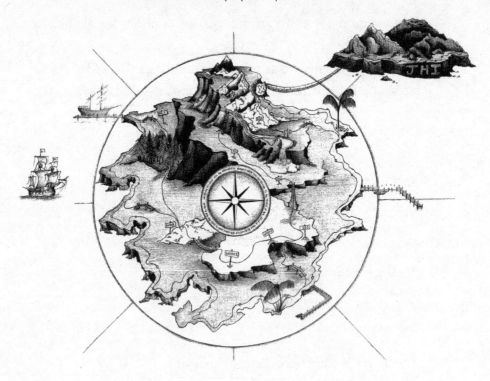

Haga su mapa M.A.S.P.

Una vez que haya desarrollado su estrategia, el próximo paso es hacer la gráfica de la estrategia en su mapa M.A.S.P. Recuerde que los niños entrarán a su ministerio para niños en diferentes puntos y etapas de su peregrinaje espiritual. Use el mapa de arriba como un diseño modelo o plantilla, siga estos pasos para hacer su mapa M.A.S.P.

Paso 1: Dibuje una «X» para representar el destino u objetivo. Al lado de la «X» escriba su definición de un niño espiritualmente saludable.

Paso 2: Localice un punto de comienzo de su elección y dibuje una línea desde ese punto de comienzo hasta el destino o la «X». Haga esto por cada senda que utilice en su ministerio.

Paso 3: Enumere cada programa que existe en la actualidad por cada senda o programas que a usted le gustaría desarrollar para cada senda.

(Nota: Los programas están representados en el mapa como los «Puertos», ya que son los puntos iniciales de conexión.)

Conexión:

Ore que Dios dirija sus pensamientos al considerar y desarrollar las sendas y programas que guiarán a los niños un paso más cerca a su peregrinaje hacia la salud espiritual.

CAPÍTULO 7

¿Cuáles son los componentes esenciales necesarios para apoyar la estrategia?

El cuerpo humano tiene muchas partes, pero las muchas partes forman un cuerpo entero. Lo mismo sucede con el cuerpo de Cristo.

1 CORINTIOS 12.12, NTV

Nuestro peregrinaje juntos, a lo largo de este libro, es un intento para aumentar la eficiencia y salud de nuestro ministerio para niños y alcanzar todo nuestro potencial para guiar a los niños hacia la salud espiritual. Hagamos una pausa durante un momento y demos un vistazo a las preguntas clave que hemos estudiado hasta aquí:

> Preguntamos POR QUÉ existe nuestro ministerio
>> para establecer nuestro propósito.
>
> Preguntamos DÓNDE estamos ahora y a DÓNDE vamos
>> para determinar nuestro destino.
>
> Preguntamos A QUIÉNES estamos tratando de alcanzar
>> para determinar nuestro destino.
>
> Y en el último capítulo preguntamos CÓMO vamos a llevar a los niños hacia la salud espiritual
>> para determinar nuestra estrategia.

Esto nos trae a la quinta y última pregunta clave: ¿QUÉ componentes esenciales son necesarios para apoyar la estrategia? La estructura contesta la pregunta «qué», al identificar y determinar qué necesita colocarse en su lugar para apoyar la estrategia. Tal vez la estructura no sea un tópico popular entre muchos de los líderes del ministerio para niños porque por lo general somos personas espontáneas y libres, pero debiera serlo. La estructura capacitará y le dará poder a su ministerio para alcanzar con éxito los objetivos de su ministerio y cumplir con sus propósitos. Al final, esto llevará a los niños hacia la salud espiritual, el cual es el primer y único propósito de una estructura: apoyar la estrategia. Y al apoyar la estrategia, la estructura establece un ministerio para lograr el potencial óptimo al llevar a los niños hacia la meta de la salud espiritual.

La estructura y la estrategia funcionan juntas para mantener un balance en el ministerio. Recuerde, para que su ministerio sea saludable, necesita tener balance. Logramos el balance intencional-mente, y la estructura y estrategia son partes vitales de esta inten-ción. ¿Qué componentes estructurales son necesarios para apoyar la estrategia del ministerio y permitir un peregrinaje de éxito hasta el destino?

Déjeme ofrecer esta definición para la estructura del ministerio: la estructura de su ministerio es el sistema de partes interrelacionadas que funcionan juntos para apoyar la estrategia.

¿Qué clase de bote está usted construyendo?

La estructura de su ministerio es la columna vertebral que apoya cada una y todas las partes de su ministerio. La arquitectura naval y el diseño del barco nos dan un gran cuadro de cuán necesaria es una estructura bien desarrollada en la vida y en el ministerio. La quilla estructural de un barco es la viga que va desde el frente del barco hasta atrás. Esta viga es la pieza central (o columna vertebral) del casco del barco. La quilla determina el potencial y la capacidad de todo el barco. Si se pierde la quilla estructural, se pierde el resto del barco. Esto hace que la quilla estructural sea la parte más importante de un barco.

Lo mismo se puede decir de la estructura del ministerio. Si se pier-de la estructura, se pierde el resto del ministerio. Este mismo principio, que la quilla estructural provee fuerza, estabilidad y apoyo, también es cierto en su ministerio para los niños. Entonces, déjeme preguntar-le, ¿sobre qué estructura está usted formando su ministerio?

¿Un arca o una cesta?

Todos conocemos la historia de Noé y el arca que se narra en Génesis 6. Dios le dio a Noé instrucciones específicas para la construcción de un barco que sería capaz de llevar un peso y una carga sin precedentes.

Piense en esto: a Noé y su familia se les encargó construir un barco navegable que tenía 145 metros de largo, 24 metros de ancho y tan alto como un edificio de cuatro pisos. Esto es aproximadamente el largo de un terreno y medio de balompié. ¡Tremendo! Sin duda alguna, este era un barco masivo diseñado para soportar un peso masivo. Esto era una estructura diseñada para una gran capacidad.

Ahora veamos una pequeña estructura fabricada solo para cargar un bebé. Esta se encuentra en la historia de Moisés, en Éxodo 2. En un intento desesperado por salvar la vida de su bebé, una madre fabrica una cesta sin quillas y envía a Moisés, su bebé, por el río Nilo, esperando que alguna buena familia encontrara a su hijo y lo adoptara.

Tanto el arca como la cesta lograron el mismo objetivo, flotar sobre el agua. De hecho, por definición, el arca y la cesta se consideran ser una embarcación. La misma palabra hebrea se usó para el arca en Génesis y la cesta en Éxodo. Aunque ambas se consideraban ser barcas, eran muy diferentes en términos de alcance y potencial.

La estructura de a dos «barcas» era diferente debido a que el propósito y la estrategia eran diferentes para cada una. A pesar de la carga, el peso o las condiciones del ambiente, tanto el arca como la cesta necesitaban una estructura que brindara el apoyo, la fuerza y estabilidad necesarias para lograr sus respectivas misiones. Usted puede desarrollar una gran estrategia, pero su estrategia no tendrá éxito a menos que se edifique la estructura para apoyarla.

Recuerde, no se trata del tamaño de su ministerio, se trata de la salud de su ministerio. La estructura es un componente necesario para la salud. Aunque la estrategia se desarrolló primero, la estructura solo se desarrolló con un propósito, apoyar la estrategia. Si usted cambiara su estrategia, también tendría que cambiar la estructura. Una no se cambia sin afectar a la otra. Identificar y establecer una estructura que apoye la estrategia de su ministerio para niños le preparará para lograr el éxito a largo término.

¿Por qué la estructura de su ministerio es tan importante? Permítame ofrecerle tres razones clave para darle bastante consideración a la estructura de su ministerio para niños

Primero, la estructura determina la capacidad o alcance de su ministerio. La capacidad es la cantidad máxima que algo puede contener. Por ejemplo, el arca de Noé tenía la capacidad para sostener a un animal o a 70.000 animales. En contraste, la cesta de Moisés tenía la capacidad para sostener un bebé. No estoy sugiriendo que el ministerio para niños solamente es efectivo si tiene una gran cantidad de niños. Sin embargo, debemos recordar que cualquier cosa que es saludable crecerá y se desarrollará con naturalidad de acuerdo a su potencial. Por esa razón no queremos obviar las cantidades. La estructura de su ministerio establecerá la capacidad máxima del crecimiento de su ministerio.

Segundo, la estructura establece el potencial. El potencial es el alcance de la habilidad de una persona o equipo. La estructura de su ministerio le facilitará el potencial del ministerio o se lo limitará. La estructura del arca de Noé le permitió navegar por el mar y soportar tormentas terribles. La cesta se diseñó para apenas mantenerse a flote durante un corto tiempo en aguas calmadas. La estructura de estas dos embarcaciones determinó su capacidad individual. La estructura mejora el desempeño y maximiza el tiempo y contribución de cada uno al minimizar la pérdida de tiempo, esfuerzos y recursos.

Al crear carriles claros, la estructura acelera y aumenta la productividad. Estos carriles identifican y asignan los varios roles y responsabilidades de su estrategia del ministerio, demuestran la organización de su ministerio y cómo cada grupo se relaciona con los otros. Luego que esto queda establecido, los miembros del equipo saben lo que es aceptable y lo que se espera de ellos cuando sirven en su ministerio. Los carriles que la estructura crea también aumentan la productividad al aclarar muchos de los pasos de acción semana tras semana en el ministerio e impiden que los voluntarios y el personal pierdan tiempo tratando de obtener aprobaciones innecesarias o sufriendo interferencias entre unos y otros mientras sirven.

Por ejemplo, cuando los miembros y voluntarios del equipo no comprenden la misión, visión y valores de un equipo, a menudo vuelven a seguir sus propios estilos y preferencias para el ministerio. Esto no significa que la estructura del equipo produzca robots que no necesitan pensar por su cuenta. La verdad es completamente lo opuesto. La estructura, al guiar a los miembros del equipo en la misma dirección, permite que cada uno prospere en sus puntos fuertes y talentos individuales sin tropezar el uno con el otro.

Imagine que usted tenga veinte voluntarios. Si no ha establecido una estructura de equipo, es posible que cada uno de sus veinte voluntarios hagan el ministerio a su manera. Eso está bien, siempre y cuando no cree conflictos con los objetivos del gran cuadro u otros voluntarios. Es un gran riesgo. Si a veinte voluntarios se les da la libertad de hacer lo que quieran y como quiera que lo quieran hacer, los conflictos surgirán en algún momento. Y si usted no tiene establecida una estructura de equipo, entonces tendrá que lidiar con el mismo asunto... veinte veces. Ahora imagine tener cuarenta u ochenta voluntarios. Sin una estructura de equipo, usted terminará exhausto solo tratando de resolver conflictos y malas interpretaciones generales que con facilidad se hubieran resuelto dentro de la estructura de su organización.

No solo se quemará usted, un sistema como este frustrará a los voluntarios y aumentará la probabilidad de que ellos dejen su ministerio. Cuando las personas dan su tiempo de manera voluntaria, les gusta saber que su esfuerzo y energía realmente están contribuyendo a algo positivo. Un voluntario que siente que su inversión es una pérdida de tiempo, eventualmente perderá su motivación y por lo tanto renunciará. No solo esto, sino que les contará a otros su experiencia y esto podría crear una percepción negativa de su ministerio, lo que hará difícil reclutar a otros. Conclusión: nadie quiere subir a bordo de un barco que se esté hundiendo.

La tercera razón por la cual la estructura es importante es que esta establece claridad. He escuchado a algunos líderes expresar la preocupación de que la estructura crea limitaciones y restringe la libertad de la flexibilidad. Aunque el término estructura realmente tiene una connotación de rigidez, esta puede expandir la creatividad y flexibilidad al establecer claridad.

Para ilustrarlo, volvamos a ver el arte y la ciencia de la arquitectura. ¿Sabía usted que el rascacielos en una gran ciudad realmente se diseñó para bambolearse de atrás hacia adelante con el viento y moverse un poco sobre su fundamento para resistir temblores de tierra? Esto me dejó muy sorprendido. La estructura del rascacielos permite la flexibilidad para evitar daños cuando hay vientos fuertes y temblores de tierra.

La estructura de su ministerio crea flexibilidad al establecer claridad en aspectos como la comunicación, los gastos, la prioridad en el uso de las instalaciones y al tomar decisiones. Sin claridad, es natural que el personal y los voluntarios se hagan suposiciones acerca de la implementación de la estrategia y su participación.

Seamos honestos. Es muy raro que cualquiera de nosotros tenga absoluta claridad en nuestras iglesias. Sin embargo, aunque seamos líderes del ministerio no siempre se nos da el lujo de tener la claridad de nuestros superiores, una estructura bien desarrollada contribuirá y aumentará la claridad que sea posible en su ministerio. Yo he encontrado que una estructura bien desarrollada crea claridad al simplificar cada aspecto de su estrategia. Esta claridad es necesaria para mantener el personal y los voluntarios moviéndose en la misma dirección hacia la misión.

Desarrollar la estructura para apoyar la estrategia de su ministerio

Ahora que usted conoce las razones para desarrollar una estructura que apoye su estrategia, empecemos a desarrollar la estructura. Yo le daré algunos ejemplos de mi ministerio, pero la meta es que usted desarrolle su propia estructura. En cualquier ministerio para niños hay componentes estructurales comunes, y estos merecen una serie consideración a medida que usted desarrolle la estructura de su ministerio.

Aunque estos componentes son comunes, eso no quiere decir que usted dirigirá e implementará cada ministerio para niños de la misma manera. Su ministerio es único y tiene una estrategia única.

Cuando usted escriba esos componentes necesarios para su estructura, no se preocupe por tenerlos perfectos la primera vez. Esto es un proceso. Además, dado que su iglesia y el ministerio para niños forman un organismo viviente, siempre habrá una necesidad de hacer ajustes para acomodar el crecimiento y las temporadas de la vida. Dé un vistazo a su mapa M.A.S.P. Misión recién desarrollado y pregúntese, ¿qué necesitamos tener listo para lograr que suceda esta estrategia?

A medida que entramos en los detalles esenciales de la estructura, el propósito es mostrarle cómo hemos contestado la pregunta «qué» en nuestro ministerio específico y presentar algunas ideas que tal vez usted considere mientras esté pensando acerca de su estructura. Recuerde, la estructura se verá diferente en su iglesia, y eso está bien. Su estructura debe ser única para la estrategia de su ministerio para niños.

Aunque nuestras iglesias son todas diferentes, hay componentes en la estructura de un ministerio para niños que son similares. Mi meta, al presentar los componentes de la estructura de mi ministerio, es ayudarle a ver cómo cada componente funciona unido para apoyar la estrategia, no es ofrecer sugerencias para su estructura. Es posible que usted descubra un componente que no forma parte de su estructura o una a la cual no le ha prestado mucha atención. Si ese es el caso, le animo encarecidamente a considerar cómo ese componente ausente puede ofrecer un elemento necesario de apoyo para su estrategia.

Los componentes de la estructura

VOLUNTARIOS	Las personas que implementan la estrategia.
INSTALACIONES	El lugar que se usó para auspiciar sus sendas y programas.
NORMAS, PROCESOS Y PROCEDIMIENTOS	Las reglas y directrices, métodos específicos e instrucciones paso a paso que guían la operación del equipo e implementan la estrategia.
COMUNICACIÓN	Los medios y el mensaje que usted publica acerca de su ministerio.
PRESUPUESTO	Los recursos financieros disponibles para implementar la estrategia.
VALORES DEL EQUIPO	Las creencias clave que dirigen su ministerio y le dan forma a la identidad del ministerio.
DECLARACIÓN DE LA VISIÓN	Relacionar a los niños con Dios y con otros.

Los componentes de nuestra estructura

El ministerio para niños de Saddleback tiene seis grandes componentes estructurales. La mayoría son típicos de un ministerio para niños. Un «componente» se define como una parte distintiva que contribuye a la estructura total.

Un componente estructural para su ministerio es un elemento distintivo que tiene una función necesaria en la operación y apoyo de su estrategia. Tal vez usted incluya algo que nosotros no hemos incluido.

Voluntarios. Es obvio que usted solo no puede implementar su estrategia. Esto requiere un equipo. Los voluntarios que sirven con usted son tan importantes para su ministerio para niños que he dedicado todo un capítulo a este tema.

Instalaciones. Esto pudiera parecer un poco obvio y hasta posiblemente innecesario hasta que usted se vea parado afuera de un edificio cerrado con sesenta y cinco muchachos de once años que esperan tener una fiesta durante toda la noche. Y cuando usted descubre que no puede entrar al edificio, entonces se da cuenta que los padres que trajeron a sus hijos ya se fueron. Otro escenario es que usted entre en uno de los salones del ministerio para niños un miércoles por la noche precisamente antes de su servicio a mediados de semana solo para descubrir que le faltan algunos de sus materiales. Entonces un voluntario le llama desde el pasillo y con toda pasión le informa que las mesas y las sillas tampoco están en la clase, y le pregunta cómo ellos van a dar un estudio bíblico sin mesas y sillas. O usted siente una pasión abrazadora por comenzar un nuevo programa de discipulado. Usted tiene los recursos, suficientes voluntarios que también tienen esa pasión, y los muchachos que están entusiasmados para dar el próximo paso en su peregrinaje del discipulado, pero no tienen un lugar para reunirse.

En el capítulo 6 yo mencioné brevemente el ambiente con relación a lo que esto le comunica al niño. Y aunque esto parece tener sentido común, debemos considerar el tamaño, la disponibilidad y cómo acomodar las instalaciones que necesitamos para implementar nuestra estrategia. Tal vez usted tenga una gran visión, estrategia y equipo, pero sin un lugar para celebrar el programa, esto solo quedará como una idea. Una vez que usted tenga la instalación para apoyar la estrategia, haga lo mejor posible para hacer de esto una representación positiva de su ministerio. Haga sus instalaciones lo mejor que pueda con lo que tiene para trabajar en esta. No tiene que ser perfecta.

Normas, procesos y procedimientos. Estos tres términos tienen similitudes, pero son muy diferentes. Funcionan juntos como el engranaje de un reloj. Cada una afecta a la otras. Nunca he conocido un ministerio para niños que no tenga normas, procesos y procedimientos. He visto ministerio para niños que necesitan normas adicionales, y algunos que necesitan procedimientos claros, e incluso otros que necesitaron una mejor comunicación y documentación de sus procedimientos. Que estas tres entidades estén bien definidas, desarrolladas y documentadas o no, no cambia el hecho de que existen. La pregunta es, ¿tiene usted las normas, procesos y procedimientos necesarios para apoyar su estrategia?

Utilice mis definiciones a medida que usted desarrolle su estructura de ministerio:

- Normas: Reglas y directrices establecidas para guiar la operación y la implementación de la estrategia.
- Procesos: Un método particular para hacer algo que involucra una cantidad de pasos.
- Procedimientos: Instrucciones paso a paso sobre cómo las normas y los procesos se realizarán. Estos pasos son una

serie de acciones que llevan al mismo resultado cada vez que se siguen.

Comunicación. Parece ser bastante fácil: usted envía un mensaje, una persona lo recibe, y ya. ¡Si la comunicación fuera así de fácil! Por alguna razón el mundo de la iglesia parece tener un problema para lograr una comunicación efectiva. Estamos parados en un escenario y disparamos la información a la gente con rapidez, y cuando pierden la fecha límite para matricularse o no aparecen a tiempo para la actividad, decimos: «Bueno, eso se anunció el domingo por la mañana». A veces actuamos como si «los anuncios del domingo por la mañana» nos absolvieran de la responsabilidad cuando se rompe la comunicación. La razón fundamental es esta: por ser el líder de mi ministerio, la responsabilidad para una comunicación clara descansa por completo sobre mis hombros. Estamos hablando acerca de la comunicación que es necesaria para apoyar su estrategia.

La comunicación es el medio a través del cual usted promueve su ministerio e informa a los conectados a su ministerio: la comunidad, los padres, los voluntarios, el liderazgo de la iglesia y los muchachos. Desarrollar un plan de comunicación para cada uno de estos grupos me parece una sobrecarga, así que me gusta pensar en la comunicación en términos de canales de comunicación. Un canal de comunicación es una senda para transmitir sus mensajes e información. Piense en esto como una tubería. Usted desarrolla una tubería específica para enviar su mensaje a un grupo específico. Por ejemplo, para padres y niños, usamos carteles, volantes, videos, medios sociales (y todo lo que está en el medio) para comunicar y promover nuestro ministerio.

Otro aspecto de comunicación es un organigrama. Como comentamos en el capítulo 6 el mapa de Misión es una gran ayuda visual para comunicarse con su pastor principal, con los padres y con los voluntarios. Cuando la gente puede ver su plan y estrategia para llevar a los niños hacia la salud espiritual, este comunica el propósito y crea un entusiasmo más profundo que las palabras solas no producirán. De la misma manera, un organigrama organizacional muestra cómo está estructurado el personal del equipo. Este organigrama muestra visualmente quién es responsable de qué y cómo estos individuos se relacionan, comunican y funcionan juntos. Una vez que usted tenga un «organigrama organizacional» para su ministerio, usted podrá usarlo para diagramar cuántos voluntarios están sirviendo en cada lugar. A lo largo de los años esta presentación ha sido muy útil para mí ya que me da un rápido repaso de dónde necesito más voluntarios.

La siguiente historia demuestra la necesidad de una comunicación efectiva en la estructura de su ministerio. Un pastor principal me llamó con la esperanza de encontrar algunas soluciones para su desesperada necesidad de más voluntarios. Me dijo estas palabras: «Realmente no sé qué necesitamos hacer para tener más voluntarios en nuestro ministerio para niños».

Yo lo reté a transformar la pregunta. En lugar de preguntar «¿Qué necesitamos hacer para tener más voluntarios?» pregunté: «¿Por qué la gente no está en fila, deseosa de servir en nuestro ministerio para niños?». Con solo cambiar la pregunta, él reorientó sus pensamientos hacia la estructura. Después de un momento de silencio, él dijo: «Honestamente, no los critico por no matricularse. Nosotros no nos comunicamos con claridad con nuestros voluntarios. Es probable que ellos ni siquiera sepan a quién dirigirse si quisieran ser voluntarios. No tenemos el ministerio para niños más organizado del mundo». Él se contestó su propia pregunta. Muchos de los problemas tienen que ver con una clara comunicación dentro de su estructura.

Presupuesto. Para poner su estrategia en movimiento, usted necesita una clara comprensión de los recursos financieros que su iglesia está invirtiendo en el ministerio para niños y un presupuesto que asigne esa inversión con propiedad. Una estrategia sin un presupuesto es como un pájaro sin alas, quiere volar, pero no puede despegarse.

Una líder para el ministerio de niños siguió con toda brillantez el proceso de la estrategia de desarrollo que yo conté en el capítulo anterior, pero no incluyó un elemento clave: el presupuesto. Ella creó un excelente programa, presentó el programa a los voluntarios y crearon mucho entusiasmo con los niños. Pero cuando llegó el momento de comprar cosas, ella reconoció que los gastos iniciales y el costo para mantener el programa eran mucho más de lo que esperaba. Ya ella había consumido mucho de su presupuesto con varias grandes actividades. El liderazgo de la iglesia dijo que no había fondos adicionales disponibles. De ella haber considerado el presupuesto, ahora habría podido ser capaz de adoptar tanto la estrategia como los gastos futuros para poder realizar el programa. En su lugar, empleó mucho tiempo y energía en un programa que nunca se hizo realidad.

El ministerio tiene un precio. Usted necesita dinero para apoyar su estrategia. Pero eso no significa que usted necesite un gran presupuesto para implementar una estrategia que lleve a los niños a la salud espiritual. Ya que la mayoría de nosotros no trabaja con recursos ilimitados, necesitamos ser buenos mayordomos con los recursos financieros que Dios y la iglesia nos han confiado y establecer un presupuesto realista para la estrategia.

Valores del equipo. Walt Disney, el símbolo visionario y cultural responsable de la compañía Walt Disney, se le acredita el haber dicho: «Cuando los valores son claros, las decisiones son fáciles». En el ministerio, a menudo debemos tomar decisiones rápidas aunque no tengamos toda la información que nos gustaría tener. Ese es uno de los beneficios de los valores. Los valores hacen decisiones por usted. Por ejemplo, cuando surge un asunto en cuanto a la seguridad de un niño, nosotros no necesitamos llamar a una reunión y ni siquiera tenemos que orar. Sencillamente permitimos que nuestros valores dirijan nuestra respuesta. Ya hemos solucionado esto ante el Señor.

Los valores del equipo son las creencias centrales compartidas que dan forma a la identidad de su ministerio y determinan las prioridades y prácticas aceptables para tomar decisiones. Los valores del equipo dirigen su ministerio. Dan forma a la identidad de su ministerio.

Quiero señalar tres partes de esta definición:

Los valores son creencias centrales que compartimos. Las creencias centrales son aquellas verdades esenciales que un equipo ha aceptado y practica constantemente. Estas creencias centrales no son suposiciones casuales ni citas graciosas que se ven bien en un cartel. Son verdades esenciales que dirigen la acción y crean la cultura de un equipo. Son «compartidos», es decir, el equipo conoce e implementa los valores.

Los valores dan forma a la identidad de su ministerio. Los valores establecen el tono, el paso y la cultura de su equipo. Los valores son el marco dentro del cual opera el equipo; estos definen cómo el equipo decide actuar y reaccionar. Los valores mantienen al equipo responsable y proveen una capa de constancia de manera que el equipo sepa qué esperar. Los valores dan forma a la identidad de su ministerio.

Los valores determinan las prioridades y prácticas aceptables para tomar una decisión. Las creencias centrales de un equipo se actualizan o activan en el curso y dirección de las decisiones que se toman a diario. Si los valores no están conectados a la decisión que se toma y a las prioridades establecidas, entonces no son creencias centrales compartidas y, por lo tanto, carecen de valor. No es suficiente solo «decir» que usted ha establecido valores. Se debe actuar según esos valores, o de lo contrario no son verdaderos valores.

Los valores influirán en el proceso de tomar decisiones cuando esos valores son procesables, manejan las prioridades y cuando se aceptan como base para tomar decisiones. Estos también determinarán lo que es importante (y lo que no es importante) y en qué orden deben tomarse las decisiones.

Aubrey Malphurs, en su libro *Values Driven Leadership* [Liderazgo centrado en los valores] describe la importancia de los valores de esta manera: «El ministerio que desarrolla con claridad un conjunto de valores que el equipo del ministerio comparte, tomará mejores decisiones que uno que no haya desarrollado un conjunto de valores. Entre ellos entenderán con claridad por qué han hecho lo que han hecho».[12] Los equipos que no han desarrollado los valores claros de manera intencional tienden a tomar decisiones sobre caprichos basados mayormente en las emociones.

Cuando los valores no se han desarrollado de manera intencional, hay un peligro inminente de ceder a la tentación «solo por esta vez». Esto puede llevar a caminos peligrosos que han causado destrucción y dolores de cabeza en muchas iglesias y en las vidas personales a lo largo de los años. Sin valores claros, podemos permitir que nuestras emociones nos dirijan, y nuestras emociones pueden cambiar en un antojo, haciendo que nos salgamos del rumbo (ejemplo, vea Hechos 6.1–5). A cada miembro del equipo (pagado y voluntarios) en la iglesia Saddleback se le pide un compromiso total a nuestros valores del equipo antes de aprobarlos para trabajar con los niños de nuestra iglesia.

Los valores del equipo de niños de Saddleback

Los valores del equipo varían de iglesia en iglesia. La gran idea no es que usted adopte una lista de ciertos valores, sino que, por el contrario, desarrolle un conjunto de valores del equipo que actúen como una guía para que usted siga el camino de la visión de su ministerio para niños

Los cinco valores de nuestro ministerio para niños en la iglesia Saddleback pueden servir como un ejemplo:

1. Seguridad y protección: ¡proteger a los niños es nuestro valor número uno! Mateo 18.6
2. Trabajo en equipo: servir juntos alivia la carga y fortalece el corazón. Eclesiastés 4.9–12
3. Adaptabilidad: la habilidad de ser flexibles en una cultura o ambiente cambiante para el beneficio del equipo y el panorama general. Romanos 12.1, 2
4. Relevancia: estar conscientes de su cultura y desear adaptarse para comunicar con efectividad y relacionarse con su audiencia. 1 Corintios 9.22
5. Liderazgo del pastor de ovejas: guiar a otros en el estilo de liderazgo que Cristo modeló. Salmos 78.72

Declaración de la visión. Algunas personas dudan que aquellos que ya tienen una declaración de la misión necesiten una declaración de la visión. No critico que alguien haga esta pregunta porque yo también me la he hecho. Mi ministerio tiene ambas, una declaración de misión y una declaración de visión, sin embargo, llegó el momento en que realmente yo consideré quitar la declaración de la visión, pero entonces comprendí la asociación que hay entre ambas. Para entender esta asociación primero debemos ser claros en las definiciones de las dos y cómo estas funcionan.

Mira hacia adelante y fija los ojos en lo que está frente a ti.

PROVERBIOS 4.25, NTV

Como recordará, la declaración de misión es una descripción breve, pero completa, del propósito general de su ministerio. Esto contesta la pregunta «¿Por qué existimos?» Como ejemplo, aquí está la declaración de misión para el ministerio para niños de la iglesia Saddleback:

> El ministerio para niños de la iglesia Saddleback existe para llevar a los niños a una ADORACIÓN, apropiada para su edad donde ellos puedan PERTENECER a la familia de Dios, CRECER en su relación con Cristo, aprender a SERVIR y luego ir a PRESENTAR a Cristo al mundo.

La declaración de misión es el fundamento de toda la estructura del ministerio como el componente número uno que no cambia ni cambiará.

La declaración de la visión es un cuadro claro y simplificado de la declaración de la misión en acción.

Esta representación clara y simplificada de la declaración de la misión es un «grito de batalla» motivador que sirve para unir a las personas. La declaración de la visión le recuerda a su equipo por qué hacen lo que hacen. Entonces, ¿cómo se ve un cuadro claro y simplificado de nuestras declaraciones con propósito?

Nuestra declaración de la visión para el ministerio para los niños de la iglesia Saddleback es: «Conecta a los niños con Dios y con los otros».

Cuando le pregunto a uno de nuestros voluntarios: «¿Qué vamos a hacer hoy?», ellos enseguida responden: «Conectar a los niños con Dios y con los otros». Este es un cuadro claro y simplificado de nuestro propósito general que se refleja en nuestra declaración de misión. La imagen de pasar a los niños hacia la salud espiritual como se describe en la declaración de la misión es: «Conectar a los niños con Dios y con otros».

Aunque es fácil entender la importancia de conectar a los niños con Dios, aquí está por qué incluimos en la visión conectar a los niños con otros niños. Un domingo, una niña de quinto grado llamada Brooke, asistió por primera vez a uno de nuestros servicios de fines de semanas en la iglesia Saddleback. Como es de esperar, Brooke, como cualquier niña nueva en un ambiente nuevo, se inscribió, entró y se sentó sola en la parte de atrás. Ella permaneció allí hasta que sus padres la recogieron al final del servicio.

Yo, personalmente, ese día estuve en la nube número nueve. Dirigimos uno de nuestros mejores servicios, la adoración fue maravillosa, los juegos bien coordinados y los muchachos se concentraron en la enseñanza. En mi mente, habíamos apuntado un gol con ese servicio de fin de semana. Así que usted podrá imaginarse lo que yo estaba esperando escuchar de la madre de Brooke cuando ella me llamó aparte después del servicio. Me imaginé que me agradecería con afirmaciones de ánimo tales como: «¡Ah, a Brooke le encantó el servicio de hoy y ansía volver!». Pero no, esto no fue lo que escuché. Nada de esto.

Esto sí fue lo que la madre de Brooke me dijo: «Perdóneme, ellos me dijeron que usted es el pastor, ¿es cierto?». Yo contesté: «Sí, soy yo». Ella me miró a los ojos y me dijo: «Esta es la primera vez que Brooke viene aquí, pero ella me dijo que fue terrible y que no quiere volver. ¿Me podría ayudar a entender qué sucedió?».

Descubrí que a Brooke realmente le gustó el servicio. Ella le dijo a su mamá que «lo odiaba» porque, según sus palabras, «nadie me habló». Esta no era la primera vez que yo experimentaba una escena como esa, pero en ese momento yo quería que fuera la última vez.

La declaración de la visión nos da un cuadro sencillo no solo de lo que se debe hacer, sino también de lo que se está haciendo en el momento... conectar a los niños con Dios y con los otros. Si nosotros no conectamos a los niños con los otros niños, eventualmente perderemos la oportunidad de conectarlos con Dios. La declaración de la visión mantiene esa realidad frente a nosotros. En la situación de Brooke, fuimos descuidadamente negligentes en la mitad de la ecuación, y esto nos impidió tener otra oportunidad para conectarla con Dios en un servicio de adoración de fin de semana.

Tal vez nuestros voluntarios no sean capeces de citar la estrategia, estructura y procesos palabra por palabra, y quizá no recuerden cada uno de los valores, pero ellos sí pueden decirle nuestra Declaración de la Visión. ¿Por qué? Porque nosotros la repetimos intencionalmente tan a menudo como es posible. Yo quiero que ellos visualicen la declaración de la misión en acción y su contribución a la misión.

Su ministerio para niños tiene un propósito específico. Junto con el propósito, Dios ha provisto el potencial para lograr la misión que él ha destinado para cada ministerio de niños. Desarrollar una estrategia para guiar niños hacia la salud espiritual y establecer una estructura con los componentes necesarios para apoyar la estrategia llevará su ministerio un paso más cerca al cumplimiento de todo su potencial.

Ya que hemos identificado el qué (nuestra estructura), me gustaría dar un vistazo más profundo a uno de los componentes más cruciales para esta estructura: ¡los voluntarios!

Guía para el intercambio de ideas

En este ejercicio usted:

- Analizará los componentes esenciales que deben estar listos para apoyar su estrategia.
- Desarrollará una estructura clara para su ministerio.
- Entenderá la importancia de los valores de equipo y cómo desarrollarlos.
- Será capaz de comunicarle a su equipo los valores centrales.

Descubrimientos/reflexión:

Preguntas que debe hacerse a medida que diseña el ministerio

Voluntarios

- ¿Es este un ambiente de equipo saludable para los voluntarios? ¿Dónde estamos viendo un «agotamiento severo»? ¿Por qué la gente deja el ministerio?

- ¿Por qué no hay una fila de voluntarios esperando participar en nuestro ministerio para niños?

Instalaciones

- ¿Qué dicen nuestras instalaciones a los niños que asisten a nuestra iglesia?

- ¿El lugar de nuestro ministerio dice: «¡Te queremos aquí!» O dice: «Ya que estás aquí, tú puedes quedarte en este lugar»?

Normas, procesos y procedimientos

- ¿Qué normas necesitamos considerar añadir para apoyar la estrategia que hemos desarrollado?

- ¿Están claros los procesos que ya tenemos? ¿Los conocen nuestros voluntarios?

- ¿Se están siguiendo estos procesos? Si no, ¿por qué no?

- ¿Documentamos los procedimientos con claridad? ¿Dónde está disponible esta documentación? ¿Cómo se comunica esto?

Comunicación

- ¿Qué canales de comunicación necesitamos utilizar para apoyar nuestra estrategia?

Presupuesto

Si usted ya no tiene un presupuesto bosquejado para su ministerio, entonces considere estas preguntas a medida que piensa en el presupuesto para cada senda y programa.

- ¿En qué artículos, currículo, juguetes, accesorios de enseñanza y muebles hemos gastado dinero?

- ¿Qué materiales de promoción producimos para cada uno de los programas?

- ¿Qué comida proveemos a los niños y a los voluntarios?

- ¿Gastamos dinero en regalos de aprecio a los voluntarios? ¿Debemos hacerlo?

- ¿Gastamos dinero en elementos ambientales tales como decoraciones o materiales relacionados al tema? ¿Necesitamos cambiar algo en cuanto a esto?
- ¿Qué artículos de oficina usamos en cada senda (plumas, etiquetas de identificación, marcadores, etc.)?

Declaración de la visión

- Si pudiéramos visualizar nuestra declaración de misión, ¿cómo la describiríamos?

- Si yo entrevistara a las personas que guiamos en nuestro ministerio, ¿podrían expresar con claridad la visión que estamos siguiendo? ¿Dónde es posible que ellos tengan dificultad o tropiecen para describirla?

Desarrollo de los valores centrales de su equipo

La cultura de su equipo está muy afectada por los valores del equipo. Por esa razón vale la pena tomar el tiempo necesario para definir los valores de su equipo. Es posible obtener una larga lista de valores potenciales y es útil ver los valores de otros equipos, pero yo quiero ofrecer algunas sugerencias mientras que usted define los valores de su equipo.

1. Reúnase con algunos de los miembros más confiables del equipo para considerar y tener una lluvia de ideas en colaboración acerca de las conductas que su equipo actualmente valora. El objetivo es descubrir los valores actuales o preexistentes de su equipo. Aquí hay algunas preguntas para ayudarle a comenzar.

- Cuando surge una decisión difícil, ¿qué valores dirigen el proceso de tomar decisiones?

- ¿Qué creen que su equipo e iglesia defienden y apoyan?

- ¿Qué conductas son constantes en su equipo aunque no se hayan reconocido ni premiado?

- ¿Qué 3 a 6 conductas le gustaría ver que cada miembro de su equipo acepte y practique?

2. Una vez que usted haya creado una lista inicial de los valores de su equipo, busque temas en común y agrupe los valores según estos temas. Por ejemplo, valores como caritativo, cuidadoso, comprometido y cariñoso están relacionados y se pueden representar con las palabras Trabajo en equipo. Termine su lista de valores usando el filtro «esencial». Haga las siguientes preguntas principales:

- ¿Qué valores son esenciales para lograr la misión y visión?

- ¿Qué valores son esenciales para representar bien este equipo ante el liderazgo de la iglesia y ante los padres?

- ¿Qué valores son esenciales para crear la cultura que deseamos?

3. Una vez que usted haya establecido una lista de los valores, explique con sencillez y claridad para qué es ese valor. Por ejemplo: liderazgo de pastor: guiar a otros al estilo del liderazgo que Cristo modeló.

Después de establecer los valores de su equipo, páselos por una auditoría de valores:

- ¿Se relaciona cada valor con una conducta deseable?

- ¿Ayudan los valores al tomar decisiones?

- ¿Los valores representan correctamente la cultura deseada?

- ¿Podría usted defender cada uno de los valores si se cuestionara su validez?

- ¿Son valores fáciles de recordar?

- ¿Están los valores alineados con el liderazgo de su iglesia?

- Cuando las cosas se ponen calientes, ¿puede su equipo implementar los valores de una manera que parezca ser reflexiva?
- ¿Contribuyen estos valores a la identidad del equipo?

Al establecer los valores de su equipo, aquí está lo que usted *no* quiere, una lista escrita de valores que no tienen coherencia con la manera en que su ministerio para niños realmente toma decisiones y da prioridad a las cosas. Si es así, ni usted ni su equipo estarán preparados para ganar. Además, esté consciente de cuántos valores usted desarrolla para su equipo. Yo, personalmente, prefiero no tener más de seis. Usted correrá el riesgo de agobiar a la gente si tiene más de seis. Tener demasiados hará que la gente no los acepte como algo práctico para guiar la conducta y tomar decisiones.

Comunicar los valores de su equipo

La gente recuerda lo que se repite. Cada vez que reúno a mi equipo, tanto el personal como los voluntarios, yo repito nuestra declaración de visión *y* los valores de nuestro equipo. Repetir, repetir, repetir. Repita los valores de su equipo para que su equipo los acepte y los vivan. Los valores del equipo influyen la conducta y las prácticas de tomar decisiones de un equipo solo cuando esos valores se conocen, aceptan e implementan constantemente.

Debido a que las cosas cambian con tanta rapidez, es necesario revisar regularmente los valores de su equipo para asegurarse que los están ayudando a mantenerse en el camino de la misión y visión de su ministerio. Aunque la misión no cambia, es probable que sus valores sí cambiarán a medida que su ministerio crece y se desarrolla.

Los valores que comparte su equipo serán catalíticos para tomar mejores decisiones, más rápido y más eficiente. Los valores mejorarán el desempeño de su equipo al crear claridad en las expectativas a medida que cada uno de los miembros de su equipo cumple con su función individual. Los valores de su equipo también inculcan un sentido de orgullo en lo que ustedes están luchando por hacer y la manera en la cual lo están haciendo. Sus valores comunicarán lo que es importante para su ministerio, así que el proceso de desarrollo de los valores de su equipo merece el tiempo y la atención necesaria.

Conexión:

Ore a Dios por sabiduría a medida que usted desarrolla e implementa la estructura necesaria para apoyar su estrategia para guiar a los niños hacia la salud espiritual.

CAPÍTULO 8

Desarrollo de un equipo saludable de voluntarios

Voy a confiarle un secretico: el mejor recurso, o tesoro, en la iglesia Saddleback es nuestro equipo de miembros voluntarios. Si usted quiere ver excelencia, compromiso y dedicación, visite la iglesia Saddleback y observe nuestro equipo de voluntarios. Todas las semanas, sea cual sea la senda o programa que estén dirigiendo, nuestros voluntarios sirven con gozo, y a mí me honra servir con ellos. Ellos son la razón de que nuestro ministerio haya sido tan efectivo en nuestra misión de llevar niños hacia la salud espiritual. Así que me gustaría contarle lo que he aprendido acerca de los equipos saludables. Esto no significa que no tengamos problemas que resolver porque de todas formas los problemas aparecerán de vez en cuando. Hemos aprendido mucho en nuestro peregrinaje.

La actuación sobresaliente de los voluntarios no sucedió de una manera automática. Sino que múltiples factores, trabajando unidos, dieron este resultado. El pastor Rick establece una expectativa para aquellos que llaman a Saddleback su iglesia: ellos deben utilizar sus talentos como una forma de adoración al Señor. Otro factor es que en el ministerio para niños tenemos miembros de primera clase en el personal que aman y cuidan a nuestro equipo de voluntarios. Estos y otros factores contribuyen a tener un ambiente saludable de servicio que producen experiencias saludables de servicio. La meta de este capítulo es examinar pasos deliberados que los líderes del ministerio para niños pueden dar para crear ambientes y experiencias saludables entre los voluntarios que sirven.

En cuanto a la salud del equipo del ministerio, recuerde la referencia que hice antes en cuanto a la salud física. Regresar a esta analogía nos ayudará a entender mejor la naturaleza de un ministerio saludable. Antes de ver a un médico, es común que se nos requiera llenar por completo varias planillas en las que se nos pide una información personal, la historia clínica familiar y preguntas acerca de la salud actual y los motivos para ver al médico. No es exhaustivo y realmente no se puede usar para dar un diagnóstico. Solo es una pequeña herramienta que el médico utiliza para dar un rápido vistazo a la salud actual de usted. Antes de hablar sobre los voluntarios que sirven en su equipo, me pareció conveniente hacer un ejercicio similar en cuanto a la salud de los equipos de voluntarios.

Como ya dije en el libro, es necesario tener un ministerio saludable para llevar a los niños hacia la salud espiritual. Pero usted no puede tener un ministerio saludable sin un equipo de voluntarios saludables. Yo no pretendo ofrecer una respuesta para cada pregunta que usted tenga acerca de edificar y desarrollar un equipo saludable de voluntarios. Sin embargo, creo que la información que aquí le brindo le proveerá un marco eficiente para mejorar la salud de su equipo voluntario o le ayudará a guiar sus pensamientos para descubrir el marco que se ajuste a su ministerio.

Edificar un equipo saludable de voluntarios

¿Alguna vez, al caminar por su iglesia, tuvo la sensación de que la gente trataba de evitarle? ¿Alguna vez trató de sencillamente decir «hola» a alguien en la iglesia, y en el momento en que usted se acercó esa persona comenzó a darle razones por las cuales ellos tuvieron que decir no aunque usted no les iba a preguntar nada? ¿Alguna vez se vio tan desesperado buscando voluntarios que estuvo dispuesto a aceptar a cualquier ser humano viviente?

Si fue así, entonces bienvenido al ministerio para niños. Todos hemos pasado por eso. Nombrar miembros voluntarios para el equipo es un proceso continuo que no parece tener fin. Puede ser desalentador. No ofrezco esta información como un método «un tamaño para todos» para formar equipos de voluntarios. Pero sí es lo que yo he aprendido a lo largo de los años y lo que ha funcionado bien al crear ambientes saludables para servir de manera que los voluntarios tengan experiencias saludables de servicio.

Reclutar voluntarios fue una de mis responsabilidades menos favoritas durante un tiempo. Parecía haber una actitud similar entre los que yo estaba tratando de reclutar. No quería hablarles acerca de ser voluntarios y ellos tampoco querían que yo les hablara de ser voluntarios. Pero un día todo eso cambió cuando Dios me abrió los ojos para ayudarme a comprender por completo una cierta verdad. Esta experiencia cambió para siempre mi perspectiva sobre cómo formar equipos voluntarios.

Esta experiencia se basaba en un pasaje de la Biblia: «Dios, de su gran variedad de dones espirituales, les ha dado un don a cada uno de ustedes. Úsenlos bien para servirse los unos a los otros» (1 Pedro 4.10, NTV).

Yo había leído este versículo antes, pero en esta ocasión en particular Dios me reveló una comprensión más profunda que alteró mi perspectiva acerca de los voluntarios. Mi revelación fue esta: Toda persona en mi iglesia tiene un don, ya sea que yo vea la evidencia de ese don o no, y Dios espera que cada persona utilice o maneje esos dones de manera que él los pueda bendecir plenamente.

De repente, no vi las necesidades para voluntarios en mi ministerio solo como «huecos que llenar»; por el contrario, los vi como oportunidades para que el pueblo de Dios ejercitara sus dones. Dios les dio dones y él quiere que ellos reciban la bendición que viene al usar esos dones. Mi actitud cambió de ver esto como una carga a verlo como un gozoso privilegio. Así que le animo: no se vea a usted mismo como un reclutador, véase como un explorador de talentos.

Explorador de talentos voluntarios, no un reclutador de voluntarios

Un explorador de talentos se puede encontrar en casi cualquier profesión. Su trabajo es identificar personas con talentos específicos o únicos y luego convencer a esa persona a unirse a su equipo. Los exploradores de talentos que tienen éxito son muy perceptivos y constantemente están buscando a esos individuos que sin saberlo poseen habilidades deseables o codiciables.

Cuando Jesús comenzó a formar el equipo que serviría junto a él, tomó un tiempo para descubrir a los individuos que su equipo necesitaba. Jesús se acercó a Pedro y a Andrés como un explorador de talento, no como un reclutador de voluntarios, y durante los años futuros eso hizo toda la diferencia en su ministerio. Vemos funcionar este principio cuando Jesús llamó a algunos de sus discípulos para que lo siguieran a él.

Cierto día, mientras Jesús caminaba por la orilla del mar de Galilea, vio a dos hermanos —a Simón, también llamado Pedro, y a Andrés— que echaban la red al agua, porque vivían de la pesca. Jesús los llamó: «Vengan, síganme, ¡y yo les enseñaré cómo pescar personas!». Y enseguida dejaron las redes y lo siguieron.

Un poco más adelante por la orilla, vio a otros dos hermanos, Santiago y Juan, sentados en una barca junto a su padre, Zebedeo, reparando las redes. También los llamó para que lo siguieran. Ellos, dejando atrás la barca y a su padre, lo siguieron de inmediato.

MATEO 4.18–2 2

Jesús había observado con todo propósito a estos hombres y pudo ver que poseían las habilidades que él andaba buscando. Una vez que descubrió sus talentos, les ofreció una oportunidad para usar eses talentos en «un escenario mayor».

Al igual que Jesús, debemos ser intencionales acerca de descubrir el talento que nos rodea. Para la mayoría de las personas el área a nuestro alrededor es nuestra iglesia. En Mateo 4, Jesús no andaba caminando al azar alrededor de ese lago cuando de repente encontró a estos tipos que podrían convertirse en sus discípulos. Él estaba allí por una razón. Este no era el primer encuentro de Jesús con estos tipos. Él los había estado observando y había estado pensando cómo ellos podrían añadir valor a su equipo. Es obvio que Jesús podía ver que el oficio de ellos era pescar, pero él vio mucho más que eso. Él vio a dos tipos que podrían cambiar el mundo.

¿Es posible que haya personas talentosas caminando por su iglesia que todavía no se han descubierto? Antes que yo experimentara este cambio en mi perspectiva, yo creía que las personas que no se estaban brindando como voluntarias estaban demasiado ocupadas para servir, no estaban calificadas, estaban demasiado cualificadas o que sencillamente eran haraganas. Pero ahora las veía como talentos dotados que necesitaban un escenario para expresar sus dones. Solo había un problema, yo andaba tan ocupado durante los servicios de los domingos por la mañana que no tenía tiempo para buscar talentos. Así que desarrollé un pequeño equipo de voluntarios que tenían una responsabilidad principal, buscar nuevos voluntarios que tuvieran dones para el ministerio con los niños. Adivine cómo los llamaba. Si usted adivinó *Buscadores de talentos para el ministerio con los niños*, entonces adivinó bien. A veces los podíamos situar en la puerta para recibir a los que llegaban, y otras veces ellos podían caminar por la iglesia y hablar con personas con la meta de descubrir miembros voluntarios potenciales para el equipo.

La gran idea es ver a las personas en su iglesia como «ejecutantes en necesidad de una escena». Ellos son piezas maestras únicas que Dios creó y con todo propósito los dotó para participar en el progreso del reino de Dios (vea Efesios 2.10). Véase a usted mismo como un explorador de talentos. Descubra a las personas dotadas en su iglesia y descubra maneras de utilizar sus dones.

Algunas sugerencias vitales para recordar a medida que usted está explorando los talentos a su alrededor: primero, no dé por sentado la disponibilidad de las personas o su nivel de compromiso. No diga no por las personas. Deje que sean ellas quienes lo digan. Este es otro error que yo he cometido muchas veces. La gente está ocupada y no me gusta molestarla agregando otra cosa más a su plato. Creí que era considerado, hasta un día en que estuve hablando con uno de estos individuos increíblemente talentosos que a cualquier líder le encantaría tener en su equipo. Durante nuestra conversación él me contó cómo tuvo que alterar su horario de trabajo para poder servir todas las semanas en este ministerio al que pertenecía en ese momento. Le dí a entender cuánto nos gustaría que él se involucrara en el ministerio para niños. Él respondió: «Yo habría saltado ante la oportunidad de servir en el ministerio para niños, pero no creí que ustedes me quisieran allí».

Vaya sorpresa, yo pensaba que él estaba demasiado ocupado, mientras que él pensaba que nosotros no lo queríamos. No diga no por las personas. Presente la oportunidad y deje el resto a ellos y a Dios.

A medida que usted da pasos para buscar a su equipo de voluntarios, sea intencional acerca de buscar a hombres. No estoy tratando de decir que los hombres son más vitales que las mujeres o que usted no debe considerar a las mujeres cuando está buscando voluntarios. Lo que estoy tratando de decir es esto: tanto como yo puedo recordar, las mujeres son las que han llevado la carga del ministerio para niños... y ¡gracias a Dios que lo hicieron! Pero un equipo saludable necesita hombres y mujeres que acompañen a nuestros niños a medida que ellos navegan por el panorama de la vida hacia la salud espiritual.

En el ministerio para niños tenemos una gran necesidad de hombres. ¿Cómo conseguimos hombres eficientes? Aquí les presento algunas ideas:

1. Cuando usted cree cualquier tipo de mercadeo para su ministerio, diséñelo para que atraiga a los hombres. Una promoción que se vea varonil por lo general no desanima la decisión de las mujeres para involucrarse o no. Sin embargo, si usted le da a un hombre un lindo volante con flores y letras bonitas al frente, él enseguida pensará: «Esto es para mujeres», y lo pondrá a un lado.

2. Busque maneras de reforzar la importancia del ministerio para los niños entre los hombres de su iglesia. Ayúdeles a comprender cuán importante es que los hombres modelen el servicio para los niños en su iglesia.

3. Redefina el estereotipo de un voluntario para el ministerio para niños en la cultura de su iglesia. Busque maneras en que el ministerio para niños atraiga a los hombres y honre a los hombres que están sirviendo.

Nombrar adolescentes de manera estratégica y con propósito es otro elemento que debe recordar mientras descubre talentos. Llamamos «estudiantes líderes» a los adolescentes que sirven en nuestro ministerio para niños, y yo digo con toda honestidad que no puedo imaginarme hacer nuestro ministerio sin ellos. Tenemos una relación estratégica con los líderes de nuestro Departamento del Ministerio

Estudiantil para brindar oportunidades de servicio a nuestros adolescentes, tanto para el beneficio del ministerio para los niños como para cooperar con el crecimiento espiritual y desarrollo de los adolescentes. Si usted ha experimentado dificultades al utilizar adolescentes en su ministerio para niños, le animo sinceramente a pensar en un nuevo método para involucrarlos. No usamos a los Líderes de los Estudiantes solo para «llenar el hueco». La contribución de ellos a la estrategia y al ambiente de servicio es mucha, pero mucha más profunda que esto.

Como ya dije en el capítulo 6, los jóvenes que sirven con constancia tienen mejores probabilidades de permanecer involucrados en la iglesia local que aquellos que no sirven. Solo por esta razón yo crearía trabajos en mi ministerio si eso es lo que tuviera que hacer para mantener a los estudiantes involucrados.

¿Por qué usamos a los estudiantes como voluntarios en nuestro ministerio para niños? Cuando un líder estudiante entra al salón, al instante se convierte en la persona presente de más influencia. Ellos ordenan atención inmediata de los niños debido al factor «chévere». Seamos honestos en cuanto a esto. A los ojos de los niños, los líderes estudiantes son mucho más atractivos que nosotros los adultos. Además, los líderes estudiantes aumentan la energía. También es probable que los líderes estudiantes estén más dispuestos a sentarse en el suelo con los niños.

Es importante que la estrategia que usted desarrolle para utilizar a los adolescentes se desarrolle en conjunto con el Departamento de Jóvenes. Las oportunidades de servicio en su ministerio nunca deben competir con la participación de los adolescentes en sus servicios o actividades en el ministerio para jóvenes.

La conversación para nombrarlos

Está bien, usted ha estado observando personas en su iglesia, tratando de descubrir al «próximo voluntario mejor del mundo», y ha encontrado un miembro potencial para el equipo. Ahora, ¿qué? Aquí hay algunos métodos probados para entablar una conversación con el fin de nombrar a un miembro potencial para el equipo que Jesús modeló en su proceso de nombramientos.

1. Hable cara a cara con los miembros voluntarios potenciales del equipo.

Esto también puede parecer un poco obvio, pero durante el servicio de los adultos son muchas las veces que dependemos de cosas como anuncios, peticiones para «ayudar» en el boletín de la iglesia u hojas para firmar como voluntario.

Estas cosas son impersonales y pueden dar un mensaje equivocado. Las investigaciones han probado que la mayoría de la gente que se presta de voluntaria lo hace porque alguien se lo pidió en una conversación cara a cara.

2. Desafíe a la gente a invertir su tiempo y dones en el trabajo del reino.

Cuando Jesús se acercó a Pedro y Andrés, él les ofreció a estos tipos un desafío para hacer algo importante con sus vidas.

«Jesús los llamó: "Vengan, síganme, ¡y yo les enseñaré cómo pescar personas!"»

Él no dijo: «Vengan conmigo si tienen tiempo». Él dijo: «Vengan, síganme, ¡y yo les enseñaré cómo pescar personas!» (NTV). Él no se disculpó ni tampoco endulzó esta petición. Él sencillamente dijo: oigan, si ustedes quieren sacar más provecho de la vida, vengan conmigo y yo les enseñaré cómo hacer un impacto en este mundo que ustedes, sentados en esas barcas, ni siquiera podrían soñar hacer. Esto requiere sacrificios y un compromiso completo, pero vale la pena. Después de todo, este es un trabajo del reino.

«Usted consigue el mejor esfuerzo de parte de otros no por encender un fuego por debajo de ellos, sino por encender el fuego por dentro», esto es de Bill Hewlett, cofundador de Hewlett-Packard.

La gente quiere que les desafíen porque un desafío saca lo mejor de todos nosotros.

3. Inspire a los miembros potenciales del equipo con una visión, no con una súplica para ayudar.

La gente quiere trabajar por una «causa», no solo por un sueldo. Ellos quieren ser parte de algo que está haciendo una diferencia. Recuerde lo que dije antes: nadie quiere subir a un barco que se está hundiendo. Suplicar o mendingar para pedir ayuda es similar a decir: «Nos estamos hundiendo y aceptamos a cualquiera que quiera hundirse en el barco». Pero si usted se acerca a un voluntario potencial con una visión, esta visión pintará un cuadro de un impacto eterno que les permitirá visualizarse formando parte de esto. Jesús contó una visión que fue lo suficientemente inspiradora para que los hombres dejaran un negocio de pesca ventajoso que les daba seguridad financiera y profesional por un futuro inseguro.

«Y enseguida dejaron las redes y lo siguieron». Jesús tenía una visión y sabía cómo estos hombres harían una parte de esta visión.

- Él sabía hacia donde iba.
- Él sabía cómo llegaría allí.
- Él sabía lo que necesitaba del equipo.

Si el líder no tiene una clara visión para el ministerio, le será fácil caer en la trampa de usar la culpa como un motivador. Y aunque esto pueda trabajar a corto término, no funciona a largo término y eventualmente le hará daño a su ministerio.

4. Al comunicarse con los miembros de un equipo voluntario potencial, muestre confianza y fe en su ministerio.

Las Escrituras no aclaran con exactitud cómo Jesús se acercó a estos tipos, pero algo sí es claro, Él confiaba en su misión y visión. Tenía tanta confianza en su misión que estaba dispuesto a presentar la visión en el momento más inoportuno. En Lucas 5, Pedro y Santiago acababan de pasar una larga noche de pesca y estaban limpiando sus redes. No habían pescado nada en toda la noche. Estaban cansados y frustrados. No tenían nada que enseñar luego de una larga noche de trabajo. Sin embargo, ninguno de estos factores impidió que Jesús les ofreciera una oportunidad para cambiar el mundo porque él tenía confianza en su ministerio.

5. Sea directo y honesto acerca del compromiso que usted está buscando.

Pedro y Andrés supieron desde el principio lo que esto les costaría. El llamado que Jesús les hizo venía con un precio. Ellos tendrían que dejarlo todo y seguirlo. Al Jesús decir: «Vengan, síganme», Pedro y Andrés supieron que esto no era una invitación casual. Esto era un mandato para literalmente seguir a Jesús por todas partes y aceptar las responsabilidades y sacrificios que requerían ser un discípulo de alguien.

Ahora bien, no a todos los creyentes se les ofrece el mismo nivel de llamado. Pero no importa cuál sea el nivel de su llamado, este viene con un precio y Jesús fue muy claro acerca de cuál sería el precio.

Usted y los miembros de su equipo invertirán tiempo, esfuerzo y energía. Los diferentes papeles en el ministerio requieren diferentes inversiones, pero hasta en la menor de las inversiones hay un precio, y Jesús aclaró ese precio. Él era sincero y honesto en cuanto a las inversiones y responsabilidades, expectativas y requisitos, y nosotros debemos hacer lo mismo.

Integrar

Hay varios pasos importantes que seguir cuando nombramos voluntarios con el fin de mantener como prioridades la seguridad de los niños, de los voluntarios y de la iglesia. Aquí yo le acompañaré por el proceso de aprobación del voluntario para el ministerio con los niños de la iglesia Saddleback. Tal vez el proceso de su iglesia sea diferente y eso está completamente bien. Esto es solo una guía.

En el proceso para integrar a una persona, tenemos la oportunidad de establecer una relación con cada miembro potencial voluntario del equipo y ayudarles a descubrir cuál aspecto de nuestro ministerio encaja mejor para ellos y el equipo. Este proceso comienza con nuestra «Orientación para el Ministerio de los Niños de Saddleback», donde les presentamos nuestro ministerio y con claridad damos la siguiente información:

- Requisitos para ser un miembro del equipo en nuestro ministerio.
- Declaración de fe de nuestro ministerio.
- Estrategia y estructura de nuestro ministerio.
- Nuestra misión, visión y valores.
- Las expectativas de cada miembro del equipo en cuanto a la actitud, trabajo en equipo y compromiso.
- Normas generales.
- Próximos pasos en el proceso.

A cada voluntario potencial se le requiere completar una solicitud, proveer referencias y completar una revisión de los antecedentes. Una vez que el voluntario potencial asiste a la orientación y llena la solicitud, un coordinador del ministerio para niños hace una cita para una entrevista personal con el candidato. Esta es una entrevista de cuarenta y cinco minutos que dirige un miembro del personal del ministerio para niños. Uno de los objetivos de la entrevista es descubrir cuál es la mejor oportunidad para que el voluntario sirva basándose en sus dones, personalidad y preferencias. Una clave para crear un ambiente de servicio saludable que produzca experiencias de servicio saludable es dejar que los voluntarios sirvan en aspectos que utilicen sus puntos fuertes, pasiones e intereses. Una vez que se determina qué aspecto del ministerio para niños estará sirviendo el voluntario, entonces les comunicamos el papel y las responsabilidades de ese aspecto específico.

Desarrollo de un equipo saludable de voluntarios

Luego de haber nombrado nuevos miembros para el equipo y haberlos pasado por los procesos de integración, es imperativo continuar desarrollándolos mediante una preparación intencional poderosa y animadora.

Ahora bien, Cristo dio los siguientes dones a la iglesia: los apóstoles, los profetas, los evangelistas, y los pastores y maestros. Ellos tienen la responsabilidad de preparar al pueblo de Dios para que lleve a cabo la obra de Dios y edifique la iglesia, es decir, el cuerpo de Cristo.

EFESIOS 4:11, 12, NTV

Preparación

En su libro *Cómo desarrollar el LíderCambio*, Don Cousins define el liderazgo de esta manera: «Si usted tiene una posición de liderazgo, pero no está preparando a los santos para el trabajo de servir, entonces usted no es un líder. Tal vez usted mantenga la posición, tal vez tenga el título, quizá le llamen un líder, pero usted no es un líder como lo define la Biblia porque el liderazgo significa preparar».[13]

Aquí está mi definición de cómo preparar a otros para los equipos del ministerio: la preparación es un proceso continuo para adiestrar de manera intencional y estratégica a los miembros de su equipo para que tengan éxito en el rol de su ministerio al desarrollar sus habilidades.

No importa que usted use la palabra «capacitar» o «preparar» para representar este proceso, eso es un asunto de preferencia. Lo importante es que esto realmente suceda en su ministerio. La definición que me gusta para capacitar nos da una vista del gran cuadro de lo que es necesario hacer, pero no dice de manera específica cómo se debe hacer. Quiero enfocar su atención en los elementos importantes para capacitar. Recuerde esto a medida que forme su equipo:

- *Sea intencional y estratégico.* Estoy seguro que ya habrá notado que usé mucho las palabras «intencional» y «estratégico». Estas dos palabras son inseparables del método con propósito. Si no es intencional, entonces es al azar, y si no es estratégico, entonces sucede aislado. Para «capacitar al pueblo de Dios con el propósito de que este haga su obra y edifique la iglesia», debe haber un plan intencional que se haya diseñado y programado de una manera estratégica. Tener un plan intencional bien pensado para capacitar a sus voluntarios durante la temporada del ministerio es posible y necesario si usted quiere crear un ambiente de servicio saludable.

- *Prepare a su equipo para que tenga éxito en su papel del ministerio.* Dios invirtió dones y talentos en cada persona. Nuestro trabajo como líderes de la iglesia es preparar a aquellos que guiamos para que tengan éxito en su misión y llamado. Cuando los miembros del equipo de voluntarios tienen éxito, su ministerio tiene éxito, lo cual significa que los niños salen ganando. Si un miembro del equipo no tiene éxito en su papel en mi iglesia, primero me pregunto si le hemos dado a ese miembro del equipo lo que necesita para lograr el éxito.

- *Desarrollar sus habilidades.* Dudo que haya muchos miembros voluntarios del equipo en su ministerio que se despierten cada día pensando: «Espero que hoy no tenga que aprender nada. De hecho, espero fracasar en todo lo que haga». Reconozco que este es un ejemplo ridículo porque nadie en sus cabales se siente de esa manera. Todos queremos tener éxito y todos deseamos crecer y actuar bien. Los que no estén superapasionados acerca de crecer, mejorarse y desarrollarse todavía tienen el deseo y la necesidad de tener éxito en algún plano.

Jesús nos muestra la importancia de capacitar y enseñar el liderazgo. Jesús nos muestra cómo buscar el talento. Él muestra el corazón de un adiestrador. Piense en la vez que Jesús nombró a los pescadores para su equipo. En el capítulo 2 dije que Jesús tenía un propósito en todo lo que hacía. Hay un fuerte sentido de propósito en esta declaración: «Vengan, síganme, ¡y yo les enseñaré cómo pescar personas!» (Mateo 4.19, NTV). Jesús tenía un plan. Él sabía que estas personas tenían potencial y habilidades, pero había que desarrollar sus habilidades para que se realizara el potencial de ellos. Jesús tenía propósito al adiestrar a su nuevo equipo.

Como sucede con la mayoría de las cosas, no hay una sola manera de capacitar miembros voluntarios para el equipo. Cómo se hace la capacitación, dónde sucede, cuándo sucede, cómo se da la capacitación, y todo el contenido de la capacitación debe estar a la medida de la cultura de su iglesia y la estrategia de su iglesia.

Solo para darle un comienzo a sus ideas y tal vez para activar algunos métodos nuevos y creativos, usted puede tomar el proceso de capacitación en su ministerio, yo le daré un breve repaso de la estructura de la capacitación que usamos en el ministerio para los niños de Saddleback.

Me refiero a nuestro calendario anual como la temporada de nuestro ministerio, la cual se extiende desde enero hasta diciembre. Nuestro ministerio para niños tiene un tema para cada temporada del ministerio.

Usamos temas del ministerio por dos razones principales: para crear una asociación y para traer un foco a nuestro equipo. Yo determino el tema y luego lo desarrollo para enseñar, capacitar y animar a nuestros miembros del equipo a lo largo del año. Se diseña el tema para capacitar a los miembros tanto del equipo pagado como de los voluntarios. Este plan y proceso de capacitación involucra conexiones semanales en nuestra reunión semanal Pre-juego de treinta minutos antes del comienzo de cada servicio, la capacitación mensual, la preparación de acuerdo a la edad (o grado) del alumno, la capacitación trimestral y nuestra reunión anual para comenzar la nueva temporada del ministerio.

Autorice al equipo de voluntarios

Jesús reunió a sus doce discípulos y les dio autoridad para expulsar espíritus malignos y para sanar toda clase de enfermedades y dolencias.

MATEO 10.1, NTV

Una vez que usted matricule al equipo de los miembros voluntarios y comience el proceso de capacitarlos, debe darles el poder para cumplir sus papeles y responsabilidades. Aquí está mi definición sobre cómo capacitar a los voluntarios para el ministerio: capacitar es brindar la oportunidad y el ambiente que le permite al miembro del equipo ejercitar con eficiencia sus dones en su respectivo papel.

Pero ¿cómo damos este poder a los voluntarios? Yo ofrezco cinco sugerencias para hacer esto.

Primero, conceda poder a los voluntarios, librándolos para que hagan su trabajo. Una vez que los capacite, permítales hacer lo que ellos vinieron a hacer. Permita que cometan errores, evite la mentalidad que dice: «Es imposible que otro lo haga de la manera que yo quiero que se haga». Capacite a sus miembros voluntarios del equipo, luego déjelos hacer lo que les enseñó a hacer mientras usted continúa como su compañero a lo largo de la capacitación.

Segundo, autorice a los voluntarios, dándoles la oportunidad de contribuir y aportar sus ideas.

Si los miembros del equipo tienen un cerebro, ellos tienen ideas. Si usted tiene cinco personas en un salón, ¿es mejor utilizar un cerebro o los cinco? Bueno, me imagino que depende de quién está en el salón. Sin embargo, para mí es un error pensar que yo soy el único que tiene buenas ideas. Esa clase de pensamiento está enraizada en el orgullo y la arrogancia. Los buenos líderes saben cómo extraer ideas de su equipo. Al hacerlo, los voluntarios se sienten apreciados porque los han escuchado.

Tercero, dé poder a su equipo, comunicándoles con claridad la información acertada. En el capítulo 7 hablé sobre los canales de comunicación como un componente esencial para la estructura de su ministerio para niños porque ellos contribuyen a la salud del ambiente de servicio. Una información clara y exacta distribuida a través de canales efectivos de comunicación facultará a los miembros voluntarios del equipo, reduciendo la confusión. Por ejemplo, si la persona solo tiene parte de la información, entonces se hará suposiciones de la información que no recibió. Después de un tiempo, la verdadera comunicación y las suposiciones se combinarán en un mensaje incorrecto que confundirá a otros a medida que esa información se pasa a otros miembros del equipo mediante conversaciones.

La comunicación clara también crea sinergia al crear entusiasmo e ímpetu entre los miembros individuales del equipo mediante sus conversaciones. La comunicación sólida también forma vínculos. Todos quieren estar informados y nadie quiere estar afuera y obviado. Cuando comunicamos información clara y cierta a los miembros voluntarios del equipo, ellos se sienten conectados a su ministerio en un nivel personal.

Cuarto, yo les digo a los líderes del ministerio que le den poder a los miembros de su equipo, dándoles los recursos y las herramientas necesarias para la enseñanza que implementará con éxito la estrategia. Piense así en esto: si necesita poner una puntilla en un pedazo de madera, usted no va a agarrar una sierra de mano. Si lo hace, solo se va a sentir frustrado porque la sierra no se diseñó para martillar puntillas en la madera. Para completar su proyecto con éxito no solo necesita los materiales apropiados, también necesita las herramientas apropiadas. Reconozco que no siempre podemos proveer los recursos ideales, pero es importante hacer lo mejor que podamos para proveer las herramientas y los recursos de enseñanza que nuestros voluntarios necesitan para implementar la estrategia.

Por último, le aconsejo a la gente que le dé poder a los voluntarios, ofreciéndoles nuevas oportunidades para crecer y expresar sus habilidades de liderazgo. Aunque todos los miembros voluntarios del equipo son líderes, usted notará que algunos tienen habilidades y tendencias de liderazgo más fuertes y naturales que otros. En Saddleback nosotros facultamos a los líderes como estos aumentando su influencia de liderazgo en nuestro ministerio para niños en una posición que llamamos un «entrenador».

La posición de entrenador es el nivel más alto del liderazgo voluntario en nuestro ministerio para niños. Estos miembros del equipo son los líderes clave para cada uno de nuestros programas y son un componente esencial para implementar con éxito nuestra estrategia. Ellos tienen una amplia comprensión de nuestra estrategia, estructura y ADN de nuestro ministerio y están altamente comprometidos en servir en nuestro ministerio. Nuestros entrenadores «están básicamente a cargo» de cada programa. El personal pagado trabaja directamente con los entrenadores, los apoyan cuando ellos dirigen, apoyan a los otros voluntarios y se aseguran que el programa se realice sin problemas.

Los entrenadores en nuestro ministerio para niños han hecho un impacto tan positivo que yo le animo mucho a implementar en su ministerio una posición de liderazgo voluntario semejante. Sin los entrenadores, nuestro ministerio para niños no funcionaría con la excelencia que nosotros experimentamos cada semana.

Anime al equipo de voluntarios

Pensemos en maneras de motivarnos unos a otros a realizar actos de amor y buenas acciones.

HEBREOS 10.24

Me encanta que me animen, ¿también a usted? Una sencilla palabra de ánimo, ofrecida en el momento preciso, ha sido todo lo que en algunas ocasiones he necesitado para pasar un día o una circunstancia difícil. Es fácil desestimar el poder de un sencillo gesto de ánimo. Sin embargo, todos necesitamos y queremos que nos animen, nos valoren y aprecien.

¿Cómo animamos a nuestros miembros voluntarios del equipo? Es sencillo: mediante el reconocimiento y brindándoles aprecio. Cuando usted reconozca a sus voluntarios, mencióneles la diferencia que hacen sus esfuerzos y dígales exactamente cómo ellos contribuyen al reino. Luego recuérdele a la gente que ellos están dotados y que sus dones son necesarios en su ministerio. Al apreciar a sus miembros del equipo, señale la inversión de tiempo, sacrificio, pasión y compromiso. Así es cómo funciona:

Reconocimiento + Aprecio = Ánimo

Uno de nuestros voluntarios, que sirve en los servicios de los fines de semana, recientemente me contó una historia que ilustra de manera perfecta el poder de brindar ánimo. Ella ha estado sirviendo en el ministerio para niños durante más de ocho años y ha disfrutado cada minuto. Pero esta temporada del ministerio fue diferente. El nivel de su pasión no era tan fuerte como había sido en el pasado, su energía era más débil de lo normal, los niños en su clase estaban más difíciles de lo que jamás ella había experimentado y ella había perdido la confianza en su habilidad para marcar una diferencia en los niños. Era la tormenta perfecta del desespero. Cuando andaba por la mitad de la hora del ministerio, ella decidió dejar el ministerio para niños y tenía la intención de presentar su renuncia a su coordinadora al final del servicio. Enseñó la lección y pasó la mañana, pero esta sería su última vez. Después que recogieron a todos los niños ella comenzó a arreglar el salón para el próximo servicio mientras que al mismo tiempo iba finalizando la renuncia verbal que tenía en su mente. De repente llegó una madre al salón y le dijo: «Hace semanas que he querido hacer esto, solo quiero dejarte saber que a nuestro hijo le encanta tu clase y se niega a perder un solo domingo. Él no es el niño más fácil con quien trabajar, créeme, nosotros lo sabemos, pero lo que estás haciendo está funcionando. Todos los domingos, de camino a la casa, él nos cuenta todo lo que hicieron en la clase y la lección que les enseñaste. Quiero que sepas que nos quedamos en esta iglesia por lo mucho que él ama esta clase. Gracias». Una palabra de ánimo eclipsó múltiples niveles de desespero, le recordó a esta voluntaria su llamado y reavivó su pasión decreciente.

Esta es una de las herramientas más poderosas a su disposición, así que úsela con generosidad. Sin embargo, aunque es importante usarla con generosidad, es todavía más importante usarla con sabiduría. Permítame explicar lo que quiero decir con esto. A mí no me es posible conocer a todos los miembros voluntarios de mi equipo porque la iglesia Saddleback tiene muchos campos expandidos por todo el globo terráqueo. Y aunque no tengo una profunda relación personal con cada voluntario, sí siento, personalmente, un sincero aprecio por ellos y por la parte que ellos tienen al guiar a nuestros niños a la salud espiritual. Yo no tengo que conocerlos personalmente para reconocer sus esfuerzos y mostrar un aprecio sincero por su participación en el ministerio para niños. Pero si el reconocimiento y aprecio que doy está enraizado en cualquier otra cosa que no sea un genuino amor y un espíritu filial, pronto parecerá un elogio superficial. Si los miembros de su equipo tienen esta perspectiva de sus estímulos, los elogios tendrán un efecto contraproducente y eventualmente harán más daño que beneficio.

A medida que su relación con cada voluntario se profundice, usted tendrá oportunidades de ofrecer alientos específicos. Reconozca y aprecie a sus voluntarios no solo por lo que ellos hacen sino por quienes son. Como dijo Pablo a los tesalonicenses: «Así que aliéntense y edifíquense unos a otros, tal como ya lo hacen» (1 Tesalonicenses 5.11, NTV).

Como dije al principio de este capítulo, los voluntarios son el recurso más importante que usted tiene en el ministerio para niños. Aproveche el momento oportuno para cultivarlos, prepararlos y mantenerlos en tu equipo. Esto requiere estructura y estrategia, pero a la postre, el tiempo que usted pasó al inicio considerando esto pagará dividendos en los años por venir. Los miembros de su equipo, pagos o no, se lo agradecerán. Su pastor principal se lo agradecerá. Hasta los niños se lo agradecerán (a su manera).

Es bueno recordar que no existe algo como un «sistema» o «proceso» perfecto. Si todo tuviera que ser perfecto antes de implementarlo, nada se lograría. Eclesiastés 11.4 nos dice que si usted espera tener condiciones perfectas, nunca haría nada (versión mía). Esto también es cierto en las personas. Las personas, no importa cuán comprometidas, llamadas y apasionadas puedan estar a favor del ministerio para niños, tienen desperfectos que a veces se revelan en los conflictos. El conflicto es algo natural del ser humano y es parte integral de un equipo. La pregunta no es si su equipo tiene un conflicto, la pregunta es qué clase de conflicto tiene, si es un conflicto saludable o no saludable. Por causa de esto de vez en cuando usted tendrá voluntarios que se van, o se podrá ver en una situación en que tiene que despedir a un voluntario. La meta no es eliminar un conflicto, sino reconocer que es natural y que hay maneras saludables de lidiar con el conflicto.

Al cuidar a sus voluntarios, usted honra a Dios y los discipula en los caminos de Jesús. De hecho, la manera en que usted cuide a sus líderes redundará en cómo ellos cuiden a los niños de su ministerio. Así es como funciona. Así que, tome el tiempo que sea necesario para estructurar bien la base de sus voluntarios y así crear un ambiente de servicio saludable que produzca experiencias saludables de servicio. Al hacer esto, usted estará capacitando su ministerio para crecer y desarrollarse a su pleno potencial a medida que guía a los niños a la salud espiritual.

Por último, la clase de líder que usted es se multiplicará en los tipos de líderes que esté produciendo. Por eso he dedicado el próximo capítulo a convertirlo a usted en la clase de líder que la gente seguirá.

Guía para el intercambio de ideas

En este ejercicio usted:

- Procesará si usted tiene un ambiente saludable de servicio que produce experiencias saludables de servicio.
- Pensará y considerará los componentes críticos del proceso que le capacitarán para ser más eficiente al construir, desarrollar y guiar a un equipo saludable de voluntarios.
- Piense cómo usted integra, recluta y prepara a su equipo de voluntarios.

Descubrimiento/Reflexión:

Lista de indicador saludable

Complete la lista de comprobación del «estado de salud» de los voluntarios que aparece a continuación. Encierre en un círculo las V para verdadero o F para falso.

1. Sus voluntarios sonríen constantemente. V o F
2. Usted nunca tiene que pedir o rogar que la persona sirva. V o F
3. Una buena cantidad de adolescentes están sirviendo en su ministerio para niños. V o F
4. Sus voluntarios no se sienten obligados a servir en múltiples responsabilidades del ministerio para niños. V o F
5. Sus voluntarios constantemente asisten al servicio de adoración para adultos. V o F

6. Sus voluntarios se muestran completamente preparados para sus responsabilidades en el ministerio. V o F

7. El nivel de compromiso de sus voluntarios es alto. V o F

8. Sus voluntarios cumplen con fidelidad sus tareas del ministerio. V o F

9. Sus voluntarios llegan a tiempo. V o F

10. Cuando sus voluntarios no pueden servir, son diligentes para comunicárselo al líder por adelantado. V o F

11. Sus voluntarios muestran una buena actitud. V o F

12. Sus voluntarios conocen y entienden la misión, visión y valores del ministerio. V o F

13. Sus voluntarios están alineados con la misión, visión y valores del ministerio y fielmente los implementan. V o F

14. Los voluntarios que sirven en su ministerio para niños tienden a permanecer como parte de su ministerio durante un largo tiempo. V o F

15. Nuevos voluntarios se unen constantemente a su ministerio para niños. V o F

16. Sus voluntarios están completamente comprometidos mientras están cumpliendo las responsabilidades de su ministerio. V o F

17. Sus voluntarios tienen una buena relación unos con otros. V o F

18. Cuando hay un problema, sus voluntarios buscan activamente cómo ser una parte de la solución en lugar de solo quejarse y criticar. V o F

Si usted encerró en círculos más Falsos que Verdaderos, es posible que necesite dar un vistazo más de cerca a la salud de su equipo de voluntarios.

Guía de preparación para revolucionar su estrategia de voluntarios

Dé una cuidadosa consideración a los siguientes componentes críticos a medida que desarrolla o cambia su estrategia para los voluntarios. Estos pasos también le ayudarán a evitar errores comunes que hacen los líderes del ministerio para niños.

Antes que empiece,

1. Ore.

> *A sus discípulos les dijo: «La cosecha es grande, pero los obreros son pocos. Así que oren al Señor que está a cargo de la cosecha; pídanle que envíe más obreros a sus campos».*
>
> MATEO 9.37, 38

Decirle a un líder cristiano que ore es como decirle a un nadador de las Olímpicas que antes de nadar debe tirarse al agua. Parece un poco obvio, ¿verdad? Pero la verdad es que nos apuramos y queremos producir resultados *correctos ahora*, así que vamos a la batalla antes de ponernos la armadura. Si usted ha hecho esto, debe consolarse luego de saber que no es el único. Yo mismo he sido culpable de esto. Ante el paso de la vida y sus fuertes demandas inconscientemente buscamos atajos. La mayoría de los atajos hacen más daño que beneficio. No orar es uno de estos atajos que a largo término causará daño.

Orar debe ser lo primero que hagamos como líderes del ministerio para niños, especialmente cuando se trata de la gente que está cuidando y pastoreando a nuestros niños.

Salmos 37.5 dice: «Entrega al Señor todo lo que haces; confía en él, y *él te ayudará*» (énfasis del autor). La Palabra de Dios es clara, y el Señor nos ayudará si sometemos nuestras acciones y necesidades a él. Todos tenemos necesidades en el ministerio que guiamos, y a menudo la necesidad de más miembros para el equipo de voluntarios está al principio de la lista. Pero se nos dice que oremos por todo y que dejemos que la paz de Dios nos proteja de los efectos de la preocupación.

No se preocupen por nada; en cambio, oren por todo. Díganle a Dios lo que necesitan y denle gracias por todo lo que él ha hecho. Así experimentarán la paz de Dios, que supera todo lo que podemos entender. La paz de Dios cuidará su corazón y su mente mientras vivan en Cristo Jesús.

(FILIPENSES 4.6, 7)

• ¿Cómo ora usted para que Dios traiga nuevos voluntarios a su ministerio para niños?

• ¿Cómo ora en específico por esos nuevos voluntarios a medida que Dios prepara los corazones y mentes de ellos para que la inviertan en el reino?

2. Piense en su perspectiva sobre los voluntarios.

Es muy fácil usar voluntarios como un medio para lograr un fin. Y aunque el «fin» (llevar a los niños hacia la salud espiritual) es algo digno, los «medios» (nuestros miembros del equipo de voluntarios) son tan preciosos para Dios que él los llama sus «obras maestras».

Pues somos la obra maestra de Dios. Él nos creó de nuevo en Cristo Jesús, a fin de que hagamos las cosas buenas que preparó para nosotros tiempo atrás.

EFESIOS 2.10

Nuestros miembros del equipo de voluntarios son los *Líderes Pastores* que merecen un ambiente que valore más a la persona que a su contribución. No creo que los líderes del ministerio traten intencionalmente a los voluntarios como un artículo de consumo desechable, pero exactamente así es como a veces se sienten los voluntarios. Esto es especialmente cierto cuando parece que todo lo que nos preocupa es lo que ellos puedan hacer por nosotros.

3. Entender la cultura de la iglesia que servimos.

- ¿Ven los miembros de su iglesia que prestarse como voluntario es más una tarea que un privilegio?

- ¿Tienen los miembros de la iglesia la expectativa de usar los dones y talentos que Dios les ha dado en el servicio?

Voy a hacer una declaración audaz. Si las personas no están sirviendo y usando sus dones y talentos, entonces no son discípulos de Cristo. No he dicho que no sean creyentes, tampoco estoy insinuando que no sean buenas personas. Pero si yo acepto la definición de un discípulo como alguien que se está convirtiendo en un «semejante a Cristo» y, sin embargo, no está sirviendo, entonces, ¿cómo me puedo llamar a mí mismo un discípulo de Cristo cuando él enseñó, capacitó, modeló y mandó a servir?

Muchas iglesias le dan licencia a las personas para que no sirvan si es que esas personas están tratando de servir como algo extra que solo hace el «supercristiano». Al hacer esto engañan a la gente sobre un aspecto esencial del crecimiento espiritual y el desarrollo como un seguidor de Cristo. Nosotros debemos esperar que las personas sirvan —no para poder usarlas—, sino para verlas madurar como discípulos de Cristo y para que ellos hagan *«las cosas buenas que [Dios] preparó para nosotros tiempo atrás»*.

4. Asegúrese de que se haya establecido la estrategia y estructura de su ministerio para niños.

Esto se explicó en los capítulos 6 y 7. Sin embargo, como descubrirá a lo largo del proceso bosquejado en estos capítulos, sin una estrategia y estructura en su lugar será difícil crear un ambiente saludable de servicio que produzca experiencias saludables al servir. Cuando la estrategia y la cultura no se desarrollan ni se comunican con claridad en un ministerio para niños, los miembros voluntarios del equipo naturalmente «harán lo que ellos consideren correcto». Eso hace difícil que el liderazgo cree un sentido de equipo de trabajo en unidad. La intención de la estrategia y la estructura no es limitar la libertad del equipo. De hecho, lo opuesto es lo cierto. La estrategia y la estructura capacitan al equipo para alcanzar todo su potencial y contribuyen a la clase de ambiente que la gente quiere tener.

5. Desarrolle un claro proceso para iniciar a los nuevos voluntarios y trazar un organigrama funcional.

Si yo estuviera parado en un barco en medio del Océano Pacífico llamando «¡Únanse a mí!», mientras usted me ve achicando agua afanosamente en un esfuerzo por mantenerme a flote, ¿se uniría usted a mí? Desde luego que no. Nadie quiere subir a un barco que se esté hundiendo. Sin embargo, a veces yo le pedí a la gente que se uniera al ministerio que yo dirigía aunque estaba seguro que a ellos les parecía que este era un barco que se estaba hundiendo.

Dos razones por las cuales algunas iglesias no pueden reclutar y retener a un equipo de voluntarios de calidad son la falta de un claro proceso de voluntarios y, por lo visto, la falta de organización. Todavía peor es cuando un ministerio no tiene esos dos componentes y el líder los inventa en la marcha. Un voluntario potencial, especialmente uno que viene de un mundo profesional que funciona muy bien, verá lo que está sucediendo. No importa lo que digan, todo lo que ellos escucharán en su mente es esto: *Esta gente no sabe lo que está haciendo y esto será una pérdida de mi tiempo.*

Considere desarrollar el proceso de llevar a los voluntarios «a bordo». Este es el proceso y sistema que su ministerio usa para reclutar, aprobar, colocar y preparar a los miembros del equipo de voluntarios.

Tal vez usted también quiera desarrollar un organigrama. Esto suena muy empresarial, pero en la realidad es una sencilla gráfica o diagrama que visualmente representa cómo los diferentes grupos en su ministerio están organizados y las oportunidades potenciales de servicio para los voluntarios.

Debido a las muchas piezas en movimiento en su ministerio, es muy fácil olvidar o no estar consciente de aspectos que necesitan atención. Un organigrama que presente las vías de la comunicación y las tareas de liderazgo y a quien es responsable, y que muestre la cantidad de personas que cada equipo necesita, lo mantendrá al día y consciente de las necesidades del personal y la organización de cada área sin tener que solo confiar en la memoria.

Usted puede crear un organigrama funcional al contestar estas preguntas:

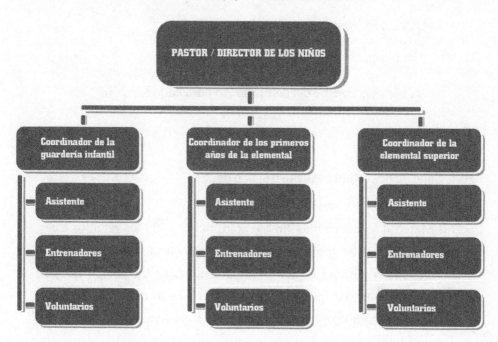

- ¿Cómo se agrupan los grupos por edad en su ministerio?

- ¿Cuántos niños hay aproximadamente en cada grupo?

- ¿Cuáles son las funciones del liderazgo para cada grupo?

- ¿Cuáles son las responsabilidades para cada función?

- ¿Qué se puede esperar del voluntario que sirve en cada función?

- ¿Qué destrezas necesitan ellos tener?

- ¿Cuál es el tiempo del compromiso para cada función?

6. Saber lo que usted necesita y el tipo de persona que puede cumplir ese papel.

En Mateo 4, encontramos un ejemplo increíble de los equipos que formó nada menos que el mismo Jesús. Jesús, que acababa de formar su ministerio y ahora estaba listo para nombrar un equipo que él podría preparar y dar poder al presentar las buenas nuevas al mundo, estaba caminando por un lago y observó a dos hermanos.

Echaban la red al agua, porque vivían de la pesca.

MATEO 4.18, NTV

Jesús tenía una razón para mostrar interés en estos dos hombres. Ellos no eran unos comunicadores superestrellas ni influyentes en la cultura. Ellos eran pescadores y buenos trabajadores dedicados a su labor. Ellos entendían cómo implementar una estrategia y trabajar juntos como un equipo a lo largo de los días buenos y de los días de tormenta. Jesús sabía que estos tipos tenían la clase de habilidades, personalidades y experiencias que él necesitaba en su recién formado equipo.

Como líderes en el ministerio de niños, usted y yo debemos seguir el ejemplo de Jesús, evaluar las necesidades de nuestros ministerios e identificar el tipo de persona que necesitamos para cumplir cada papel.

- Use su organigrama para identificar cada función y luego escriba una breve descripción de las destrezas y la personalidad necesarias para cada papel.

- ¿Qué tipo de persona está usted buscando con cada función?

7. Identifique oportunidades para voluntarios principiantes.

Para nuestra senda de Fin de semana y del Grupo pequeño de discipulado nosotros requerimos que el equipo de miembros voluntarios sirva cada semana. Hemos encontrado que esta es la manera más eficiente de dar continuidad a la relación entre los miembros del equipo y los niños. Esto ha llegado a ser parte de nuestro ADN del ministerio para niños, así que es fácil para mí decir que esta es la manera más eficiente de formar relaciones e implementar la estrategia. Pero yo he servido en iglesias donde rotaban a los voluntarios, y aunque esto no era mi preferencia, era un componente enraizado profundamente en la cultura de la iglesia imposible de cambiar. Trabajé mucho para hacer una rotación excelente que sirviera bien a nuestros niños. Ya sea que usted use el sistema de voluntarios para todas las semanas o que use el sistema de rotación, es de beneficio proveer oportunidades de servicio a los voluntarios principiantes en el ministerio para niños.

Por ejemplo, en Saddleback proveemos varias oportunidades para los voluntarios principiantes en nuestras sendas de actividades. Uno de estos es nuestro Alcance a la comunidad en el verano (EVB). Se requiere que todos los voluntarios potenciales para este programa pasen por el mismo proceso de entrada que todos los demás voluntarios, aunque el programa solo dura cinco días. Lo que hemos experimentado durante los años es que una vez que una persona sirve para ese programa y aprende la misión y visión de nuestro ministerio mediante el proceso y la experiencia de entrar en el ministerio con los niños, muchos de ellos deciden servir todas las semanas en la senda de fin de semana del grupo pequeño de discipulado.

Oportunidades de servicio para los voluntarios estudiantes

Aquí hay un ejemplo de las oportunidades de servicio que tenemos disponibles para todos los líderes estudiantes en el fin de semana y las sendas del discipulado de los grupos pequeños:

Líder de menores (Grados 1 al 4)

- Debe servir con un padre en el salón
- Solo puede servir a los niños de tres años de edad
- Puede sentarse en el piso y jugar con los niños, pero no debe cargar ni sostener a los niños

Líder de jóvenes (Grados 5 al 8)

- Puede servir sin padres en el salón
- Puede servir a niños que sean cuatro años menores que el líder (o que tenga cuatro grados escolares menos que el líder) y que no sea más joven de Nuevos Caminantes
- Puede sentarse en el piso y jugar con los niños, pero no debe cargar ni sostener niños

Líder de estudiantes (Grados de 9 hasta la edad de 17)

- Puede servir sin padres en el salón
- Puede servir a niños que sean de la edad de los párvulos hasta niños que tengan cuatro años (o cuatro grados) menos que el líder de estudiante.
- Puede sentarse en el piso y jugar con los niños, pero no debe cargar ni sostener niños

Líder de adoración (3 grado hasta adultos)

Inicio de los voluntarios para el ministerio de niños

1. Orientación

La orientación es el primer paso del proceso de preparación para un voluntario potencial. Aquí es cuando los presentamos a nuestro ministerio y aprenden la misión, visión, valores y principios de nuestro ministerio. Ellos también aprenden otros elementos esenciales, básicos, como la declaración de fe de nuestra iglesia, lo que se requiere para convertirse en un líder del ministerio para niños, expectativas, papeles y responsabilidades, normas y próximos pasos.

2. La solicitud

Una vez que hemos recibido la solicitud completa de un voluntario potencial, lo primero que hacemos es pasar su nombre por correo electrónico a los empleados de nuestra iglesia. Esto permite que nuestro equipo del personal nos provea información si es que ellos conocen personalmente al voluntario potencial y/o han trabajado con ellos antes. Después, consultamos con las referencias enumeradas en la solicitud, se completa una verificación de antecedentes con las autoridades y policía locales (registro de abuso infantil) y se revisan las huellas digitales mediante el Departamento de Justicia y el FBI (para aspirantes de dieciocho años de edad y mayores).

3. La entrevista

Una vez que el voluntario potencial ha asistido a la Orientación y ha llenado la solicitud, un ministro para los niños que es coordinador fija un horario para una entrevista personal con el candidato. Esta es una entrevista de cuarenta y cinco minutos que dirige un miembro del personal del ministerio para niños. Uno de los objetivos de la entrevista es descubrir cuál es la mejor oportunidad para el servicio que prestarán de acuerdo a sus dones, personalidad y preferencias. Una clave para crear un ambiente saludable de servicio que produce experiencias saludables de servicio es dejar que los voluntarios sirvan en áreas que utiliza sus fuerzas, pasiones e intereses. Nosotros también explicamos lo que se espera del voluntario, damos una información importante sobre el desarrollo de la edad y algunos recordatorios seguros. También aprovechamos la oportunidad para conocer mejor al voluntario potencial.

4. La invitación

Una vez que el solicitante ha completado la Orientación, su solicitud y sus entrevistas, lo invitamos a formar parte del equipo. Entonces el nuevo voluntario recibe la etiqueta del ministerio para niños que lleva su nombre (la cual se usa cada vez que sirven, mostrando así que ellos han pasado por el proceso) y entonces está programado para observar el ambiente del ministerio por edad de su elección.

5. Observación y preparación

Luego que el nuevo voluntario ha recibido la invitación para formar parte del equipo, se coloca en un área del ministerio para observación y para recibir una preparación específica con un líder experimentado durante tres a seis semanas.

6. El nombramiento

Después que el nuevo miembro voluntario del equipo completa su período de observación preparatoria, recibe un horario para un salón permanente. Cada semana asistirá a un Pre-juego (una breve reunión para el equipo de voluntarios treinta minutos antes de comenzar el servicio). Además, ellos escucharán, observarán y participarán en oportunidades específicas de capacitación, incluyendo la cumbre anual del ministerio para niños.

Diseñe sesiones efectivas de preparación para los voluntarios

Sugiero que a medida que formule y prepare su plan de preparación usted recuerde estas cosas.

1. *Si ha programado una sesión de preparación y ha comunicado que el propósito para la reunión es la capacitación, ESTÉ PREPARADO.* Lo peor que usted puede hacer es pedir o requerir de personas ocupadas que brinden un tiempo para una reunión de capacitación para la cual usted no esté preparado.

2. *Esté consciente de la hora de comenzar y terminar.* Dé a sus voluntarios una hora para comenzar y terminar y obedézcala. Si su reunión está programada para comenzar a las 7 p.m. y a las 7 p.m. solo están presentes un treinta por ciento de los voluntarios que espera, NO ESPERE POR LOS DEMÁS. Comience la reunión con quienquiera que esté presente. Si espera por los que llegan tarde, está castigando a los que llegaron a tiempo e inadvertidamente está facilitando hábitos indisciplinados.

3. *Cubra tópicos relevantes que los prepare para el éxito y que aumente sus habilidades.* Es bueno hablar y pensar en las Escrituras, pero no sienta la necesidad de predicar un sermón. Quizá algunos de ustedes esté pensando, ¿cuáles son los tópicos relevantes que ellos necesitan saber? Yo tengo un par de sugerencias sencillas para dar respuesta a esta pregunta.

- *Mantenga una estrecha relación con los voluntarios.* Programe intencionalmente un tiempo para estar en el mismo lugar con varios miembros de su equipo de voluntarios. Vaya al salón de clase con ellos y sirva al lado de ellos durante parte del servicio. Todo esto mientras observa cómo ellos interactúan con los niños, cómo enseñan la lección o cómo guían una discusión con los muchachos. No sugiero que usted se pare atrás a tomar notas febrilmente en un portapapeles o aparato electrónico. Está bien tomar algunas notas, pero usted no quiere que los voluntarios sientan que los están evaluando, aunque realmente los esté evaluando.

• *Pregunte a los voluntarios qué capacitación a ellos les gustaría tener.* Esto parece muy simple. Sin embargo, he encontrado que cuando pregunto a los miembros voluntarios del equipo qué capacitación les gustaría tener para ser más eficientes con los niños, ellos siempre tienen una respuesta. La mayoría de las veces puedo ver un patrón que surge de las respuestas y yo formo la capacitación alrededor de esto. Una manera de reunir esta información es darles una breve encuesta bosquejando los posibles tópicos de la preparación.

4. *Hágalo de forma que valga la pena.* Si usted no sabe con seguridad cómo planear una sesión de capacitación que prepare a los miembros de su equipo para tener éxito en su ministerio, comience con la estrategia con propósito: Misión + Audiencia = Senda. Aquí hay algunas preguntas familiares que le ayudarán a descubrir cómo sería una sesión eficiente de preparación para los miembros del equipo de voluntario:

• ¿Por qué está usted reuniéndose con ellos?

• ¿Adónde va su equipo?

• ¿Quién estará allí?

- ¿Cómo va usted a prepararlos en esta sesión?

- ¿Qué tópicos necesita cubrir?

Si usted hace que la sesión de preparación sea digna del tiempo que ellos dispusieron para esta, volverán. Sin embargo, si usted pierde el tiempo, ellos encontrarán cualquier excusa para evitar futuros entrenamientos.

5. *Desafíe a cada uno de los voluntarios y enséñeles cómo ser un explorador de talento en su círculo de amistades.* Los voluntarios activos que aman a los niños, que están muy comprometidos y que están alineados con el liderazgo pueden ser increíblemente eficientes para traer nuevos miembros al equipo.

- En la actualidad, ¿quién es el voluntario en su ministerio para niños que siente pasión por lo que hace?

- Anímelos a contar sus historias y experiencias a sus familiares, amigos y otros voluntarios potenciales.

Preparación de una estructura para el ministerio
con los niños de Saddleback

Pre-juego semanal

Nosotros requerimos que todos nuestros miembros del equipo estén en el PRE-juego treinta minutos antes de comenzar el servicio. Cada equipo de un grupo por edad/grado se reúne durante no más de diez minutos para tener compañerismo con su equipo de voluntarios con el propósito de enfocar sus corazones en el ministerio para niños, escuchar algún estímulo de uno de los líderes, recibir instrucciones o preparación de último minuto y orar juntos por la hora del ministerio. En PRE-juego nosotros:

- Oramos: Nosotros siempre dedicamos nuestro ministerio a Dios y pedimos su poder para cumplir nuestro propósito durante esa hora con nuestros niños.
- Recordamos: Cuando algo es importante, vale la pena repetirlo múltiples veces. Hay veces en que simplemente necesitamos que se nos recuerden algunas cosas. Nosotros les recordamos a los miembros del equipo de voluntarios cualquier cosa específica para el día y les damos los anuncios del momento.
- Entusiasmo: Siempre queremos brindar entusiasmo a nuestros miembros del equipo. Si el líder del equipo no tiene unas palabras específicas para entusiasmar, simplemente dirá: «Lo que usted hace durante estas horas del ministerio tiene un impacto eterno. Lo que usted hace crea una diferencia. Cada choque de cinco, cada abrazo, cada palabra enseñada, todo hace una diferencia».

Relaciónese semanalmente con el ministerio

Además, cada semana el coordinador del personal de una edad específica enviará un correo electrónico semanal a su equipo del ministerio. Esto incluirá la lección de la clase para cada semana, cualquier aviso, noticia actual o futura y una palabra de aliento.

- Manténgalo breve.
- Sea específico y objetivo en el correo electrónico. Elimine trivialidades.

- No abuse de esto. Si usted está enviando correos todos los días, ellos dejarán de leerlo, o incluso peor, lo señalarán como una molestia.

Mensualmente

Una vez al mes yo me comunico con el equipo de voluntarios mediante un breve video (de 3 a 4 minutos) para darles ánimo y una capacitación de equipo que estará directamente relacionada a nuestro tema anual del ministerio. A esto le llamamos preparación mensual de nuestro «High 5».

Preparación de edad/grado

Debido a que cada grupo de edad es único, la preparación para cada edad/grado es específica para ese grupo. Los coordinadores planean una capacitación para la edad específica que atiende el líder sobre temas especialmente pertinentes a las necesidades de la edad del grupo. Esta preparación para cada edad/grado se celebra dos o tres veces por cada temporada del ministerio en el formato de una preparación del grupo.

Trimestral

Durante el curso escolar nos reunimos una vez cada tres meses con los miembros principales del equipo de voluntarios: nuestros Entrenadores. Nuestros Entrenadores son los miembros voluntarios del equipo que «dirigen el programa» durante la hora del ministerio. Ellos están autorizados para tomar decisiones en el momento y dirigir a los otros miembros voluntarios del equipo. Les pedimos que se reúnan dentro de las instalaciones de la iglesia una noche de la semana. En la reunión nosotros:

- Los alimentamos
- Les damos una información importante acerca de lo que vendrá, cambios que se harán, procedimientos que se necesitan destacar, etc.
- Presentamos una lección de liderazgo o capacitación específica sobre un tema relevante para su respectiva responsabilidad.
- Jugamos un juego tonto para hacer que la reunión sea tan divertida como pueda ser una reunión.
- Oramos juntos.

Anual

En enero siempre tenemos un programa llamado *Saddleback Kids Summit* [Cima de los niños de Saddleback]. Esta es la única vez que reunimos en un mismo lugar a todos nuestros miembros a sueldo y a los miembros voluntarios del equipo. De hecho, a esta reunión vienen todos nuestros miembros del equipo de niños de Saddleback de todas las sucursales de la iglesia. Yo traigo a la Cima los temas y las metas para la próxima temporada del ministerio. El tema está relacionado con un plan de capacitación para todo el año que se presenta en la Cima y luego se enseña en detalles a lo largo del año. Hacemos de esto algo grande, servimos una buena comida al equipo, ofrecemos un poco de entretenimiento y luego lanzamos la visión para la próxima estación del ministerio.

Responsabilidades y requisitos de un entrenador

Creo que es importante darles un poco más de detalles sobre la posición del Entrenador para que ustedes puedan generar algunas ideas en la mente sobre cómo podría ser esto en su ministerio. Los Entrenadores dirigen cada programa. El personal a sueldo trabaja directamente con los Entrenadores y los apoyan a medida que estos Entrenadores guían y apoyan a los otros voluntarios y se aseguran que el programa se realice sin problemas. Nuestros Entrenadores permiten que el personal a sueldo atienda las situaciones del gran cuadro. Aquí solo presentaré algunos ejemplos de las tareas de un Entrenador de nuestro ministerio para niños.

Responsabilidades antes del servicio

- Dirigir PRE-juegos.
- Asegurarse de que todos los líderes estén presentes y sean capaces de procesar la entrada de los niños.
- Estar preparado para dirigir una clase.
- Estar seguro de que los carteles y señales estén correctas.
- Comunicarse personalmente con cada líder de la clase antes de comenzar.

Responsabilidades durante el tiempo del servicio:

- Recoger la asistencia de los niños y líderes.
- Ayudar a los líderes del salón de clase con los recesos para ir al baño.
- Revisar periódicamente los salones de clases durante las horas del ministerio para estar seguro de que todo anda bien.

Responsabilidades luego del servicio:

- Despedirse y dar las gracias a los líderes de todas las clases.
- Cambiar los avisos y carteles para los próximos servicios.
- Asegurarse de que el salón esté listo y tenga los materiales para la próxima hora del ministerio.
- Ayudar a los líderes que necesiten ayuda con la salida.
- Saludar a los padres y reconocer su presencia.

Aquí están las expectativas que tenemos para un entrenador en nuestro ministerio para niños:

Estar comprometido con el ministerio de Niños de Saddleback

- Estar de acuerdo con la visión, la misión y los valores del ministerio para los niños de Saddleback.
- Estar de acuerdo con servir en una responsabilidad a la semana.
- Asistir semanalmente al PRE-juego.
- Asistir con regularidad a las reuniones del Entrenador.

Apropiarse de su área de ministerio al:

- Comunicarse directamente con el coordinador del personal a sueldo.
- Pedirles a sus líderes que le informen si van a estar ausentes para un servicio.
- Ayudar a buscar y reclutar líderes potenciales.
- Señalar maneras de mejorar las clases.
- Anotar la cantidad de asistencia semanal.
- Orar por las necesidades específicas de su ministerio.
- Dirigir los PRE-juegos según sea necesario.

Adelantar el proceso de seguridad del ministerio al:

- Asegurarse de que todos los líderes estén usando sus tarjetas de identificación.
- Acercarse y hablar con cualquier persona que no lleve la tarjeta de identificación de los niños de Saddleback.
- Asegurarse de que todos los niños estén usando su tarjeta de identificación.
- Hacer cumplir las normas del baño y de todos los otros recordatorios de seguridad.
- Monitorear la proporción de niños y líderes en los salones de clases.

Cuidar de los líderes en su zona al:

- Aumentar su nivel de compromiso, ofreciendo un aliento positivo.
- Comunicarse con ellos personalmente mediante llamadas telefónicas semanales, notas y correos electrónicos.
- Aprovechar las «oportunidades» que surjan para que los líderes puedan enfocarse en su clase de niños.
- Orar por sus necesidades específicas.
- Ver que ellos tengan los materiales e información necesaria para servir en su clase.

Honre a quienes le rodean al:

- Ser afirmativamente amigable con los padres y niños que le rodean.
- Animar a sus líderes para la próxima semana.
- Tener una gran actitud.

Sin los Entrenadores, nuestro ministerio para niños no funcionaría con el grado de excelencia que experimentamos cada semana.

Lidiar con los conflictos en su equipo de voluntarios

Si usted tiene personas en su equipo, entonces tendrá conflictos. El conflicto es un aspecto natural de un equipo. La pregunta no es si su equipo tiene o no tiene conflictos, la pregunta es qué clase de conflictos tiene, saludables o enfermizos. El conflicto saludable hará a un equipo más fuerte si los individuos que no están de acuerdo buscan una solución basada en lo que mejor resulte para el gran cuadro y la misión. El enfoque de ellos está menos interesado en la victoria personal y más interesado en la victoria para el equipo. Incluso, si los miembros del equipo no logran ponerse de acuerdo, entonces buscarán alguna forma de hacer concesiones para preservar la unidad del equipo.

Los conflictos enfermizos debilitan al equipo cuando la persona miembro del equipo está obstinada en su postura y no cede. La misión y los objetivos del gran cuadro tienen menos importancia para ellos que salirse con las suyas. La verdadera diferencia entre los conflictos saludables y los enfermizos no es el motivo del conflicto, sino la reacción individual de los miembros del equipo a través del conflicto. No creo tanto en dar grandes pasos para eliminar un conflicto como sí creo en preparar al equipo para lidiar con los conflictos de manera apropiada. Un equipo saludable lleva la vida y el ministerio en armonía, lo cual se refleja tanto en las palabras como en la acción.

¿Cómo lidiar con el conflicto enfermizo?

Si existe un conflicto enfermizo en su equipo, usted puede seguir un patrón bíblico al dirigirse a los involucrados.

Si entre ustedes hay individuos que causan divisiones, dales una primera y una segunda advertencia. Después de eso, no tengas nada más que ver con ellos. Pues personas como esas se han apartado de la verdad y sus propios pecados las condenan.

(TITO 3.10, 11)

- Nosotros los confrontamos con humildad, gentileza y honestidad. Los instruimos sobre sus responsabilidades bíblicas para que vivan en armonía unos con otros y reconcilien las diferencias de una manera que honre a Cristo, a la iglesia y a nosotros mismos como creyentes. Los ayudamos a ver cómo sus acciones y palabras perjudican la unidad del equipo, al mismo tiempo que les ofrecemos la oportunidad de ordenar las cosas.

Amados hermanos, les ruego por la autoridad de nuestro Señor Jesucristo que vivan en armonía los unos con los otros. Que no haya divisiones en la iglesia. Por el contrario, sean todos de un mismo parecer, unidos en pensamiento y propósito.

(1 CORINTIOS 1.10)

- Si persiste el problema, los confrontamos por segunda vez de manera amorosa, bosquejando la conversación previa y tratando de determinar la razón por la cual no han podido resolver el problema. Fije los próximos pasos y asegúrese de que ellos entiendan las consecuencias de no tomar los pasos para preservar la unidad del equipo.

Recuérdales estas cosas a todos y ordénales en presencia de Dios que dejen de pelearse por palabras. Esos altercados son inútiles y pueden destruir a los que los oyen.

(2 TIMOTEO 2.14)

- Si la persona no quiere hacer las cosas correctas o si está tan empeñada en su manera de hacerlas y se niega a trabajar en armonía, tenemos la autoridad y la responsabilidad de sacar a la persona de su papel en el ministerio.

Obedezcan a sus líderes espirituales y hagan lo que ellos dicen. Su tarea es cuidar el alma de ustedes y tienen que rendir cuentas a Dios. Denles motivos para que la hagan con alegría y no con dolor. Esto último ciertamente no los beneficiará a ustedes.

(HEBREOS 13.17)

¿Qué si usted despide a un voluntario?

Antes de la conversación

- Ore
- Asegúrese de tener toda la información y los hechos necesarios que han llevado al despido.
- Haga un arreglo para que una tercera persona esté presente durante la conversación.

Durante la conversación

- Dispóngase a conversar con amor y ternura.
- Recuérdele al voluntario que la unidad del cuerpo es el objetivo principal.
- Sea honesto y específico acerca de las razones para el despido. Ayúdeles a entender cómo sus acciones perjudican al equipo.
- Tenga un seguimiento con ellos. Sea intencional acerca de dejarles saber que son queridos.

¿Qué hacer cuando los voluntarios renuncian?

A partir de ese momento, muchos de sus discípulos se apartaron de él y lo abandonaron. Entonces Jesús, mirando a los Doce, les preguntó: «¿Ustedes también van a marcharse?».

JUAN 6.66, 67

La gente se irá y es importante cómo decidimos reaccionar ante el asunto. ¿Cómo podemos reaccionar cuando un voluntario se va y nosotros sentimos que nos está abandonando?

Hagan todo lo posible por vivir en paz con todos.

(ROMANOS 12.18, NTV)

Cuando los miembros voluntarios del equipo se van, los bendecimos con amor, despidiéndonos en paz. Los miembros voluntarios del equipo son los líderes pastores que les ayudarán a guiar a los niños en su ministerio por el peregrinaje hacia la salud espiritual. El liderazgo de la iglesia debe comprometerse y ser intencional acerca de crear **ambientes saludables de servicio** que produzcan **experiencias saludables de servicio** para nuestros voluntarios. Esté determinado a formar y desarrollar a los miembros voluntarios actuales y potenciales del equipo de su iglesia, y luego observe a Dios hacer cosas maravillosas por y a través de ellos. Se necesita un equipo saludable que esté formado de voluntarios saludables para guiar a los niños hacia la salud espiritual. Y un líder saludable es el que guía a un equipo saludable.

Conexión:

Ore por la guía y dirección de Dios al crear un ambiente saludable de servicio que produzca experiencias saludables de servicio para sus voluntarios.

CAPÍTULO 9

Conviértase en un líder
que la gente siga

Cuidar de los voluntarios es tan vital para su ministerio como también es cuidarse a usted mismo. Ahora pasamos de pensar con propósito y de manera estratégica a pensar personalmente. Este capítulo es importante para su ministerio porque más bien comentaré asuntos personales. Si usted me acompaña, tal vez Dios tendrá algunas cosas que revelarle acerca de su carácter, llamado y habilidades como un ministro del evangelio. Quién es usted como un líder (lo cual conlleva muchos elementos que al parecer son intangibles) es precisamente tan importante como lo que hemos estudiado hasta aquí en el libro.

Saco a relucir este tema porque parece haber una cantidad ilimitada de recursos dedicados al tema del liderazgo que aportan una cantidad igual de opiniones y perspectivas. Comenzaremos nuestro comentario sobre el liderazgo con este axioma fundamental: su habilidad para guiar comienza con su habilidad para seguir. Déjeme decir esto de otra forma: usted no dirigirá bien hasta que pueda seguir bien. Aprender el arte de seguir puede ser un desafío, pero es todavía más desafiante cuando se hace difícil seguir a un líder. Ya sea que usted siga a alguien porque así lo decidió o por obligación, pero siempre estará siguiendo a un líder.

Dedique un momento a pensar en el líder que actualmente usted está siguiendo. Si le dieran a escoger, ¿continuaría escogiéndolo como su líder? ¿Podría usted decir de ese líder: «Lo seguiré a dondequiera»? Entonces considere su liderazgo. ¿Qué diría la gente de usted? Me gustaría desafiarle a convertirse en la clase de líder que otros siguen con toda intención y proclamando: «¡Yo seguiré a este líder por dondequiera!».

El Rey David como un líder modelo

¿Qué clase de líder seguirá la gente? Creo que la respuesta se encuentra en la vida y liderazgo de David. Hace años, mientras leía en el libro de los Salmos, encontré un versículo que se ha convertido en mi definición del liderazgo, y quiero mostrárselo. Este ha llegado a ser mi meta personal cada día y todos los días que yo cumplo con el llamado como un líder en el ministerio para niños. Esto viene de una descripción de David en Salmos 78.70–72, NTV:

> Escogió a su siervo David y lo llamó del redil. Tomó a David de donde cuidaba a las ovejas y a los corderos y lo convirtió en pastor de los descendientes de Jacob: de Israel, el pueblo de Dios; lo cuidó con sinceridad de corazón y lo dirigió con manos diestras.

De esto, yo discierno que para ser un líder que otros sigan, yo debo:

- Cuidarlos con un verdadero corazón y
- Guiarlos con manos habilidosas.

Estos son los elementos primordiales del liderazgo de un siervo. Aunque todos los días yo aspiro a esto, algunas veces yerro el tiro y no implemento algún aspecto de corazón sincero o de manos diestras. Sin embargo, esta visión sigue siendo mi meta, y diligentemente yo me la hago mi meta todos los días. En este capítulo quiero desarrollar esta idea al hablarles más acerca del llamado, carácter y competencia de un líder, todo en el contexto de un líder que tiene un corazón sincero. Usaré la vida de David como un marco para cada una de estas. Su historia comienza cuando él era un individuo poco impresionante y vivía una vida sin acontecimientos.

Un llamado del líder

Escogió a su siervo David y lo llamó del redil.

SALMOS 78.70, NTV

Antes que David comenzara su ministerio como el Rey de Israel, él estaba haciendo con toda fidelidad lo que mejor hacía, cuidar ovejas. Un día, mientras estaba en el campo, un mensajero se le acercó corriendo y le dijo: «David, tienes que venir conmigo, el profeta Samuel, tu padre, y tus hermanos te están esperando. ¡Ellos quieren verte enseguida!». David corrió para resguardar a las ovejas y luego poderse ir. Se apuró para unirse a su familia, sin duda alguna, preguntándose qué estaría sucediendo.

Dios había instruido al profeta Samuel que encontrara a este hombre Isaí, el padre de David, y ungiera a uno de sus hijos como el nuevo rey de Israel. (Lea 1 Samuel 1–8 para ver el contexto de Israel antes de este punto.) Mientras que David estaba en el campo trabajando, Isaí, el padre de David, estaba haciendo desfilar a los hermanos de David, uno por uno, para que Samuel encontrara quién podría ser el próximo rey de Israel. A medida que cada hijo venía a la sala, Samuel pensaba: debe ser este, pero Dios decía que no.

Pero el Señor le dijo a Samuel: «No juzgues por su apariencia o por su estatura, porque yo lo he rechazado. El Señor no ve las cosas de la manera en que tú las ves. La gente juzga por las apariencias, pero el Señor mira el corazón».

(1 SAMUEL 1.7, NTV)

Le presentaron a Samuel cada uno de los hijos de Isaí con el mismo resultado: «Este no es el que el Señor ha elegido» (v. 8). Por fin, Samuel le hizo a Isaí la pregunta clave: «¿Son estos todos los hijos que tienes?» (1 Samuel 16.11, NTV).

La respuesta de Isaí nos dice cuán baja estima tenía David en su propia familia: «Queda todavía el más joven —contestó Isaí—. Pero está en el campo cuidando las ovejas y las cabras.

—Manda a llamarlo de inmediato —dijo Samuel—. No nos sentaremos a comer hasta que él llegue» (1 Samuel 16.11, NTV). Samuel estaba allí para hacer un sacrificio ceremonial con Isaí y sus hijos, elegir a uno de los hijos como el nuevo rey, y luego tener una fiesta. Pero nadie en la familia de David pensó incluirlo en el sacrificio, el proceso de selección, o la fiesta. A él lo invitaron solo porque Samuel le pidió a Isaí que lo invitara. Literalmente era una persona de más que la familia descartó.

Cuando por fin llegó David a la fiesta, Dios le habló a Samuel: «Este es, úngelo». Al estar David de pie entre sus hermanos, Samuel tomó el frasco de aceite de oliva que había traído y ungió a David con el aceite (1 Samuel 16.12, 13). Este fue el llamado para el Rey David.

Dios vio un corazón que era verdaderamente de él y manos que eran capaces y estaban dispuestas a desarrollarse. David experimentó un momento decisivo cuando Samuel le echó el aceite sobre la cabeza para ungirlo, dejando saber con esto que él era el llamado y ungido como el nuevo rey de Israel.

Y el Espíritu del Señor vino con gran poder sobre David a partir de ese día.

(1 SAMUEL 16.13B, NTV)

Dios eligió a David, él no «heredó» la posición, ni tropezó con esta al azar. Tampoco él hizo una jugada para tener la posición por el beneficio que podría obtener. Dios vio algo especial en este pastor de ovejas y lo llamó. Esto mismo también es así para usted y para mí. A pesar de nuestras deficiencias y fallos, Dios nos ha llamado y comisionado para cambiar el paisaje de la eternidad mediante el ministerio para niños. Su llamado es un ancla que lo mantendrá firme durante las tormentas de la vida y del ministerio y le evitará que lo arrojen contra las rocas de las dificultades o andar a la deriva ante los vientos de las concesiones.

Mi papá, el pastor Basil J. Adams, me enseñó muchas lecciones valiosas acerca del ministerio y el liderazgo. Una de esas lecciones fue la importancia del llamado. Él me decía que el llamado comienza con una carga, una profunda tristeza y pesadumbre que produce el Espíritu Santo. Esto le consume el pensamiento, las perspectivas y emociones de las que uno no puede escapar hasta que se actúa. Esta carga lleva a una visión, no necesariamente una visión sobrenatural, sino más bien un cuadro vívido de lo que puede ser y cómo Dios podría utilizarle para hacer una diferencia. Esa visión lleva a comprometerse, la inquebrantable y fiel devoción que nos mantiene enfocados y dirigidos a pesar de las circunstancias y sentimientos. Este es un llamado. Viene de Dios por motivos y propósitos de él. Su llamado no depende de los criterios, opiniones o de lo que los demás crean acerca de las calificaciones que usted tenga o no tenga. Su llamado es una misión divina que alinea sus pasiones, intereses y talentos para los propósitos eternos. Es el principio de su viaje hacia el liderazgo, pero con toda seguridad no es el final.

La vida de David nunca sería igual después de su llamado. Tampoco su historia sería la misma cuando este muchacho-pastor, humilde y al parecer incompetente, siguió su llamado para liderar. Pero la próxima orden de los asuntos de David no era empaquetar sus cosas y mudarse al palacio, él volvió al campo no solo para cuidar las ovejas sino para comenzar la próxima fase de su desarrollo como un líder: crecer en el carácter.

Desarrollo del carácter del líder

Tomó a David de donde cuidaba a las ovejas y a los corderos y lo convirtió en pastor de los descendientes de Jacob: de Israel, el pueblo de Dios.

SALMOS 78.71

A lo largo de su llamado y el desarrollo de su carácter, David ejemplificó la clase de líder que otros seguirían, un líder siervo. Antes que una persona pueda dirigir bien, esta debe viajar durante un tiempo de preparación que se llama «desarrollo del carácter». Y al igual que nuestro propósito individual, diseño y llamado son únicos, también lo es esta preparación que Dios usa para hacer que estemos listos para el próximo paso en nuestro desarrollo. El carácter del líder se forma de adentro hacia fuera.

Su carácter es la suma total de todas las cualidades, características y rasgos que lo distinguen como un individuo.

En esencia, esto es lo que a usted le hace ser usted. Una combinación de experiencias, luchas, pasiones, talentos, crianza, deseos, fracasos, éxitos y más, es lo que forma su carácter. Dios desarrolla líderes de manera muy similar a la manera en que una persona se desarrolla como discípulo de Cristo, a través de un proceso. Desde el nacimiento hasta el día presente, Dios está continuamente desarrollando y criando a esos que él llama para guiar como líderes espirituales mediante un proceso de preparación. A veces este proceso de preparación parece ser muy lento y nosotros preferiríamos que Dios acelerara las cosas para hacerlas ahora mismo. Sin embargo, Dios, en su sabiduría, toma su dulce tiempo, y cuando llega la hora precisa es que se presenta nuestra oportunidad.

David, después que lo ungieron y lo anunciaron como el nuevo Rey de Israel, tuvo que volver al campo y cuidar las ovejas durante otros quince años antes de comenzar su papel de liderazgo. A David lo llamaron y lo escogieron, pero él no estaba listo para tomar el trono.

El desarrollo del carácter de David comenzó en el campo, pero continuó a lo largo de su vida. Esto también es así para usted y para mí ya que nuestro crecimiento y desarrollo es un proceso continuo. Nuestro carácter se desarrolla cuando utilizamos lecciones que hemos aprendido en el pasado y cuando seguimos implementando la sabiduría en la actualidad. Paso a paso nosotros, de manera progresiva, llegamos a ser la persona que Dios quiere que lleguemos a ser.

Al parecer, el campo y las exigencias de guiar el rebaño de ovejas brindó una gran preparación para llegar a ser la clase de líder que Dios quería. Durante una década y media, después que lo ungieron, David aprendió a ser paciente y confiar en Dios. Sufrió muchos obstáculos desalentadores antes que por fin llegara al trono. También aprendió cómo estar firme, acallar su alma y escuchar a Dios. Imagine todo el tiempo que él pasaba en el campo hablando solo con las ovejas, y adorando y pensando en Dios. A él se le dieron muchas oportunidades para acercarse a Dios, incluso en medio de los intensos y amenazantes desafíos.

Por ejemplo, él aprendió a ser valiente ya que a menudo tuvo que defender a las ovejas de los depredadores. David aprendió cómo ganar la confianza de la gente luego de ganar la confianza de las ovejas que aprendieron a reconocer su voz. Llevar el rebaño de un área a otra sin problemas requirió un pensamiento estratégico que llegó a ser de mucho valor para David cuando tuvo que guiar a los militares en las batallas y estar atento a todas las ramificaciones políticas de su gobierno cuando fue rey. De todas las lecciones de liderazgo que aprendió David en los campos, una de las más poderosas tuvo que ser la manera en que un pastor realmente guía a las ovejas, yendo al frente de ellas.

David aprendió a guiar a su pueblo yendo al frente, mostrando por donde seguir.

Vemos con claridad cómo Dios usó los campos para preparar y desarrollar el carácter de David y hacer que este llegara a ser un líder siervo. A pesar de su edad o experiencia de liderazgo, usted está en un proceso continuo de desarrollo y preparación para llegar a ser un líder que otros seguirán, un líder siervo.

No debemos descontar nuestros problemas, dificultades y pruebas. Estos constituyen el campo de entrenamiento que Dios usa para prepararnos, al igual que lo hizo con David para su futuro viaje. Nosotros tenemos que caminar rendidos por completo, sabiendo que el buen pastor está velando por nosotros y preparándonos para Sus propósitos. Cuando por fin David estuvo listo, Dios lo llevó de guiar, proteger y proveer para las ovejas a guiar, proteger y proveer para Israel, su pueblo. El peregrinaje de David como un pastor de ovejas desarrolló en él un líder digno del llamado de Dios.

David no es la única persona cuyo carácter se forjaba mediante las dificultades. Moisés estuvo viviendo y trabajando en el desierto durante cuarenta años antes de recibir el llamado de Dios para guiar a los israelitas. Josué sirvió a Moisés durante cuarenta años ante de tener la oportunidad de liderar. Por último, Jesús, quien perfeccionó el papel de David como un líder siervo, vino a la tierra como un líder siervo: «Pues ni aun el Hijo del Hombre vino para que le sirvan, sino para servir a otros y para dar su vida en rescate por muchos» (Mateo 20.28, NTV). Jesús era el Hijo de Dios, pero esto no evitó que tuviera que prepararse. Él estuvo preparándose y desarrollándose durante treinta años antes de comenzar el cumplimiento de su propósito como líder.

¿Cómo guió David a su pueblo? El liderazgo de David se resume en un versículo que nos da una gran definición de un siervo líder: «Lo cuidó con sinceridad de corazón y lo dirigió con manos diestras» (Salmos 78.72, NTV).

Cuídelos con un verdadero corazón

Lo cuidó con sinceridad de corazón.

SALMOS 78.72, NTV

Específicamente, ¿qué vio Dios en David que todos los demás no vieron? Dios podía ver lo que estaba en el interior, así que él sabía que esas cualidades internas eventualmente se materializarían en el exterior. El liderazgo del siervo comienza con el corazón, y Dios estaba buscando un hombre conforme a su corazón (1 Samuel 13.13, 14). David tenía un corazón que realmente era de Dios. Hay tres cosas que vemos en la vida de David que contribuyeron a tener un corazón que era realmente Suyo: Humildad, integridad y espiritualidad. Cada una de estas cualidades de liderazgo son requisitos absolutos de un Siervo Líder.

Un corazón de humildad comienza con la actitud de uno. Las Escrituras nos amonestan a tener la misma mentalidad o actitud de Jesús: «Tengan la misma actitud que tuvo Cristo Jesús. Aunque era Dios, no consideró que el ser igual a Dios fuera algo a lo cual aferrarse» (Filipenses 2.5, 6). Humildad es reconocer y aceptar el hecho que somos totalmente dependientes del amor y la misericordia de Dios. Esto se desarrolla y aumenta al despojarnos de toda autosuficiencia a medida que se aprende a depender totalmente de Dios, presentándose a él como un barro que Dios formará y moldeará a su imagen. Un líder humilde reconoce que sus fuerzas son totalmente insuficientes y sin Dios no es capaz de nada. Me gusta cómo Ken Blanchard describió la humildad cuando dijo: «Ser humilde no significa denigrarse, sino que usted piensa menos en usted mismo».

Cada líder necesita operar con confianza, pero la confianza que tenemos está en Dios y en el poder de él que fluye en nosotros. La confianza enraizada en nosotros mismos, aparte de Dios, es orgullo y con certeza esta nos hundirá.

Dios se opone a los orgullosos pero muestra su favor a los humildes.

SANTIAGO 4.6, NTV

Humildad es la característica clave en el siervo líder porque esta apremia al líder a pensar en los demás por encima de ellos mismos. El siervo líder pone en primer plano las preocupaciones de aquellos que él o ella guía y hace que el bienestar de ellos sea la prioridad principal. Ellos toman un interés sincero en sus vidas porque valoran y aprecian a quienes dirigen (vea Filipenses 2.3, NTV). Humildad es servir a otros y desarrollar un estilo de vida enfocado en los demás en lugar de en sí mismo: «La verdadera grandeza, el verdadero liderazgo, se encuentra cuando el líder se dedica a servir a otros, no a engatusar o inducir a otros a que lo sirvan a él».[14]

Otro aspecto de un verdadero corazón, según mi experiencia, es simplemente esto: usted no puede liderar sin integridad porque sin integridad nadie le seguirá. La integridad no es perfección, por el contrario, es una búsqueda constante, durante toda la vida, de una coherencia auténtica entre nuestras acciones y convicciones. Es alinear lo que decimos con lo que hacemos. David era un hombre de integridad, pero en realidad no era perfecto. Él era un hombre de integridad porque con sinceridad seguía un estilo de vida constante entre sus acciones y sus convicciones. Como dice Proverbios: «El Señor detesta a los de corazón retorcido, pero se deleita en los que tienen integridad» (Proverbios 11.20, NTV).

Los líderes con integridad crean confianza y credibilidad entre aquellos que guían. La confianza trasciende las circunstancias. Es la convicción de que la habilidad, el carácter o la fortaleza de una persona es confiable. Enseñé a nadar a mis dos hijos de la misma forma: me paré dentro de la piscina y ellos se quedaron a la orilla de la piscina. Extendí mis brazos y les dije que se tiraran en mis brazos. Ambos sintieron miedo, pero lo hicieron porque confiaban en mí. Aunque sintieron miedo y no tenían ni idea de lo que yo estaba haciendo, confiaban en que yo los agarraría. Eso es confianza. Ninguna relación (personal o profesional) puede prosperar sin esta. La integridad de un líder forma confianza y credibilidad, la cual abastece la fiabilidad necesaria para que alguien los siga por un territorio desconocido y extraño.

El hecho aleccionador que todos los líderes deben recordar es este: lleva años formar la confianza, pero se pierde solo en un momento. Una persona con integridad también gana el beneficio de la protección de las flechas de acusaciones, mentiras y decepciones. Aunque las flechas puedan venir, la «integridad de las personas buenas» crean un sentido de confianza y seguridad porque no hay nada que esconder. Una persona que le falte integridad se coloca en un camino peligroso debido a sus propias acciones. Como dice Proverbios: «Las personas con integridad caminan seguras, pero las que toman caminos torcidos tropezarán y caerán» (Proverbios 10.9, NTV).

El último elemento que incluye un corazón sincero es la espiritualidad. Esto no es místico ni misterioso, no es una jerarquía religiosa, ni tampoco tiene que ver con vivir una vida perfecta. Ser una persona espiritual es tener una conexión auténtica, dinámica y próspera con el Dios viviente. David ejemplificó un corazón de espiritualidad en su amor genuino a Dios y en su anhelo de estar en su presencia. Ese amor creó la «sed» de estar conectado a Dios porque ansiamos o queremos estar con el que amamos.

Como el ciervo anhela las corrientes de las aguas, así te anhelo a ti, oh Dios. Tengo sed de Dios, del Dios viviente. ¿Cuándo podré ir para estar delante de él?

SALMOS 42.1, 2

Un líder espiritual tiene una conexión floreciente con Dios que alinea su corazón con el Suyo. Esta conexión es una profunda relación que se desarrolla de manera muy parecida a cualquier otra relación: con el tiempo. Es vital para un siervo líder el tiempo que pasamos estudiando su Palabra, en oración y en silencio, esperando en Dios para escuchar su voz. Alinearse con el corazón de Dios es lo que hace que el liderazgo de un siervo sea realmente espiritual y le permita al líder funcionar con un gran sentido de discernimiento y poder a medida que fluye el poder de Dios por medio de ellos.

Un corazón que está alineado con el corazón de Dios sentirá el deseo de hacer lo que a él le agrada. (Filipenses 2.13, NTV)
Un corazón que está alineado con el corazón de Dios quiere obedecer a Dios y su Palabra. (Hechos 13.22, NTV)
Un corazón que está alineado con el corazón de Dios se quebrantará con las mismas cosas que quebrantan el corazón de Dios. (Lucas 19.41, NTV)
Un corazón que está alineado con el corazón de Dios amará y cuidará las personas como un buen pastor. (Juan 10.11–14, NTV)

Usted lo ha oído decir: «A la gente no le interesa saber cuánto usted sabe hasta que sabe cuánto usted se interesa». Que un líder se interese sinceramente por otros con amor, es lo que importa, nada más, nada menos. Sin ese amor genuino, interesarse en las personas llega a ser una mera transacción, una lista de cosas que hacer. Algunos líderes «se interesarán» en las personas por lo que esperan «recibir a cambio». En otras palabras, el líder no sincero pretenderá interesarse en la persona por el beneficio que podrá recibir a cambio. El egocentrismo motiva este tipo de liderazgo. Sin embargo, un siervo líder ama a las personas que guía. Ese amor es evidente y se alimenta a través de la relación. El líder pastor se interesa sinceramente en las vidas de las personas que cuida. Al hacerlo, el líder sabe cómo orar por el «rebaño» y tiene una mayor comprensión sobre cómo guiarlos y protegerlos eficientemente a medida que viajan juntos.

Guíelos con manos habilidosas

El liderazgo comienza con un corazón cuidadoso, pero se puede ejecutar con manos diestras. Las manos habilidosas de un líder no solo representan las habilidades y los dones naturales, sino también las habilidades aprendidas que lo capacitan para realizar ciertas tareas. Las manos diestras de David le permitieron llevar a cabo lo que se requería de él, ya fuera en el campo, en el campo de batalla o en el palacio. En esta sección exploraremos varias habilidades centrales que no son negociables si usted quiere ser un líder que otros seguirán. Hay otras muchas habilidades contextuales que son específicas para el ministerio de niños que se pueden y se deben aprender para que usted sea un contribuyente indispensable para el ministerio de niños y el pastor principal, pero aquí solo comentaremos algunas categorías cruciales que son necesarias para ser un líder que otros sigan.

1. Habilidades de comunicación

Es extremadamente difícil tener una visión o inspirar a otros si uno no es capaz de comunicarse con eficiencia. La comunicación es más que solo dispersar información, es relacionarse con la audiencia. Esa audiencia puede ser un grupo de niños, padres, voluntarios o su pastor principal. Ya sea que se esté comunicando con alguien por teléfono, medios sociales, correo electrónico, cara a cara o en un gran grupo, la habilidad del líder para comunicarse con eficiencia determinará con cuánto éxito estará liderando a otros. Aunque hay múltiples estilos de comunicación, la meta es la misma, comunicarse con una audiencia para informar, inspirar o influenciar. Me gusta lo que dijo John Maxwell en *El poder de las relaciones: qué hacen las personas eficaces para relacionarse*: «Relacionarse es la aptitud de identificarse y establecer lazos con las personas de modo tal que aumente la influencia que se tiene sobre ellas».[15]

2. Habilidades de las personas

Yo nunca me imaginé que aquellos primeros años, cuando todavía era un niño, jugando en la mesa de arena con otros niños sería mi campo de práctica e indicador crítico de una habilidad esencial en el liderazgo. Quién podía saber que jugar bien con otros a lo largo llegaría a prepararme para trabajar bien con otros. La habilidad de trabajar bien con los demás no es un rasgo opcional para ser líderes exitosos, es esencial para tener éxito como líder.

El don de gente es una amplia gama de competencias y atributos que proporcionan interacciones productivas con otros. Un líder que tenga habilidad para tratar a las personas es capaz de interactuar eficientemente con una variedad de personas de una manera mutuamente beneficiosa. Esta habilidad incluye atributos tales como inteligencia emocional, habilidades para escuchar activamente y el buen juicio. Los líderes que tienen buenas habilidades para tratar a las personas son sensibles a las necesidades y preocupaciones de otras personas y están dispuestos a trabajar en colaboración para encontrar soluciones y resolver conflictos.

3. Habilidades para organizar

En el ministerio para los niños hay muchos detalles, tareas y piezas móviles que requieren coordinación y organización. Si un líder del ministerio para niños no tiene alguna habilidad administrativa, será incapaz de dirigir las personas, los programas y procesos necesarios para lograr los objetivos del equipo. Uno de los aspectos clave de la habilidad administrativa es la capacidad de identificar todas las piezas diferentes que componen el ministerio y visualizar cómo cada pieza funciona con las demás. El planeamiento estratégico, una asignación apropiada de los recursos y atender los pasos de acción son funciones de una buena organización.

4. Habilidades para administrar el tiempo y las energías

Usted no puede estar en todas partes al mismo tiempo, no puede hacerlo todo ni tampoco puede ser todo lo que los demás quieren que usted sea. Una vez más, esto es tan obvio que parece casi ridículo. Pero en medio de una época de decisiones, opciones y oportunidades infinitas, los líderes se sienten presionados a estar en cada función, participar en cada actividad o aceptar todas las invitaciones para asistir a todos los programas por ser esto lo que hacen los líderes eficientes, ¿no es así? Error. Hace mucho tiempo que alguien me dijo: «Si no controlas tu tiempo y horario, alguien lo hará por ti». Es cierto que no nos podemos dar el lujo de tener una total libertad cuando se refiere a nuestro tiempo e intervención en las actividades. Así que el enfoque debe estar en lo que se puede controlar, no en lo que no se puede controlar.

Una de las lecciones que he aprendido a lo largo de los años acerca del uso óptimo del tiempo y la energía es esta: es asunto de establecer prioridades y escoger. Y cuando un líder no quiere escoger, entonces trata de hacerlo todo y con el tiempo se quema él y quema a todos los que lo rodean. Greg McKeown, en su libro *Esencialismo*, dijo: «Muchas personas capaces se ven impedidas de alcanzar el próximo nivel de contribución porque no pueden abandonar la convicción de que todo es importante».[16] Algunas de las cosas que consideramos importantes son simples rutinas que no queremos, o tememos, dejar a un lado. El atareo y las actividades no necesariamente igualan logros y producción. De hecho, el trajín y la actividad excesiva reducen la producción, eficacia y eficiencia.

5. Habilidades para formar un equipo

Es imposible liderar con manos diestras si no se tiene la capacidad para formar un equipo. Inspirar y motivar a otros a la acción es la primera habilidad para formar un equipo. Liz Wiseman, en su libro *Multiplicadores*, identifica dos tipos de líderes: los Multiplicadores y los Disminuidores. Los disminuidores son aquellos líderes que están tan absortos en sus propios talentos e inteligencia que asfixian la creatividad, inteligencia y capacidad del equipo que los rodea. Ellos son los «genios» con poca o ninguna consideración para las ideas de otras personas y no tienen interés ni intención de desarrollar a quienes los rodean. Un Multiplicador es un genio hacedor. Ellos se comprometen a sacar lo mejor de aquellos que los rodean. «Por ser los Multiplicadores líderes que buscan más allá de sus propios talentos naturales y que enfocan su energía para extraer y extender el talento de los demás, ellos obtienen más de su gente. No obtienen un poco más, sino muchísimo más».[17]

Los Multiplicadores son líderes que se salen del camino para identificar personas que tienen algo que ofrecer y los nombran para su equipo. Ellos los preparan y capacitan para que alcancen todo su potencial mientras que además mantienen un ambiente que celebra y anima el pensamiento y el trabajo colectivo en equipo.

6. Habilidades ingeniosas

La ingeniosidad es la habilidad para arreglárselas con creatividad y vencer las dificultades y problemas inusuales. La habilidad ingeniosa incluye resolver problemas, pensar de manera innovadora y tomar decisiones. La ingeniosidad de un líder fortalece su habilidad para tomar decisiones rápidas, bajo presión y con una información limitada. Una de las características de un líder ingenioso es la inclinación y disposición de hacer preguntas que capaciten a los demás. Un pensador ingenioso está dispuesto a considerar ideas y posibilidades que líderes menos ingeniosos no tendrían.

Los buenos líderes son buenos seguidores

Usted tiene un llamado, carácter en la formación, un corazón que se interesa y habilidades para el ministerio. Estas son las características esenciales que hacen a un líder. Todas estas funcionarán en el contexto de la vida real, donde usted no solo es un líder, sino también un seguidor. Si le es difícil seguir a sus líderes, esto afectará cómo otros lo siguen a usted. No hay como evitarlo.

Aquí está el escenario: usted está seguro de su llamado al ministerio, se siente confiado de estar sirviendo donde Dios quiere que esté, pero encuentra muy difícil seguir a su líder. Entonces, ¿qué hace? En Gálatas 6.7, vemos un poderoso principio que se debe considerar por completo antes de seguir adelante. Se le ha llamado el principio de sembrar la semilla: «No se dejen engañar: nadie puede burlarse de la justicia de Dios. Siempre se cosecha lo que se siembra» (Gálatas 6.7, NTV). El versículo comienza: «No se dejen engañar». No podemos creer que actuaremos de una manera en cuanto a nuestro líder, esperando que aquellos que dirigimos actúen de otra manera hacia nosotros. Su equipo seguirá su liderazgo de la misma manera que usted sigue a su líder. Las acciones de usted hacia su líder sembrarán semillas similares en su propio liderazgo.

Como he dicho muchas veces, si va a pelear por alguna cosa, pelee por unidad en el cuerpo de Cristo. Como les dijo Pablo a los efesios: «Hagan todo lo posible por mantenerse unidos en el Espíritu y enlazados mediante la paz» (Efesios 4.3, NTV).

Nuestro trabajo no es cambiar a nuestros líderes, nuestro trabajo es apoyar al pastor principal y hacer lo que podamos para aliviar su trabajo. Respetar y apreciar el liderazgo de nuestro pastor no complace profundamente. Sin embargo, si usted sirve a un pastor principal cuyo liderazgo es difícil de seguir, es posible que la vida se sienta como un reto. Por lo general, es muy común encontrar a otros que están experimentando dificultades similares con la cúpula del liderazgo. Aunque saber que no estamos solos puede ser una fuente de consuelo, también puede ser extremadamente peligroso si constantemente estamos «procesando» la situación y los obstáculos con nuestros compañeros.

Igual que usted le echa agua a una semilla y la cuida para ver crecer una planta saludable, cuanto más hable y procese las mismas dificultades acerca de su líder, más usted cuidará las semillas potenciales de la amargura y la discordia. Esto, inevitablemente, hará que sea mucho más difícil lograr la alineación y una actitud apropiada. No estoy sugiriendo que usted mantenga todas sus frustraciones encerradas en una botella, ya que esto puede ser peligroso para su persona. Yo solo estoy diciendo que procesar los mismos problemas una y otra vez alimentará su frustración, destacará las luchas y aumentará las dificultades que vendrán.

Observe la condición de su corazón

Como líderes tenemos la responsabilidad de proteger, guiar y alimentar a quienes tenemos en nuestro rebaño, pero también debemos estar conscientes de nuestro bienestar interno. Debemos observar las taimadas tácticas de nuestro enemigo: «¡Estén alertas! Cuídense de su gran enemigo, el diablo, porque anda al acecho como un león rugiente, buscando a quien devorar» (1 Pedro 5.8). Preste una atención especial a la primera frase de este pasaje, una que los líderes tienen la tendencia de pasar por alto: «Entonces cuídense a sí mismos y cuiden al pueblo de Dios. Alimenten y pastoreen al rebaño de Dios —su iglesia, comprada con su propia sangre— sobre quien el Espíritu Santo los ha designado ancianos [líderes]» (Hechos 20.28, NTV).

Primero, note que Pablo, quien en este pasaje le está hablando a los ancianos, dice «cuídense a sí mismos». Solo después de esto es que él dice «cuiden al pueblo de Dios». El orden parece ser intencional. Primero cuídese a usted mismo y también cuide al pueblo. No debemos olvidar esto. Aquí, Pablo está consciente de algo. Si yo solo pudiera ofrecerle una advertencia en cuanto a ser un líder que otros seguirán, sería sencillamente esta: ¡esté alerta!

Una de las armas más comunes que Satanás usa en los líderes espirituales es transigir. Transigir o ceder es aceptar una norma que es más baja que la deseada y que lo expone al peligro. Esto es especialmente cierto en cuanto a transigir en relación con una conducta pecaminosa. Si nos convertimos en aletargados, distraídos o insensibles, el enemigo tiene la oportunidad de callada y gradualmente guiarnos cuesta abajo por una senda destructiva. Comprometer su carácter puede extinguir la antorcha de su liderazgo. Este peligro necesita una advertencia: ¡CUIDADO! Debemos estar alertas y conscientes de (1) la condición de nuestro corazón y (2) el desempeño de nuestras manos. Hay dos maneras de cuidarnos, y en mi experiencia, hay una mayor tentación y trampa para cada una de estas:

Autoambición: Un compromiso del corazón

La ambición egoísta contaminará el motivo del líder para hacer casi cualquier cosa. Si los líderes se dejan cegar con esto, muchas veces dirán que son interesados porque el enfoque principal radica en lo que ellos pueden obtener. Ellos están preocupados con sus propias necesidades, deseos e intereses, y se colocan por delante de aquellos a quienes guían.

> No sean egoístas; no traten de impresionara a nadie. Sean humildes, es decir, considerando a los demás como mejores que ustedes. No se ocupen sólo de sus propios intereses, sino también procuren interesarse en los demás.

FILIPENSES 2.3, 4, NTV

En *Un líder como Jesús*, Ken Blanchard dice: «la autopromoción (orgullo) y la autoprotección (temor) son las motivaciones dominantes en el campo del liderazgo. Muchos líderes actúan como si las ovejas estuvieran ahí únicamente para beneficio del pastor».[18] Por ejemplo, el Rey Saúl no tenía intención alguna de convertirse en un narcisista, egoísta y dictador hambriento de poder, pero como hacen algunos líderes, una vez que tuvo influencia, perdió la orientación de su liderazgo. El lado obscuro del liderazgo lo sedujo. No pensó dos veces antes de imponer su voluntad en la gente o destruir a cualquiera que se parara en su camino.

Es probable que usted haya escuchado a alguien decir: «Ah, pero a mí nunca me pasará esto», solo para descubrir más tarde que esto sí les sucedió a ellos. Típicamente no es debido a una acción premeditada, sino que por lo general ellos «se durmieron mientras manejaban».

La ambición egoísta atrapó hasta los discípulos de Jesús, y sucedió en un momento muy inoportuno: durante su última cena con Jesús antes que lo crucificaran. ¿Cómo pudo suceder esto? El egoísmo está en el centro de la condición humana y nos consumirá en el mismo momento que dejemos de luchar en su contra. Si tomamos la postura: «Esto nunca me sucederá a mí, así que no necesito cuidarme», nos preparamos para fracasar. Debemos mantenernos alerta, conscientes y cuidando que nuestro corazón no caiga en la ambición egoísta. No podemos permitir que se cuele solapadamente en nuestros corazones.

Ore a Dios constantemente que él le ayude a amar e interesarse por sus ovejas con un corazón auténtico. Pídale a Dios que le dé una carga por aquellos que usted guía y sirve. Vea el rebaño que le han confiado con la perspectiva que Jesús tiene por estos: Él les ama con tanta intensidad que estuvo dispuesto a morir por ellos. Busque de manera intencional cómo servir a quienes usted dirige, lo cual le mantendrá a raya y le ayudará a mantener un corazón puro.

Mediocridad: Un compromiso de manos habilidosas

De joven yo desarrollé un hábito que dañaba y limitaba mi potencial en cada aspecto de mi vida. Yo confiaba en mi habilidad natural y no trabajaba con ahínco para mejorar estas habilidades naturales. Como resultado, mis acciones lograron menos de lo que podrían haber logrado. Mi mamá y papá hicieron tanto como pudieron para que yo me aplicara y fuera más disciplinado, pero siempre encontraba maneras de tomar atajos.

Jugué en múltiples deportes en la escuela y gozaba la bendición de tener alguna habilidad atlética. Pero como no me había disciplinado, dependía por completo de mi habilidad natural mental y física. Hice muy poco para desarrollar más esas habilidades. De hecho, tendía a solo hacer lo suficiente para subsistir. Por ejemplo, para poder jugar balompié el viernes por la noche en la escuela superior (o los sábados en la universidad), me requerían que mantuviera un cierto promedio de puntos escolares. Así que yo investigaba cuánto tenía que ser mi promedio de puntos para ser elegible y poder estar en el campo de juego el día que jugaran, y mi meta era hacer solo lo suficiente como para calificar. ¡Mis pobres padres! Sé que esto los frustraba inmensamente.

Y hasta con ellos empujándome para que fuera lo mejor, yo solo me contentaba con hacer apenas lo suficiente.

Una experiencia que nunca olvidaré fue un momento decisivo para mí como persona y futuro pastor. Durante mi primer año tuve una conversación con mi consejero académico en la universidad. (Mis calificaciones no eran las mejores, lo cual fue la razón para esta reunión.) Ella me señaló de una manera objetiva los temas donde yo tenía dificultad, pero de repente me preguntó qué quería yo hacer con mi vida.

Hice una pausa momentánea y respondí: «Voy a ser un pastor».

Su reacción me sacudió. Ella se recostó en su silla y se rió en voz alta.

Yo estaba sorprendido. Ella se estaba riendo en mi cara como si yo hubiera acabado de decirle el chiste más cómico que nunca antes había escuchado. ¡Esta era mi profesora! Luego de volver a componerse se inclinó hacia adelante en su buró y me dijo: «Tú nunca lograrás éxito en el ministerio».

Es muy raro que a mí me falten palabras, pero no supe cómo responder. ¿Quién era ella para decirme que yo nunca sería un pastor? Ella sabía muy poco de mí. De hecho, todo lo que sabía de mí era que yo estaba luchando con mis notas. Pero la realidad era que ella estaba viendo un patrón de haraganería en un tipo que acababa de decir que iba a ser un pastor. No, ella no sabía mucho sobre mí, pero lo que sí sabía era que yo no me estaba aplicando. Durante años yo había frustrado a mis padres, maestros, entrenadores y a mí mismo. Por desgracia, estoy seguro que también estaría frustrando a Dios con este hábito. Había desarrollado el patrón de conformarme con «solo lo suficiente». Hay una palabra para esto y es mediocridad.

Mediocridad es existir y solo hacer lo suficiente para subsistir. Es la disposición de aceptar un esfuerzo que es «apenas adecuado» cuando hay un potencial para mucho más. Este hábito se volvió un estilo de vida, y yo andaba en pos de la trayectoria hacia el fracaso.

Durante este tiempo, Dios, en su benevolente amor, tomó algo importante de mí para llamar mi atención. Una noche, en medio de esta difícil temporada, yo sentí que el Espíritu Santo me insistía que estuviera a solas con el Señor. Así que caminé hasta una escuela elemental, detrás del terreno de la universidad, y me senté en un columpio. Sentía la presencia de Dios en aquel oscuro campo de recreo y comencé a hablar con él. Al hacerlo, Dios me habló estas palabras de Colosenses 3.23, 24: «Trabajen de buena gana en todo lo que hagan, como si fuera para el Señor y no para la gente. Recuerden que el Señor los recompensará con una herencia y que el Amo a quien sirven es Cristo» (NTV). Sentí una convicción tan tangible como si alguien estuviera parado sobre mis hombros. Dios me hizo ver muy claro que yo debía glorificarlo en todos los aspectos de mi vida, incluyendo los estudios académicos.

Este hecho se convirtió en un momento decisivo en mi vida. Sin embargo, allí no paró la cosa. Eso solo fue un llamado de advertencia para despertarme. El proceso comenzó por romper un patrón arraigado, también desarrolló un nuevo hábito de trabajar fuerte con diligencia y determinación para alcanzar todo mi potencial.

La mediocridad no es una condición innata con la cual debe vivir una persona. Es el resultado de una autosatisfacción habitual que está ciegamente inconsciente de las limitaciones dañinas del potencial de uno. En otras palabras, la complacencia reproduce mediocridad, y la mediocridad nos evita reconocer nuestro completo potencial ya que este menoscaba nuestras «manos diestras». Es un hábito que le impedirá ser un líder que otros sigan.

Así que, amados hermanos, esfuércense por comprobar si realmente forman parte de los que Dios ha llamado y elegido. Hagan estas cosas y nunca caerán.

2 PEDRO 1.10, NTV

Debemos estar alertas para no comprometer nuestras manos diestras con la mediocridad. Cualquier cosa que usted haga, en dondequiera que esté, hágalo con excelencia. Haga lo mejor que pueda con lo que tenga. Como les dijo Pablo a los Colosenses: «Y todo lo que hagan o digan, háganlo como representantes del Señor Jesús y den gracias a Dios Padre por medio de él» (Colosenses 3.17, NTV).

¿No sería fantástico que la gente que usted lidera dijeran de usted: «¡Yo seguiré a este líder a dondequiera que vaya!».

Una proclamación de lealtad como esta no se ofrece a un título o posición. Esta se presenta a un líder que ha probado cuidar sinceramente de las personas y ejemplifica la clase de destreza que evoca confianza y valor. Esta es la marca de un siervo líder, un líder cuya influencia tendrá un impacto exponencial en este mundo y el venidero.

Usted puede ser ese líder. Las cualidades de un siervo líder se pueden aprender y desarrollar a través de la obediencia y el sacrificio a medida que usted cumple con el llamado que Dios le puso en su vida. No es fácil, pero vuelvo a decir, si fuera fácil, todos lo podrían hacer. Terminaré este capítulo con las palabras de Pablo: «Por lo tanto, yo, prisionero por servir al Señor, les suplico que lleven una vida digna del llamado que han recibido de Dios, porque en verdad han sido llamados» (Efesios 4.1, NTV).

Guía para el intercambio de ideas

En este ejercicio usted:

- Aprenderá cómo aumentar su longevidad en el ministerio mediante la reinvención.
- Aprenderá y analizará los pasos necesarios para seguir a un líder difícil.
- Aprenderá cómo podrá llevar su liderazgo a una nueva altura.

Descubrimiento/Reflexión:

Cómo reinventarse a usted mismo

Aquí hay algunos pasos y preguntas que le capacitarán y ayudarán en su proceso de reinvención:

1. Reevaluar
    - ¿Qué requiere de mí la misión?
    - ¿Han cambiado mis papeles y responsabilidades?
    - ¿Qué cambios he experimentado en mi vida personal que puedan tener un efecto en mi posición actual?
    - ¿Existe un alineamiento entre mis fuerzas naturales y adaptables, y las responsabilidades de mi trabajo?
2. Reconsiderar
    - ¿Qué ajustes podría yo hacer para apoyar mejor a mi equipo?
    - ¿De qué responsabilidades o funciones necesito desprenderme?
    - ¿Qué nuevas responsabilidades necesito aceptar?

3. Reestructurar
- ¿Cómo podría yo relocalizar mi enfoque de tiempo y energía?
- ¿Cómo debo abordar mi liderazgo para el equipo?
- ¿Qué puede esperar de mí el equipo?

4. Volver a comprometerme
- ¿Qué necesito para comunicarme con el equipo?
- ¿A quién le puedo pedir apoyo y ánimo al tomar este paso de fe?

Reinventar no significa que usted tenga que cambiar la persona que usted es. Nunca debemos tratar de convertirnos en alguien que no somos. Debemos esforzarnos por ser exactamente como Dios quiso que fuéramos. Sin embargo, no creo que la intención de Dios fuera que nos desvaneciéramos o que nos quedáramos como una reliquia solo porque el mundo y la cultura cambian. Aquí es donde la reinvención nos ayuda. Esta crea longevidad y efectividad al capitalizar los talentos y experiencias que Dios nos dio y el llamado que él nos hizo. Como una vez dijo Peter Drucker: «Crear el futuro es la mejor manera de predecirlo».

Cómo seguir a un líder difícil

Escriba todas las cosas acerca de su líder que hace difícil seguir el liderazgo de él o ella. Una vez que haga esto, pregúntese con honestidad lo siguiente:

¿Es posible que sea yo el problema?

Si realmente usted está abordando este proceso con un corazón honesto y sincero, esta es una pregunta que no solo pudiera cambiar su relación con su pastor principal, sino que podría llevar la eficiencia de su liderazgo a una nueva altura. En algunas ocasiones esta pregunta me ha quebrantado el corazón luego de reconocer que yo era el que necesitaba hacer un ajuste en mi liderazgo, y no mi jefe. Yo estaba convencido de que tenía la razón y que mi jefe estaba equivocado, pero luego de hacerme estas preguntas con un deseo auténtico de descubrir cómo servir a mi líder de una manera saludable, el Señor me dejó ver con claridad que yo era el que estaba equivocado. Una vez que eso se aclaró, tuve que dar un paso de humildad y rendición.

Nunca basta con saberlo; saberlo es el precursor a la acción. Sin acción el conocimiento no tiene sentido. Yo tuve que ir a mi jefe y reconocer que no había seguido propiamente su liderazgo y pedirle que me perdonara. Cuando hice esto, mi jefe no solo me perdonó, sino que desde ese día él vio mi auténtico deseo de servir y ser eficiente en lo que Dios me había llamado a hacer. Ese solo ejemplo, aunque difícil y vergonzoso, hizo que mi jefe y yo nos acercáramos y aumentara nuestra confianza mutua.

¿Está este «obstáculo del liderazgo» relacionado al estilo o personalidad, o a acciones específicas que fueron hirientes, derogatorias u ofensivas?

Este es un paso importante en el proceso porque es improbable que confrontar el estilo o personalidad de su jefe lo lleve muy lejos. En realidad esto podría llevarlo lejos, pero lejos de esa iglesia. Si el «obstáculo» del liderazgo que usted identificó está relacionado con su personalidad o estilo, entonces le pertenece a usted adaptarse a ellos.

Si su líder ha hecho o dicho algo que a usted le ha molestado tanto que sencillamente no puede dejarlo pasar y hasta le está ocasionando una dificultad para seguir el liderazgo de él o ella, entonces usted necesita acercarse humildemente a él o ella y con respeto y honestidad comentar la dificultad.

Al hacerlo, hágalo de una manera racional y no emocional. Es perfectamente aceptable dejar que su líder sepa cómo usted se siente, pero es importante quitar tanto de la emoción como le sea posible y enfocarse en el asunto específico. Escriba el asunto específico al cual usted se va a referir y ensaye la conversación en su cabeza. Esto le asegurará que la información de usted es correcta. Además, al hacer esto, es posible que descubra que lo que le estaba molestando a usted no es tan gran cosa como pensó al principio.

Ore antes de reunirse con su líder. Someta la situación a Dios y pídale que le guíe. Asegúrese de que su corazón e intenciones sean correctas y honorables ante el Señor.

Cuando usted tenga esta conversación con su líder, exprésele su deseo de procesar esto de una manera que honre a Dios. No exija nada. Solo acérquese a él o ella con un corazón humilde, intentando resolver la situación en una manera bíblica para el bien de la unidad del cuerpo y el desarrollo en su relación con su líder.

Amados hermanos, termino mi carta con estas últimas palabras: estén alegres. Crezcan hasta alcanzar la madurez. Anímense unos a otros. Vivan en paz y armonía. Entonces el Dios de amor y paz estará con ustedes.

2 CORINTIOS 13.11

Presente su preocupación al líder en privado con una postura de humildad y gracia, la misma postura que usted quisiera que alguien utilice si lo fuere a confrontar a usted con un problema sobre su liderazgo.

¿Puedo ajustarme al estilo, personalidad y faltas de mi líder? ¿Los puedo apoyar auténticamente y agregar valor al liderazgo de ellos sin comprometer mi integridad?

Para su información, debo decirle que todos los líderes cometemos errores en el liderazgo, incluso usted y yo. Si usted y su líder son incapaces de resolver el problema del momento o si usted es incapaz de adaptarse al liderazgo de él o ella, entonces necesita considerar fuertemente el irse a otra iglesia. Si usted decide que irse sería bueno para todos, entonces es importante salir bien.

La transición es una parte natural del ministerio. Algunos tienen la suficiente fortuna de pasar todo su ministerio en un lugar, con una iglesia. Pero la realidad es que si usted permanece en un ministerio durante mucho tiempo, será probable que en algún momento tenga que hacer una transición. Y con mucha frecuencia estas transiciones no funcionan bien. Estoy seguro que usted conoce a alguien que ha tenido una mala experiencia en una transición de ministerio. De hecho, es posible que algunos de ustedes que están leyendo esto lo hayan experimentado personalmente. Ya sea que usted se vaya por decisión propia o que el liderazgo de la iglesia le pida que se vaya, el objetivo sigue siendo el mismo: «¡Salir bien!».

Usted solo es responsable de sus acciones y durante el proceso debe enfocar toda su energía y esfuerzo en su conducta. No permita que las acciones y conducta de otros, sobre los cuales usted no tiene control, le desvíen. No importa cómo otros lo traten o malinterpreten cuando usted salga de una posición en el ministerio, compórtese de manera tal que un día usted pueda volver a esa iglesia y de nuevo servir en ese equipo.

Esto no es fácil de hacer, pero se puede hacer. Es uno de esos casos en que usted tiene que abandonar por completo su «ego». Usted debe depositarlo en el altar del Señor y hacer lo que es correcto a los ojos de Dios en lugar de tratar de justificar que lo que usted cree es su «derecho». Debe descansar en Sus fuerzas y no en las suyas propias.

Yo he pasado por esto. Aquí hay un ejemplo de lo que estoy hablando. Hace muchos años, en una galaxia lejos, muy lejos (lo sé, está trillado), me senté en mi oficina confundido y frustrado. Yo era un hombre joven que estaba desempeñando mi primer puesto como ministro de tiempo completo, ¡y ya estaba acabado! No entraré en detalles, solo diré que ya no podía soportarlo más. En mi mente llegué a la conclusión que lo correcto era ofrecer mi renuncia a la junta de diáconos, con toda una explicación, y escribir una carta de renuncia directa y sincera. Ahora bien, la realidad era esta: Una vez que se abriera esa carta en la reunión de los diáconos, sucedería algo feo. Lo que yo decía en la carta era factual, cierto y hasta lo podía documentar.

Decidí mostrarle la carta a un amigo de confianza, creyendo que me llenaría de alabanzas y que me nombraría héroe por estar dispuesto a decir lo que nadie más diría. Él le dio un vistazo a la carta, me la devolvió y me dijo: «Rómpela. Realmente, tú no quieres hacer esto. Nada bueno saldrá de esto».

A mí me sorprendió oírle decir esto. Así que le dije: «Bueno, todo eso es cierto», a lo que él me respondió: «Está bien, pero si tú entregas esto, la iglesia se dividirá. ¿Acaso quieres vivir con esto en tu conciencia?». Ahora sí que él ganó mi atención. Yo no tenía intención alguna de perjudicar la iglesia. Miré esa carta con una perspectiva diferente y reconocí que él tenía razón. Sí, era la verdad, pero no tenía que hacerse así. Había otra manera, que honraban más a Dios, de enderezar las cosas. Cuanto más examiné la situación, más reconocí que aunque conscientemente yo no intentaba perjudicar el cuerpo que era la iglesia, yo estaba más enfocado en obtener una «justicia personal» que en lo que era mejor para la iglesia. La iglesia es la novia de Cristo.

Rompí la carta en pedazos y la tiré a la basura. Con la ayuda de este sabio amigo, fui capaz de irme bien de la iglesia y regresar varias veces como un orador invitado. Soy un firme creyente en que la moda en la que usted vive su posición actual será el fundamento para comenzar su nueva posición.

Salga bien. Se alegrará de haberlo hecho. Será una victoria para la iglesia y una victoria para usted.

¿Cómo puedo apoyar a mi líder en los aspectos en que él o
ella falla? ¿Qué puedo hacer para ser una bendición?

---

*Obedezcan a sus líderes espirituales y hagan lo que ellos dicen. Su
tarea es cuidar el alma de ustedes y tienen que rendir cuentas a Dios.
Denles motivos para que lo hagan con alegría y no con dolor. Esto
último ciertamente no los beneficiará a ustedes.*

(HEBREOS 13.17)

Ya sea que su líder sea fácil o difícil de seguir, usted debe hacer lo
mejor para quitarle trabajo de su lista de quehaceres y no agregarle
más trabajo. Una forma de apoyar a su líder es identificar aspectos
problemáticos en su liderazgo que usted pudiera cumplir en su lugar.
Por ejemplo, si su líder no es bueno con los detalles y constantemente olvida poner actividades de los niños en el calendario de la iglesia,
pregúntele si usted pudiera bendecirle al quitarle ese peso de sus hombros. Sí, esto crea un paso extra para usted, pero ahora los programas
estarán en el calendario y usted quitará este trabajo que lleva el líder
sobre los hombros.

¿Qué he aprendido de mi líder?

Ahora quiero que haga una lista diferente. Haga una lista de todas las
cosas buenas que ha visto y aprendido del líder y que en la actualidad
usted está siguiendo.

---

*Acuérdense de los líderes que les enseñaron la palabra de Dios.
Piensen en todo lo bueno que haya resultado de su vida y sigan el
ejemplo de su fe.*

(HEBREOS 13.7)

No le estoy diciendo que «esconda los problemas bajo la alfombra». Cualquiera que me conozca sabe muy bien que así no es como yo opero. Pero lo que estoy sugiriendo es que se enfoque en lo que está bien acerca del liderazgo de su jefe para que no caiga en la trampa de morar en lo negativo.

Otra manera de lograr esto es hacer una lista de las dificultades que tiene con su líder y para cada hecho negativo escriba lo opuesto como un atributo positivo de su liderazgo. Por ejemplo, si usted enumeró «Se niega a escuchar a aquellos que lo rodean» como una gran falta del liderazgo, usted puede invertir esto diciendo: «Un buen líder escuchará a aquellos que lo rodean».

El asunto es aprender de su líder. Usted puede aprender tanto de lo bueno como de lo malo si así lo desea.

Conexión:

Ore a Dios que le revele aspectos de su liderazgo que requieren atención y que le dé las fuerzas para adaptarlas de manera que usted se convierta en un líder que otros quieran seguir.

CAPÍTULO 10

La importancia de involucrar a los padres

En esta sección, acerca de pensar individualmente, debemos considerar la naturaleza personal de trabajar con los padres. La meta de este capítulo es animarle y desafiarle. Primero quiero animarle en lo que ya usted esté haciendo para asociarse con los padres, aunque parezca pequeño para algunos y no encaje en una de las definiciones o descripciones variadas del ministerio familiar.

Segundo, le quiero desafiar a examinar su ministerio para niños buscando pasos que incrementen lo que usted pueda dar para ayudar a los padres a comprender su responsabilidad espiritual y suplirles con recursos que ayuden sus esfuerzos para influir en la información espiritual de su niño.

A lo largo de este libro les he presentado conceptos y procesos relacionados con tener propósito en su ministerio para niños junto con ejemplos prácticos del ministerio para niños de Saddleback con el fin de guiar e inspirar sus pensamientos. Ahora, mientras consideremos tener propósito con los padres, me gustaría destacar un punto importante antes de seguir adelante.

La ausencia de la palabra «familia» o «padres» en la declaración de misión de los niños de Saddleback no es un indicador de nuestro compromiso (o falta de compromiso) con la familia biológica. Es tan peligroso considerar que la presencia de una palabra en una declaración de misión o visión significa que se ha implementado, como peligroso es considerar que su ausencia sea una señal de descuido.

Cuando involucrarse en la familia sale mal

A los padres no siempre les gusta la idea de involucrarse, aunque esto sea lo mejor para los niños. Por ejemplo, hace años yo estaba guiando un ministerio para niños que ofrecía una nueva oportunidad de discipulado para estudiantes elementales. Durante los preparativos para iniciar este nuevo esfuerzo yo reuní a los padres para explicarles mi visión y metas, contestar cualquier pregunta y con optimismo establecer una sólida relación. Por desdicha, no vinieron muchos padres, pero los que vinieron sí parecieron estar interesados y muy satisfechos con el plan. El mensaje con el que yo quería que se fueran esa noche era este: «Nuestro objetivo es apoyarlos a ustedes los padres». No lo dije una vez, sino veinte veces. Aunque yo quería ver allí a más padres, la noche fue un éxito. Me sentí bien en cuanto a lo que pasó, hasta después de unas semanas.

Recibí una llamada por teléfono de uno de los padres que había asistido a la reciente reunión. Yo conocía bien a esta madre y su familia, pero me sorprendió un poco cuando me dijo que ellos estaban pasando un «tiempo terrible» con su hija. Esto era sorpresivo porque esta niña siempre pareció portarse extremadamente bien. La madre dijo que su falta de respeto estaba fuera de control y me preguntó si yo podría reunirme con ella. Yo accedí y acordamos la fecha y la hora. Cuando llegó la hora de reunirnos, la madre y la hija vinieron a mi oficina. Después de una conversación inicial yo excusé a la mamá para que McKinsey y yo pudiéramos conversar de corazón a corazón. Solo necesité una pregunta.

«McKinsey, ¿qué está sucediendo?», le pregunté. Esta pequeña de nueve años me dijo que su mamá la estaba forzando a participar en el gimnasio, aunque ella no quería ir. Está bien, pensé yo. Pero esa no era una razón para una falta de respeto tan grande.

Pero entonces McKinsey comenzó a decirme su horario: ella estaba en el gimnasio con su entrenador a las 5:45 a.m. antes de ir a la escuela, lo cual significaba que debía levantarse a las 5 a.m. La práctica seguía hasta las 7 a.m., entonces volvía a la casa para prepararse e ir a la escuela, iba a la escuela, iba a otra práctica después de la escuela, venía a la casa, hacía las asignaciones y luego se acostaba. ¡Ese era su horario!

Ella me dijo llorando: «¡Odio el gimnasio! Yo solo quiero ir a la casa después de la escuela y jugar con mis amigas».

Después de escuchar esto dejé que McKinsey se fuera sin decirle mucho. Entonces llamé a la madre a mi oficina. Aquí fue cuando la conversación se puso interesante... y se calentó. Le pregunté a la madre por qué me había traído a la hija.

Ella me contestó: «Usted dijo que quería apoyarnos. Ella no quiere ir al gimnasio, pero es por su bien. Así que yo necesitaba que usted le dijera que ella sí debe ir».

Le dije a la madre que ella le estaba haciendo daño a la hija al robarle su niñez.

Como usted se podrá imaginar, a ella no le gustó esto. Sí le había dicho: «Estoy aquí para apoyarles», pero lo que ella quería no era la clase de apoyo que yo estaba ofreciendo.

El propósito de la familia biológica

Dios diseñó a la familia biológica para algo más que solo llenar la tierra y formar una infraestructura social. La unidad de la familia biológica se diseñó, y así permanece hoy, para ser la influencia más importante en la vida de una persona. Aunque la influencia directa de los padres cambia con el tiempo, el impacto de la influencia fundamental y formativa de ellos permanecerá a lo largo de la vida de una persona. Por desdicha, esta tremenda influencia no siempre es buena y ha causado mucho dolor y dificultades en aquellos que no han tenido unas experiencias positivas de los padres.

Nunca se intentó que esto fuera así, pero sucedió por causa del pecado que entró al mundo por medio de la desobediencia.

La intención de Dios era lograr su plan maestro para la humanidad en el contexto de la familia biológica mediante el matrimonio. Recuerde que el propósito fundamental de la familia es la formación espiritual. Por encima de todas las cosas los padres deben cuidar y guiar a sus hijos hacia una relación próspera con el Dios viviente. De hecho, el Gran Mandamiento en el Antiguo Testamento se dio originalmente en el contexto de la vida familiar. Esta es la parte del versículo que más conoce la gente: «¡Escucha, Israel! El SEÑOR es nuestro Dios, solamente el SEÑOR. Ama al SEÑOR tu Dios con todo tu corazón, con toda tu alma y con todas tus fuerzas» (Deuteronomio 6.4, 5, NTV). Pero lea los siguientes dos versículos acerca de la familia: «Debes comprometerte con todo tu ser a cumplir cada uno de estos mandatos que hoy te entrego, repíteselos a *tus hijos* una y otra vez. Habla de ellos en tus conversaciones cuando estés en tu casa y cuando vayas por el camino, cuando te acuestes y cuando te levantes» (Deuteronomio 6.6, 7, NTV, énfasis del autor).

Cuando le preguntaron a Jesús cuál era el mandamiento más importante de Dios, él citó Deuteronomio 6, afirmando la meta principal para los miles de años futuros. Lo que aquí es vital entender es el papel de la familia biológica para ayudar a los niños a vivir el mandamiento más importante y la meta final de la vida. Note la sutileza: «Repíteselos a *tus hijos*» (Deuteronomio 6.7). Debemos discipular a nuestros hijos y debemos capacitar a los padres para que discipulen a sus hijos. Si no hacemos esto, estaremos perdiendo un gran aspecto del corazón de Dios. Comencé aquí porque es importante comenzar con la importancia de la familia biológica para que podamos entender el peso de lo que dijo Jesús acerca de la familia de Dios.

Jesús contestó: «Amarás al Señor tu Dios con todo tu corazón, con toda tu alma y con toda tu mente». Este es el primer mandamiento y el más importante. Hay un segundo mandamiento que es igualmente importante: «Amarás a tu prójimo como a ti mismo». Toda la ley y las exigencias de los profetas se basan en estos dos mandamientos.

MATEO 22.37–40, NTV

La iglesia es la familia de Dios

La iglesia es la familia, única y multiétnica, que el Dios creador prometió a Abraham. Nació por medio de Jesús, el Mesías de Israel; recibió su energía del Espíritu de Dios; y ha sido llamada a llevar las transformadoras noticias de la justicia rescatadora de Dios a toda la creación.

N. T. WRIGHT, *SIMPLEMENTE CRISTIANO*

Esto parecerá una simplificación excesiva, pero la iglesia es la familia de Dios (vea Efesios 2.19; 1 Pedro 2.17). Es una familia formada de familias. El mismo Jesús nació y se crio en el contexto de una familia física. Pero lo que bíblicamente se conoce como una familia va más allá de la biología y tiene el propósito de extender la familia a una esfera más espiritual. Esto es lo que Jesús estuvo tratando de decir un día, cuando la gente le dijo que su familia había venido a verlo: «Jesús preguntó: "¿Quién es mi madre? ¿Quiénes son mis hermanos?". Luego señaló a sus discípulos y dijo: "Miren, estos son mi madre y mis hermanos. Pues todo el que hace la voluntad de mi Padre que está en el cielo es mi hermano y mi hermana y mi madre"» (Mateo 12.48–50, NTV).

En este pasaje Jesús no estaba diciendo que la familia física o biológica no es importante ni que debiera descontarse o ignorarse. Él estaba diciendo que la familia espiritual es la relación más importante en la vida de una persona porque así las personas están conectadas por medio del reino de Dios, lo cual no está limitado por la biología ni las circunstancias, sino que está disponible para todos nosotros. En nuestro nacimiento físico no escogemos a nuestras familias biológicas, pero sí escogemos ser una parte del gran espectro de la familia cuando espiritualmente «nacemos de nuevo» en la familia de Dios. Nuestra familia espiritual consiste de personas «de toda nación, tribu y lengua» (Apocalipsis 7.9, NTV). Este pueblo constituye la familia de Dios, la iglesia.

Pero a todos los que creyeron en él y lo recibieron, les dio el derecho de llegar a ser hijos de Dios. Ellos nacen de nuevo, no mediante un nacimiento físico como resultado de la pasión o de la iniciativa humana, sino por medio de un nacimiento que proviene de Dios.

(JUAN 1:12, 13)

¿Dónde cambió todo esto?

Para entender mejor las circunstancias actuales y considerar las posibilidades en el futuro, es importante conocer el pasado. En este caso estoy hablando acerca de la historia sobre cómo la familia ha funcionado en los Estados Unidos. Hubo un tiempo en que la educación, la productividad económica, el cuidado de los ancianos y la formación espiritual sucedía dentro del contexto de la familia biológica. Luego vino la revolución industrial, la cual lanzó un tipo de estilo de vida diferente. Eventualmente esto redefinió cómo funcionaba la familia biológica: los padres comenzaron a trabajar lejos de la casa, y poco después muchas madres comenzaron a trabajar. Al igual que un peñasco rodando hacia abajo por una montaña gana ímpetu con cada vuelta, cada adelanto en la tecnología dio por resultado otra transición en el funcionamiento de la familia. En poco tiempo la comunicación de larga distancia, el transporte moderno y la tecnología digital, hicieron que el gran mundo se viera pequeño. Junto a los grandes adelantos y a las conveniencias que acompañaron la tecnología llegó una dinámica que cambió para siempre las dinámicas de la familia, el aumento en la velocidad de la vida. Por ejemplo, la Internet reinventó el concepto de la conexión, haciendo posible que nosotros tengamos una conexión instantánea, constante y global con cualquiera persona o cosa. Cuando la Internet se presentó por primera vez, parecía que esta nueva y virtualmente ilimitada conexión podría proveer conveniencias sin precedentes, oportunidades para aprender y la habilidad de conectarse con cualquiera en el planeta. Aunque esto es cierto de la Internet, también es cierto que esta ilimitada conexión ha creado la presión de trabajar más horas y mantener una cantidad poco realista de relaciones.

Esta presión aceleró el ritmo de la vida, y nunca hemos podido recuperar el pasado ni disminuir la velocidad, solo nos apuramos todavía más. El paso más rápido de la vida y la globalización aumenta la demanda de la productividad, forzando los mecanismos para lidiar llamados compartimentación y especialización. Los aspectos de la vida dejaron de basarse principalmente en la unidad de la familia biológica. Ahora nuestra especialización mandaba que delegáramos algunas responsabilidades formativas y de servicios de cuidado fuera de la familia biológica.

Como resultado de estas realidades cambiantes, la iglesia adaptó su metodología. La meta era satisfacer las necesidades de la familia y de alguna manera esto es lo que ha sucedido. Yo dudo muy seriamente que cualquiera en el liderazgo de la iglesia se proponga reemplazar a los padres como la influencia principal en la formación espiritual de un niño. Me parece que ellos vieron una necesidad e hicieron adaptaciones a su metodología en un esfuerzo por apoyar la familia con más eficiencia. Pero ¿fue correcto para la iglesia adaptarse a una forma de discipulado especializado que segregara la familia en la iglesia? Esta es una pregunta difícil de contestar.

Es posible que cada uno de nosotros tenga diferentes perspectivas en cuanto a la relación colaboradora iglesia-familia, pero creo que es importante considerar varias realidades que realmente tienen relevancia acerca de cómo las familias biológicas y espirituales trabajarán juntas en el futuro:

- Ya no se puede dar por sentado que la definición de «familia» se refiera a una familia biológica porque ahora son más variadas y diversas que hace una generación.
- Estamos peleando para preservar un punto de vista bíblico de la familia y el matrimonio.
- La conexión para los miembros de la familia extendida se ha limitado grandemente debido a las presiones económicas que obligan a las familias a «ir a donde está el trabajo», limitando así la influencia espiritual de ellos.
- La capacidad de los niños para mantener la atención se está acortando cada vez más.[19]
- Los padres sienten una presión increíble por involucrar a sus hijos en múltiples actividades y programas que a menudo compiten con la iglesia y la vida del hogar.
- Los niños sienten la presión de actuar constantemente en un alto nivel debido a la creciente competencia por las oportunidades de becas escolares y empleos.

- Las familias están menos comprometidas con la asistencia a la iglesia debido al ajetreo de la vida.

Entonces, ¿qué debemos hacer? ¿Rendirnos ante lo ocupado que todos están y el egoísmo? Desde luego que no. Debemos ser abiertos y honestos acerca de las realidades que encaramos y trabajar continuamente hacia soluciones que agraden a Dios. Dios creó la familia biológica y la familia espiritual, la iglesia, con la intención de que las dos pudieran trabajar juntas de manera estratégica. No podemos relegar deliberadamente la formación espiritual de nuestros hijos a la familia biológica o solo a la iglesia. Tiene que haber una asociación entre la familia y la iglesia.

Una asociación entre familias: La iglesia y los padres

A medida que comentamos la asociación entre la iglesia y los padres, recuerde que la meta es la salud espiritual. Tener una asociación estratégica entre los padres y la iglesia es una magnífica oportunidad para lograr el éxito en el proceso de llevar a los niños hacia la salud espiritual. Cuando digo asociación, quiero decir una relación entre individuos o grupos que se caractericen por la mutua cooperación y responsabilidad, como cuando trabajan juntos para lograr una meta. La asociación crea sinergia, lo cual sucede cuando dos o más entidades trabajan juntas para crear algo que es mayor o mejor que la suma de los esfuerzos de sus individuos.

Se puede atacar y vencer a una persona sola, si son dos, se ponen espalda con espalda y conquistan; mejor todavía si son tres, porque una cuerda triple no se corta fácilmente.

ECLESIASTÉS 4.12, NTV

La asociación de la que estamos hablando es sobre una alianza entre Dios, la familia biológica y la iglesia. Hay tres partes en el trabajo. Cuando la iglesia y los padres trabajan juntos con Dios como el centro de sus esfuerzos, ellos tienen sinergia. Esta sinergia conlleva un potencial mucho mayor para un discipulado efectivo para los niños. Los padres tienen un impacto potencial más grande sobre el niño, pero tratar de discipular a sus hijos sin ninguna ayuda o apoyo limitará su efectividad. Los niños necesitan múltiples influencias positivas en sus vidas. Aquí es donde aparece el balance: la iglesia y los padres trabajando juntos como socios con el objetivo de llevar a los niños a la salud espiritual

¿Quién discipula a los niños, la iglesia o los padres?

El pasaje anterior, Deuteronomio 6.5–9, contiene el mandamiento de amar a Dios, pero cuando todo se ve en el contexto de la vida familiar, este pasaje presenta un claro punto de vista de que los padres deben ser los primeros discipuladores de sus hijos. La iglesia es la discipuladora secundaria de los niños. En otras palabras, los padres enseñan y modelan ante sus hijos las verdades espirituales y las disciplinas, y la iglesia apoya a los padres.

Un hacedor de discípulos es un maestro. Esto viene de raíces ancianas y sencillamente significa: «enseñar». En el contexto original —culturas grecorromano y judías— la enseñanza se enfocaba en formar la vida de la persona, no solo sus mentes. Así que un hacedor de discípulo ayuda a formar el carácter y la vida de una persona, no solo transmite la información que ellos tengan en su mente.

Un ministerio para niños con propósito colabora con los padres al proveerles materiales y preparación con el objetivo de capacitarlos a medida que ellos desarrollan su papel como los hacedores de discípulos principales. Hay una cantidad de buenos currículos disponibles que lograrán esto. En Saddleback usamos un currículo llamado «The

Journey» [El viaje] que con intención y estrategia coloca a los padres en el «asiento del chofer» de este proceso del discipulado. Esto sucede en una senda que llamamos Grupos pequeños de niños, de la cual hablamos en el capítulo 6.

Sin embargo, no todos los padres de la iglesia Saddleback están preparados para aceptar su papel como el principal discipulador. Tenemos padres que son nuevos creyentes y precisamente ahora están aprendiendo qué significa ser un seguidor de Cristo. Para los padres que son nuevos creyentes, la idea de ser la influencia espiritual principal de sus hijos es intimidante. Tenemos otros padres que han sido creyentes durante un tiempo, pero por diferentes razones ellos todavía tienen problemas con la responsabilidad de ser el principal hacedor de discípulo de sus hijos. Muchos de estos padres se sienten inadecuados y cuando se menciona el asunto, tienen un sentido amenazador del «fracaso» inminente. En conversaciones honestas con los padres, aunque es obvio que ellos les quieren y desean lo mejor para sus hijos, el concepto del discipulado en el hogar parece dudoso y confuso para muchos de ellos. Nosotros debemos «dilucidar» el concepto de que los padres sean la influencia espiritual principal de sus hijos al guiarlos por la enseñanza, animarlos y ofrecerle pasos sencillos que los ayuden a crecer en este papel. Por eso un ministerio con propósito para niños dirige ambos lados del discipulado para los niños, brindando oportunidades para que los niños conozcan y crezcan en Cristo mediante los servicios de los fines de semana y el discipulado a mediados de semana, mientras que también preparamos a sus padres para que discipulen a sus hijos en el hogar. Cuando los padres están haciendo el trabajo en el hogar, nosotros, como la iglesia, colaboramos y los apoyamos con materiales y herramientas pertinentes para el discipulado.

El contexto de su ministerio es único. Su iglesia no es como otras iglesias, y solo porque un modelo funcione en una iglesia no significa que funcionará en la suya. Considere varios factores, como la cultura de su iglesia, la estrategia y estructura de su ministerio, la perspectiva de su pastor principal acerca de la asociación con los padres y sus instalaciones.

Esto es solo una muestra de los factores que contribuyen al contexto de su ministerio. En el ministerio o en la asociación con los padres, no hay método que sea bueno para todo, es decir, que tenga éxito en todos los entornos del ministerio. Esto es donde usted, como el líder del ministerio para niños, necesita determinar qué pasos debe dar y cuándo se deben dar.

La importancia de mantener la perspectiva

La palabra *perspectiva* viene de una palabra de raíz latina que significa «mirar a través de». En esencia, cada perspectiva de la persona es el marco mediante el cual esta ve e interpreta el mundo. Usted puede pedirle a diez personas que vean la misma pintura y es muy probable que escuche diez interpretaciones y opiniones diferentes. Eso es porque nosotros vemos e interpretamos situaciones, programas, conversaciones, incluso el ministerio a través de los lentes que inconscientemente nuestro sistema individual de creencias ha definido.

Piense en su manera de ver el mundo y cómo este difiere de otros adultos en su vida. Muchas cosas, tales como experiencias, cultura, viajes, educación, fe, familia, entretenimientos y valores dan forma a nuestra perspectiva. Nuestra perspectiva es nuestra realidad. No siempre vemos las cosas como realmente son. Es importante reconocer esto porque cada una de nuestras perspectivas también forma nuestro punto de vista sobre el ministerio. Esto lo he visto con más claridad a lo largo de mi experiencia con los líderes del ministerio para niños que llegaron a Cristo mediante un programa de evangelismo. Ellos típicamente tienden a fomentar un modelo de ministerio que presenta o destaca acontecimientos de evangelismo sencillamente porque eso es lo que experimentaron de primera mano. Otra manera en que esto se manifiesta es en nuestra interpretación de las Escrituras. A medida que consideramos la unidad de la familia y las responsabilidades de los padres descritas en el Antiguo y Nuevo Testamentos se nos hace muy difícil separar nuestras propias perspectivas y preconcepciones mientras leemos el texto.

Si no estamos conscientes de nuestras perspectivas y preconcepciones que se derivan de estas perspectivas, fácilmente podremos malinterpretar las historias de la vida familiar en la Biblia y cómo se deben aplicar a la época que vivimos hoy.

Cuando hablamos sobre el ministerio de la familia y de asociarse con los padres, necesitamos estar conscientes. El peligro es siempre caer en los extremos. De manera inadvertida la iglesia puede crear un obstáculo que impedirá que los padres cumplan su rol como los influyentes principales, pero también es posible crear un obstáculo al alienar a los padres o no ser comprensibles con sus situaciones especiales.

- Sí, los padres deben pasar tiempos prolongados y de calidad con sus hijos. Pero debemos tener cuidado y ser compasivos cuando le comunicamos esto a un padre cuyo trabajo requiere que él viaje extensamente.
- Sí, los padres debieran estar al frente de la formación espiritual de sus hijos en el hogar. Pero debemos actuar con amor cuando comunicamos esta verdad a la madre soltera que tiene que mantener tres trabajos solo para pagar las cuentas.
- Sí, debemos brindar recursos que preparen a los padres para que sean ellos los que ejerzan la principal influencia espiritual en sus hijos. Pero debemos ser precavidos para no desanimar a la madre o al padre que lucha con la depresión y se siente como un completo perdedor cada vez que surge el tema.
- Sí, debemos recordarles a los padres que de acuerdo con la Biblia la formación espiritual de sus hijos es responsabilidad

de los padres. Pero también debemos ser comprensibles con los abuelos que de repente descubren ser los cuidadores principales porque el esposo mató a su hija y luego se suicidó, dejando a sus hijos con los abuelos.

- Sí, necesitamos preparar a los padres para que enseñen y modelen en el hogar una vida a la semejanza de Cristo. Pero esto lo debemos hacer con gracia ya que muchos padres han dividido la custodia debido a un divorcio y constantemente batallan con la tensión que creó un ex cónyuge que no mantiene y hasta condena la enseñanza o vida cristocéntrica.

Estos escenarios no son hipotéticos. Cada una de estas es una experiencia real que proviene de la gente en mi iglesia. Debido a que cada situación de la familia es diferente, es importante que abordemos nuestras asociaciones con los padres con gracia y comprensión. Si los padres sienten que el liderazgo de la iglesia es insensible a su situación o ponen más presión en ellos de la que pueden soportar, podemos arriesgar la colaboración. Sin embargo, es responsabilidad de nuestros líderes de la iglesia «pastorear el rebaño». Así que, en el caso de no saber, la responsabilidad cae en que el pastor sepa mejor que las ovejas. Una palabra de precaución: al igual que existen modelos y métodos múltiples para el ministerio de niños, también hay muchos métodos para colaborar y definir el «ministerio para la familia». Luego de saber esto, es vital recordar que nosotros, como líderes en el ministerio para niños, no perdemos tiempo ni energía criticando a otros por implementar un método, modelo o estilo de ministerio diferente a los nuestros. También es importante estar consciente de nuestras preferencias y preconcepciones personales acerca de cómo un ministerio para niños debe asociarse con los padres. De otra forma yo podría caer en la trampa de defender mi postura sobre el asunto para el detrimento de mi crecimiento como un líder espiritual. Hay muchas cosas buenas que aprender tanto para aquellos que se subscriben a mis convicciones del ministerio como para aquellos que no lo hacen.

La asociación es un proceso

La asociación entre los padres y la iglesia es un proceso muy parecido al proceso del discipulado. Este sucede en etapas y pasos. La gente comienza el proceso de diferentes puntos. La madurez espiritual de los padres a menudo, no siempre, reflejará su participación en la formación espiritual del niño. Es útil recordar que los padres no pueden llevar a sus hijos más allá de su propia madurez espiritual.

Se pueden usar Los círculos de compromiso que presenté antes en el libro para mostrar la participación estratégica de los padres en diferentes niveles. Esto sirve para indicar sus propios niveles de crecimiento espiritual y de desarrollo.

La participación estratégica de los padres no impide cuánto se involucren ni limita su colaboración, es sencillamente una guía para desarrollar las oportunidades de participación y las herramientas para hacer esto. Por ejemplo, mediante el Internet, nosotros les ofrecemos a nuestros padres en la Multitud una sencilla «ayuda para los padres» en forma de un bosquejo de lo que los niños están aprendiendo en los fines de semana acompañado de los mismos videos de enseñanza que los niños ven en el servicio del fin de semana. También proveemos preguntas sencillas para que los padres las usen como una guía de conversación acerca de la enseñanza.

Los padres que están identificados como Congregación, Comprometidos, Núcleo, Comisionados, están preparados para incluirse en la senda del discipulado del grupo pequeño. El plan de estudio que usamos está diseñado para involucrar a los padres en cada lección como se describió en el capítulo 6. Tenemos clases para los padres de cada nivel de edad, ofreciendo instrucciones y guía para sacar el mejor provecho de su participación en este proceso.

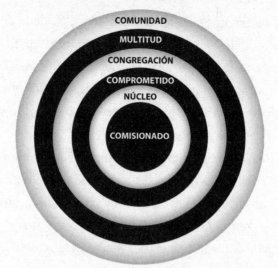

Es vital que usted permita que sus padres crezcan en el papel de la influencia espiritual primaria sin la culpa y vergüenza que nosotros podemos inadvertidamente poner en ellos por no haber hecho esto antes. Dos magníficos discipuladores, Jesús y Pablo, le dieron a la gente solo lo que ellos podían manejar en el momento. Pero a medida que la gente maduraba, recibía niveles más altos de enseñanza y responsabilidad. Una de las palabras clave para este libro es «peregrinaje». Mientras que estamos guiando a los niños en su viaje hacia la salud espiritual, los padres también están en su propio peregrinaje.

Tome algunos pasos prácticos

Hay algunos pasos prácticos que su ministerio para niños puede dar para fortalecer la asociación con propósito entre los padres y la iglesia. Estos pasos son «factibles» y no requieren una completa reinvención de su ministerio.

Paso 1: Refinar el ritmo de su comunicación. La comunicación efectiva con los padres es una manera fácil de fortalecer la asociación con los padres y fomentar confianza. La pobre comunicación puede hacer exactamente lo opuesto. Cree canales de comunicación apropiados y relevantes para los padres. Tenga cuidado de no insistir o usar un método de comunicación que sea cómodo para usted, pero que los padres no lo reciban bien. Periódicamente verifique con los padres su comunicación para asegurarse que sea eficiente. Asegúrese de que su información sea correcta. Su mensaje necesita ser sencillo, visualmente aceptable y conciso.

Paso 2: Presente el Calendario. Con los actuales horarios locos, usted debe ser deliberado acerca de las actividades que programe. Por ejemplo, esté consciente de la cantidad y tipos de programa que estamos poniendo frente a nuestras familias. Ofrezca una combinación de programas de una edad específica («actividades para llevar y luego recoger a los hijos»), como también intergeneracionales o programas que los incluyan a todos, padres y niños. Asegúrese de que los programas que usted ofrezca no compitan con otros ministerios en la iglesia.

Paso 3: Cree puntos de conexión. Una manera en que usted puede asociarse con propósito con los padres es crear puntos de conexiones en los que usted pueda presentar (o reforzar) el papel bíblico de los padres como la influencia espiritual primordial en la vida de su hijo. Además, tome un tiempo para demostrar cómo la iglesia se asocia con los padres para guiar a sus hijos hacia la salud espiritual. Un punto de conexión es el momento perfecto para dejar saber a los padres los objetivos de los próximos pasos en la formación espiritual y el discipulado de su hijo en la iglesia. Esto también puede ser una oportunidad para que los padres hagan preguntas o den una retroalimentación vital al programa actual.

Una de las conexiones más fructífera es un hito. Este es un acontecimiento o paso significativo en el desarrollo de un niño. Nosotros celebramos tres hitos naturales en la Iglesia de Saddleback, y usamos estos puntos de conexión con nuestros padres. Cada uno de estos es una oportunidad para preparar y animarlos como la influencia espiritual primordial en la vida de sus hijos. Los tres hitos son la dedicación del niño, el bautismo y la Santa Cena.

Hito 1: Dedicación del hijo

Cualquier padre que desee dedicar a su hijo a Dios de manera pública tiene que asistir a la clase del Compromiso de los padres y Dedicación del Hijo. Uno de los objetivos cruciales de la clase es asegurarse de que los padres sean creyentes y estén completamente conscientes del compromiso que están haciendo. En esta clase les enseñamos a los padres lo que es y lo que no es la dedicación de un niño. Los ayudamos a comprender la responsabilidad que Dios les ha encomendado como la influencia principal en la formación espiritual de su hijo. Les contamos la misión, visión y valores de nuestro ministerio para niños y nuestro compromiso para apoyarlos en cada etapa del desarrollo espiritual de sus hijos. También les damos recursos de crianza.

La ceremonia variará dependiendo de la sucursal de Saddleback a la cual usted esté asistiendo. La mayoría de nuestras sucursales celebran la ceremonia de dedicación durante un servicio de fin de semana. Algunas de nuestras sucursales más grandes tienen su Ceremonia de Dedicación el sábado por la mañana con todas sus amistades, miembros de la familia, miembros de su grupo pequeño y quienquiera que desee apoyarlos. Lo celebramos en grande, con comidas, fotógrafos, decoraciones, en fin, tiramos la casa por la ventana. Constantemente recibimos reacciones positivas no solo de los padres involucrados, sino también de los miembros de la familia extendida y amistades que se invitaron a participar en la ceremonia. Durante este programa presentamos el mensaje que todos somos una obra maestra de Dios según vemos en Efesios 2:10. Esta es la primera vez que algunos de los invitados, que nuestros padres invitan a la ceremonia, escuchan que su identidad, su propósito y su destino están en Dios.

Hito 2: El bautismo

Similar a la Dedicación del Niño requerimos que los padres asistan a las clases de bautismo con su hijo antes que ellos se bauticen. En esta clase les enseñamos, tanto al niño como a los padres, lo que es y no es el bautismo. Un miembro de nuestro equipo tiene una conversación (o «entrevista») personal con cada niño para asegurarse que ellos entiendan, basados en las Escrituras, el paso que están dando. Hay veces que descubrimos que un niño no ha hecho la decisión para hacer de Jesús el Señor de su vida. En ese caso, les damos la oportunidad de hacerlo en ese momento. De hecho, también extendemos a los padres la invitación para recibir la salvación. Esta práctica ha resultado ser increíblemente fructífera para nosotros porque a menudo tenemos la oportunidad de también guiar a los padres a Cristo.

Hito 3: La comunión

Al igual que el bautismo, el mismo Cristo instituyó la comunión. Aunque el bautismo es un acto que solo se hace una vez, los seguidores de Cristo practicaron la comunión con regularidad. La comunión se enseña de manera estratégica en la senda de discipulado en nuestros grupos pequeños. En los grupos pequeños creamos una actividad especial, en conjunto con el horario del discipulado, donde se enseña y se administra la comunión a los niños y a sus padres. Este es un tiempo especial tanto para los niños como para los padres. Para algunos de nuestros padres, esta es la primera oportunidad de aprender o participar en la comunión.

La importancia de las transiciones

Otra manera de crear puntos de conexión con los padres es mediante las transiciones. Estas no son lo mismo que los hitos, y no se celebran de la misma manera, pero sí es otra oportunidad de medir y celebrar el crecimiento. Por ejemplo, una transición es cuando un niño pasa al próximo grupo por edad en el ministerio para los niños. Este es un buen momento para celebrar una sencilla reunión en la que se anime a los padres, se les informe la estrategia del próximo paso de desarrollo en el proceso del discipulado y también se les deje saber lo que pueden esperar en la próxima fase. Esto no tiene que ser una gran ceremonia, solo una sencilla reunión. Nosotros hacemos esto para las cuatro transiciones antes de la secundaria:

- Guardería a preescolar
- Preescolar a los primeros grados elementales
- Primeros grados elementales a los grados finales elementales
- Grados finales elementales a la escuela intermedia: El acontecimiento Gran Puente

Aunque las iglesias difieren en sus metodologías sobre la participación de los padres en el proceso del discipulado, todos estamos de acuerdo en que una asociación de la familia biológica con la familia de la iglesia es la manera más eficaz de guiar a los niños hacia la salud espiritual. Una asociación es una relación de colaboración que se desarrolla y se fortalece a través del tiempo. Cualquier paso o proceso que usted implemente, contribuyendo así al crecimiento de esa asociación con los padres, será algo que celebrar.

Guía para el intercambio de ideas

En este ejercicio usted:

- Pensará en las oportunidades que actualmente usted usa para relacionarse con los padres mediante su ministerio.
- Considerará nuevas formas de involucrarse y asociarse bien con los padres en su ministerio.
- Examinará algunos pasos sencillos que pueda implementar para animar a los padres a dar los próximos pasos para convertirse en el influyente principal de la fe en la vida de sus hijos.

Descubrimiento/Reflexión:

1. En la actualidad, ¿qué oportunidades les provee usted a los padres para involucrarse con el ministerio de sus hijos?

2. ¿Cómo su ministerio para niños se asocia intencionalmente con los padres en el proceso del discipulado de sus hijos?

3. ¿Qué oportunidades puede usted crear para que los padres tengan una asociación más fuerte entre ellos y el ministerio para niños?

En Saddleback nosotros usamos el Círculo de los Comprometidos para mostrar cómo de manera estratégica nosotros involucramos a los padres en diferentes niveles. Su nivel de compromiso se alinea con sus niveles de crecimiento y desarrollo espiritual.

Aquí está un ejemplo de cómo nuestro ministerio para niños se asocia de manera estratégica con los padres en el proceso del discipulado:

Familias de la Comunidad y de la Multitud:

Padres e hijos pueden servir juntos.

Familias de la Congregación, de los Comprometidos, del Núcleo y de los Comisionados:

Los padres están estratégicamente preparados e incluidos en la Senda del Discipulado del Grupo Pequeño. El currículo que usamos está diseñado para involucrar a los padres a medida que los hijos hacen sus «tareas».

¿Cómo participan los padres en el ministerio para niños?

Piense en la madurez espiritual de los padres de su iglesia en términos de «etapas del desarrollo espiritual».

Use el círculo de Compromiso, o una gráfica que usted desarrolle, y trace un mapa de las diferentes etapas del desarrollo espiritual que usted ve en los padres de su iglesia. Ahora desarrolle algunas oportunidades sencillas que animen a los padres a involucrarse, basándose en su propia madurez espiritual, en el proceso del discipulado de sus hijos.

Aquí verá algunos pasos sencillos que la iglesia puede presentar a los padres para llevarlos, gradual y estratégicamente, un paso más cerca a su papel como el influyente principal de la fe en la vida de sus hijos.

1. Anime a los padres a orar oraciones breves de bendición sobre sus hijos.

Nunca le reste importancia a la eficacia y poder de la oración. Animar a los padres a comenzar con oraciones sencillas y breves que expresen bendiciones y amor a sus hijos fomentará crecimiento en su propia espiritualidad. Ellos también tendrán una experiencia directa y transformadora que solo se puede recibir mediante la oración.

2. Anime a los padres a estar conscientes de los «momentos de aprendizaje» durante la vida cotidiana.

En el transcurso de la vida cotidiana los momentos apropiados para el aprendizaje proveen el ambiente y la situación adecuadas para presentar o reforzar una verdad.

Estos momentos suceden todos los días, de manera natural y casual, a nuestro alrededor. La clave es estar consciente de esto y aprovecharlos. Piense en las lecciones más impactantes, ya fueran positivas o negativas, que usted aprendió de niño/a. Es muy probable que esas lecciones se aprendieran en el curso de la vida real mientras que usted observaba e interactuaba con sus padres y demás miembros de la familia.

Por ejemplo, digamos que usted lleva a su hijo a comprar ropa a una tienda por departamento. Después de pagar por la ropa usted le da un vistazo al recibo y nota que la vendedora asociada falló inadvertidamente al cobrarle un artículo. Es posible que usted tenga la tentación de ignorar esto porque está apurada, sin embargo, esta es una oportunidad muy importante de enseñanza para su hijo. Cuando usted regresa al lugar de la cajera y le informa el error a la asociada de venta, usted está modelando honestidad e integridad y refuerza el principio bíblico de una manera que solo un relato nunca podrá lograr.

Por esta razón es un imperativo que los padres desarrollen y alimenten la habilidad de reconocer y aprovechar estos momentos enseñables a lo largo del curso de la vida diaria.

Los padres que aprovechan estos momentos de enseñanza, que ofrecen conocimientos prácticos y una comprensión más profunda de los conceptos bíblicos, formarán un poderoso puente entre la información y la aplicación. Estos muestran un modelo diario de qué hacer con la información. Los momentos de aprendizaje a veces pueden ser muy obvios, pero en otras ocasiones se aprende una lección de valor en momentos vagamente reconocibles o simplemente menos obvios. La enseñanza de una lección puede ocurrir al modelar, al señalar la conducta correcta o incorrecta de otros o al comentar una situación que se vio en una película o en los medios sociales.

Los líderes del ministerio para niños pueden asociarse a los padres al ser intencionales acerca de ayudarlos a estar conscientes de lo que se les está enseñando a sus hijos en la iglesia. Con esta información los padres pueden darse cuenta de los momentos potenciales de enseñanza mientras tienen conversaciones con sus hijos en el auto, viendo películas con ellos en el hogar, cuando van a lugares con los hijos, etc.

3. Anime a los padres a tener deliberadamente «conversaciones acerca de Dios» en el hogar.

Los padres pueden tener un papel masivo al hacer que las conversaciones acerca de Dios sean algo normales para el hijo. A medida que los niños aprenden y aumentan su comprensión de quién es Dios al igual que desarrollan su relación con él, será natural que ellos tengan cosas que quieran decir y preguntar. Anime a los padres a abrir la puerta a esas conversaciones y a crear un ambiente seguro y cómodo que modele cómo tener conversaciones en el hogar deliberadas, pero informales, acerca de Dios.

4. Anime a los padres a modelar en el hogar un «auténtico» discipulado/vida cristiana.

Los padres están modelando algo para sus hijos. La pregunta es, ¿qué están modelando?

Una de las mejores maneras en que un padre puede influir en la formación espiritual y el discipulado de sus hijos es modelar una vida genuinamente cristocéntrica o un discipulado auténtico. La autenticidad no se trata de «siempre hacer lo correcto», sino más bien de momentos poderosos de honestidad e integridad en que los padres admiten sus errores, se apropian del error y los rectifican.

Cuando los padres y los niños sirven juntos, hay una gran oportunidad para modelar este modo de vivir. Hay que animar a los padres para que no teman aprender con sus hijos. Los padres que sirven en el ministerio para niños, enseñándoles a sus hijos la Biblia, tienen una manera formidable para también aprender.

5. Anime a los padres a estar deliberadamente presentes con sus hijos.

No es suficiente solo estar en el hogar o hacer cosas con los hijos presentes. Es necesario animar a los padres a estar presentes con sus hijos. La importancia de que los padres estén atentos a las vidas y las necesidades de sus hijos puede probarse de manera científica y espiritual.

6. Anime a los padres a no permitir que la culpa hoy les evite dar un paso pequeño.

Tenemos la tendencia de comparar, pero el peligro es comparar nuestra manera de crear con la de alguien más y permitir la creación de una mentalidad todo o nada. «Ya que yo no puedo ser la influencia espiritual que necesito ser, no haré nada de esto».

Hay que comenzar en alguna parte. No espere hasta que todo sea perfecto para comenzar.

Conexión:

Ore a Dios, pidiéndole creatividad y sabiduría para encontrar la manera de asociarse con los padres en el proceso del discipulado de sus hijos.

CAPÍTULO 11

La necesidad de implementar cambios

«Esto no sucederá».

Estas fueron las palabras exactas que me dijeron en mi primera iglesia durante una reunión en la que yo estaba intentando presentar un cambio sobre la manera de abordar la Escuela Dominical. La declaración vino de un miembro de la junta que tenía una larga historia de participación profundamente enraizada en la Escuela Dominical. Él dejó bien claro que no tenía interés alguno en hacer cambios. Para él, la mismísima idea de cambios era ridícula. En parte, su obstinación se debía al hecho, según él lo veía, de yo ser un líder joven, inexperto, testarudo que quería hacer las cosas de un modo diferente.

Y él tenía razón, yo era todas esas cosas.

Pero este miembro de la junta no estaba defendiendo el modelo actual como aplicable o efectivo, ni tampoco estaba combatiendo la idea propuesta. Sencillamente estaba combatiendo la «idea» de un cambio.

Por desdicha, esta es una escena demasiado común en la iglesia local. Y debido a que existe esta mentalidad, algunos han aceptado la idea de que cambiar es difícil y retador y hasta puede parecer imposible, pero es posible. Sin embargo, debe abordarse con sabiduría y con propósito.

Es posible que luego de haber leído los capítulos previos y haber considerado la estrategia y estructura de su ministerio para niños, haya reconocido que hay aspectos de su ministerio que deben cambiar. Reconocer esto puede retarle y darle un estallido de inspiración y energía. Para otros, esto puede ser increíblemente temible. De cualquier modo, el cambio es algo muy personal y debe tratarse así. Luego de leer este capítulo, creo que usted se animará más y se sentirá más preparado para dar un paso de fe al comenzar el proceso de iniciar e implementar el cambio que considera necesario para aumentar la salud de su ministerio para niños. Examinaremos algunos principios comunes del cambio efectivo y una sencilla técnica que tiene una trayectoria comprobada para iniciar e implementar cambios sin tener un título de sicología.

El cambio es inevitable, pero aún no me gusta

Precisamente cuando por fin me siento cómodo usando un cierto programa de computadora, algún ingeniero de software decide cambiarlo solo para hacer mi vida miserable. De hecho, justo cuando estaba escribiendo este libro, los productores de Microsoft Word, un programa que estuve usando durante muchos años y que conocía muy bien, ¡decidieron cambiar el programa por completo! Cuando este libro ya esté publicado, es muy probable que haya surgido una nueva versión de Word, y esta, de la cual me estoy quejando ahora, será un recuerdo distante.

Ese solo ejemplo es una buena descripción de la vida misma. La vida es un cambio continuo. Es realmente irónico que tengamos que luchar tanto con los cambios cuando toda nuestra experiencia de la vida está llena de cambios. El cambio es un proceso natural para nuestros cuerpos físicos, la tecnología, nuestros estilos de vida y hasta para nuestra relación con Jesús. La idea misma de nacer de nuevo y desarrollarse como un discípulo de Jesús está basada en un cambio. En sus días, el apóstol Pablo dijo esto: «El Señor, quien es el Espíritu, nos hace más y más parecidos a él a medida que somos transformados a su gloriosa imagen» (2 Corintios 3.18b, NTV; vea también 5.17).

El tiempo ni el mundo se detienen. El cambio es la ley de la vida. Y aquellos que solo miran el pasado o el presente realmente pierden el futuro.

JOHN F. KENNEDY

Entonces, ¿hay algo en la vida que permanece igual? ¡Sí! Lo único que no cambia ni puede cambiar es la Palabra de Dios. Como dije antes, el fundamento de un ministerio con propósito para niños se edifica sobre el Gran Mandamiento y la Gran Comisión. Estas son Palabras de Dios que nunca cambian. Pero todo lo demás puede y eventualmente cambiará según cambie la cultura y el estilo de vida.

Vendrá un día en que la gran idea o programa que hoy estoy implementando dejará de ser eficiente para alcanzar el objetivo original. Cuando llegue ese día, ¿reconoceré yo la necesidad de cambiar? ¿Estaré yo dispuesto y preparado para abandonar todo lo viejo y recibir lo nuevo? Estas son preguntas desafiantes que cada líder se debe hacer si ellos desean ser eficientes guiando a los niños hacia la salud espiritual en un mundo de cambios constantes e inevitables.

¿Por qué a la gente no le gusta cambiar?

La razón por la cual nos disgusta y resistimos los cambios varía, dependiendo de la gente involucrada y de la cultura de la iglesia. Sin embargo, la resistencia al cambio tiene algunas cosas en común que se pueden encontrar en casi todas partes debido a una similitud primordial: la naturaleza humana. Una gran parte de la condición de la naturaleza humana es el hecho de que a la mayoría de la gente no le gusta que la empujen, prefieren que las guían desde el frente.

Yo formé una lista de las razones principales por las cuales a la gente no le gusta cambiar. Esta lista puede ser útil para usted durante el tiempo en que procese el cambio:

- A la gente no le gusta cambiar porque le gusta estar en control.
- A la gente no le gusta cambiar si no forma parte del proceso.
- A la gente no le gusta cambiar porque esto los saca de su zona de comodidad.
- A la gente no le gusta cambiar porque somos criaturas del hábito.
- A la gente no le gusta cambiar si no entiende por qué es necesario que suceda el cambio.
- A la gente no le gusta cambiar si tiene una gran conexión con «las viejas costumbres».
- A la gente no le gusta cambiar si es apática.
- A la gente no le gusta cambiar si no puede visualizar el cambio.
- A la gente no le gusta cambiar si hay falta de confianza.
- Es posible que la gente desconfíe del líder que está pidiendo el cambio.
- Es posible que a la gente le falte confianza en el proceso.
- Es posible que a la gente le falte confianza en el objetivo general para el cambio.
- Y la razón número uno por la cual a las personas no le gusta cambiar: a la gente no le gusta cambiar debido al temor.

Ya sea por temor a lo desconocido, al fracaso o temor a la pérdida personal, la posibilidad de un cambio muchas veces creará una ola de temor en las personas que pueden impedir que se vea el verdadero beneficio del cambio.

Tres métodos para el proceso del cambio

La manera en que usted aborde el proceso del cambio puede ser la diferencia entre hacer que el cambio realmente suceda en su iglesia y no hacer el cambio. No soy un experto en el proceso del cambio, pero he pasado por este camino en varias ocasiones.

Mis experiencias en la esfera de hacer cambios van desde tener un gran éxito hasta una derrota completa. Uno de los factores clave para iniciar e implementar cambios con éxito consiste en cómo el líder presente la idea. Para iniciar e implementar el cambio hay dos técnicas o métodos que nunca he visto funcionar. Yo les llamo el político y el buldócer.

El político. El objetivo principal del político es ganar y mantener el favor de todos. Ellos hacen una encuesta, le preguntan a todos qué quieren, y tratan de satisfacer a tantas personas como les sea posible. Esto no funciona porque usted NUNCA podrá satisfacer a todos.

El buldócer. La segunda técnica sin éxito es la del buldócer. Este líder sabe con exactitud lo que él o ella quiere y sencillamente fuerza a todos para que adopten su idea. Si usted desafía a este líder o la idea, saldrá atropellado. Este método no funciona por razones obvias. Pero una razón específica es esta: usted no puede ganar confianza, alineamiento y amor en un equipo donde el líder atropella al equipo sin considerar sus contribuciones, conocimientos o sentimientos.

La guía. La técnica que para mí ha funcionado con éxito es la que yo llamo la Guía. Este líder decide guiar a los líderes de su ministerio para niños mediante un proceso que abre sus mentes a una realidad actual que no da en el blanco y que necesita más exploración. La mente es muy parecida a un paracaídas, no funciona hasta que se abre. A medida que sus mentes se abren y están conscientes de las circunstancias presentes, el Guía dirige progresivamente al equipo a través de un proceso de descubrimiento y desarrollo que estratégicamente involucra al equipo y utiliza los puntos fuertes, la experiencia y los talentos del grupo. Y aquí está la mejor parte: ¡usted lo puede hacer!

A través de los capítulos anteriores de este libro usted ha caminado por una senda de descubrimiento, y ahora está preparado para guiar a otros por ese mismo camino.

A medida que su mente se ha abierto a nuevas posibilidades, hay una buena posibilidad de que usted haya experimentado una pasión y visión renovadas por las grandes cosas que Dios quiere hacer en su ministerio para niños. Ore y confíe en que los que sirven con usted tengan la misma experiencia cuando usted les presente lo que Dios le ha estado diciendo durante este proceso.

Usted no puede forzar a alguien para que lo siga por un sendero. Los estará arrastrando si ellos no quisieran seguirle. Con esto en mente, en lugar de tratar de convencer a la fuerza a los líderes de su iglesia o ministerio de que los cambios son necesarios y presentar un plan de veinte páginas detallando cada movimiento del plan, solo guíelos por la misma senda que usted acaba de caminar. ¿Le parece riesgoso? ¡Claro que sí! Pero todo lo que tiene valor en mi vida en algún momento fue riesgoso. Si quiere agarrar la fruta, hay que subir al árbol y aventurarse.

Antes de seguir adelante necesito dejar algo absolutamente claro. Un líder que está guiando a un equipo por un proceso de cambio ya tiene una buena idea de hacia dónde se dirige el proceso. Recuerde que usted, como el guía, está guiando al equipo mediante el proceso de descubrimiento que ya llegó a ser real para usted. Usted ya vio el destino, y ahora está llevando al equipo hasta allá. Aquí, la clave es el proceso del descubrimiento. El equipo está descubriendo, tal y como usted hizo, mediante un proceso, y eso requiere tiempo. Así que recuérdese constantemente ser paciente.

Mi historia de cambios

Antes, en este libro, le dije que una vez yo supe acerca del ministerio con propósito, sabía que tenía que hacer cambios. Si la iglesia en la que yo estaba en ese tiempo hubiera sido una iglesia con propósito, hacer cambios habría sido facilísimo, pero no era así. Entonces, la pregunta obvia y patente era esta: ¿cómo yo, el pastor de los niños, iba a implementar una estrategia en el ministerio para niños que nadie en la iglesia utilizaba?

El liderazgo de mi iglesia no tenía interés en la metodología del ministerio con propósito. En el mejor de los casos, nuestro método para ministrar tenía algunas similitudes a una iglesia con propósito. El hecho es que estábamos haciendo cosas buenas, pero las cosas buenas no eran estratégicas ni estaban intencionalmente estructuradas, lo cual es la esencia de una iglesia con propósito. Yo había presentado cambios en mi primera iglesia, pero eso no era nada en comparación con lo que ahora estaba buscando hacer. Los cambios que hice en mi primera iglesia eran pequeños, pero ahora estaba buscando hacer cambios radicales.

La lectura de *Una iglesia con propósito* me hizo sentir un nuevo entusiasmo que me motivó a examinar bien mi situación para ver qué se podría hacer. Aunque tenía influencia en el ministerio para niños, la cultura de la iglesia estaba enraizada muy profundamente en varios ministerios y programas. A esto, en lenguaje de la iglesia, le llamamos las vacas sagradas. He leído una buena cantidad de libros y artículos acerca de matar las vacas sagradas en la iglesia, pero en mi experiencia, la mayoría de las vacas sagradas nunca se matan, hay que esperar hasta que mueran de vejez.

Yo estaba consciente de que nuestro ministerio para niños podría ser mucho más efectivo, así que aumentó el sentido de urgencia a medida que esto se convertía en una convicción. En mi caso, esto cambió de «se podría hacer» a «se tiene que hacer». Pero ¿cómo?

En una semana de siete días, nuestros niños recibían casi cinco mensajes diferentes y contradictorios. Entre la Escuela Dominical en el primer servicio y la iglesia de los niños durante el segundo servicio, había algunos mensajes diferentes. Después había programas electivos para el domingo por la mañana, y programas para el domingo y los miércoles por la noche. En total, estos programas creaban cinco mensajes diferentes que no armonizaban entre sí. Por el contrario, lo que realmente hacían era competir el uno con el otro. Al examinar cada uno de estos programas, yo podía decir con honestidad que estaba bien hecho. Habíamos puesto mucha energía y recursos en cada uno y se notaba. Ninguno de estos programas era malo y pocos, si alguno, mostraban señales de resultados decrecientes. Sin embargo, ahora yo estaba dolorosamente consciente de una realidad que no podría obviar. Teníamos muchos programas aislados compitiendo por recursos y energía, pero no teníamos un objetivo claro ni una conexión estratégica.

Tristemente, pocos de estos programas (si alguno) intencionalmente involucraba a los padres en el proceso de influenciar espiritualmente a sus hijos. No teníamos una clara declaración de misión ni tampoco teníamos valores de equipo que guiaran nuestro proceso de tomar decisiones. No teníamos maneras confiables para realmente saber si nuestros esfuerzos, energía e inversión de recursos estaban haciendo una diferencia (además de que los padres no se quejaban y los niños parecían estar disfrutando).

Luego de saber todo esto, yo seguí trabajando bajo una fuerte convicción de que algo tenía que cambiar. Aunque los cambios no habían sido fáciles en el pasado, y de hecho nunca lo serían, yo tenía que buscar la manera de por lo menos presentar algún nivel de cambios. No podía seguir manteniendo el status quo. No tenía un plan de acción completo, pero mi primer paso fue reunir algunos puntos de los datos de los niños. Comencé a dirigir «entrevistas» con los niños sobre lo que a ellos les gustaba, lo que no les gustaba, qué les gustaría ver que sucediera, etc. Luego comencé a preguntarles lo que recordaban acerca de la enseñanza de cada uno de los programas. Esto fue lo que descubrí: noventa y cinco por ciento de ellos solo recordaban las últimas cosas que habían escuchado, si algo.

Es posible que ahora usted esté pensando: «Bueno, es claro que hiciste un trabajo muy pobre de comunicación o de lo contrario ellos habrían recordado más». Créame, ya habíamos recorrido esa senda y habíamos «intensificado» las lecciones prácticas, creamos dramas más elaborados y diseñado mejores videos de apoyo. Yo doblé la cantidad de tiempo que dedicaba a preparar esas lecciones y programas. ¿Cuáles fueron los resultados seis meses más tarde? Lo mismo que antes: los niños primordialmente recordaban las últimas cosas que se les había enseñado o que habían experimentado. Estaba claro que faltaba algo. Y ese algo era un proceso de discipulado intencional que estratégica y evolutivamente llevara a los niños hacia la salud espiritual.

Entrevistar a los niños abrió mis ojos. Aprendí tanto en este proceso que decidí hacer lo mismo con los voluntarios. Comencé al azar, haciéndoles preguntas como estas: ¿Con cuánta eficiente cree usted que nuestro ministerio para niños enseña la Palabra de Dios a los niños en nuestra iglesia? ¿Cree usted que los niños de su clase están interesados? ¿Cuán eficiente es usted al comunicar la Palabra de Dios a los niños?

Una vez más se abrieron mis ojos a medida que hablaba de manera casual con los voluntarios. Estaba claro que la mayoría de los voluntarios tenían un sincero deseo de ser eficientes en su ministerio para niños. Noté que algunos sencillamente estaban «pasando el tiempo» y nada más, pero me emocionó saber que la mayoría de los miembros del equipo de voluntarios con los que hablé estaban comprometidos por completo a hacer una diferencia en las vidas de los niños a quienes servían. Una cantidad sorprendente de voluntarios tenían preocupaciones similares a las mías. Se sentían como si sus esfuerzos se quedaran cortos. Muchas veces les escuché decir: «Los niños no están involucrados». Pero la mayoría de los voluntarios no podía articular qué era necesario hacer de una manera diferente en nuestro ministerio para niños. Ellos solo sentían que faltaba algo.

Era hora de actuar. Pero ¿cómo iba yo a hacer estos cambios cuando el liderazgo de mi iglesia no estaba a bordo?

Mi próximo paso: reunión de todo el personal

Decidí llamar a una reunión de todos los voluntarios clave en cada aspecto de nuestro ministerio para niños. El intento era crear un diálogo abierto para dar un seguimiento a las preguntas que yo les había estado haciendo individualmente. Hice que la reunión fuera «algo grande». Traje comida, arreglé el salón y pasé tiempo honrando a los voluntarios.

Entonces comenzó el programa principal, hice la primera de solo tres preguntas (o así lo creí) para procesar la situación con el grupo: «En su opinión, ¿por qué hacemos el ministerio para niños en esta iglesia?». Me aseguré de que ellos supieran que no había respuesta «incorrecta». Pedí su opinión porque todos tenían una. Además, era maravilloso hacer que toda la gente en el salón se involucrara en la conversación. Pero esto fue mucho más que un rompehielos. Casi todos los que estaban allí tenían una respuesta. Como el líder del ministerio para niños, fue divertido y animante ver cómo brotaba la pasión en el salón en cuanto a «¿por qué tenemos un ministerio para niños?».

La discusión fue viva y cautivadora. Las respuestas fueron de teológicas y teóricas a muy personal y emotivas. Después que cada persona tuvo la oportunidad de responder, yo expuse la próxima pregunta: «¿Cuáles son las necesidades, luchas u obstáculos que hoy encaran nuestros niños?».

Igual que las respuestas a la primera pregunta, parecía que casi cada voluntario en el salón tenía algo que decir. Sus respuestas no se basaban en los últimos descubrimientos por una agencia de gobierno o un grupo de investigación, ellos simplemente hablaron acerca de los daños y obstáculos en la vida de los niños. Esto comenzó como algo basado en hechos, pero enseguida se convirtió en algo personal y emotivo.

La discusión se extendió durante un buen tiempo, así que entonces hice la última de mis preguntas planeadas: «Luego de comentar por qué tenemos el ministerio para niños e identificar algunas de las necesidades y luchas de nuestros niños, déjenme hacerles otra pregunta: ¿estamos logrando el éxito?».

Al contrario de lo que sucedió con las respuestas a las preguntas previas, hubo silencio. Nadie respondió. En ese momento ellos reconocieron la necesidad de hacer cambios. Yo no tuve que persuadirlos. Ellos llegaron por su cuenta a esa conclusión. Luego de un prolongado silencio, uno de los líderes clave en el salón preguntó: «Yo creo que no. Creo que estamos haciendo cosas buenas, pero me parece que no estamos teniendo éxito hasta el punto en que podríamos tenerlo. ¿Qué debemos hacer?».

Ahora eran ellos los que me hacían preguntas.

Es muy importante que yo aclare algo: yo no los «engañé» ni los manipulé para que vieran las cosas a mi manera. Todo lo que hice fue guiar sus pensamientos con algunas preguntas aclaratorias. Ellos llegaron a esta conclusión sin que yo lo rogara o exigiera. Jesús fue quien modeló y dominó este método de guiar los pensamientos de las personas con preguntas que guiaban y dejaban en manos del oyente la autoridad para contestar. «Las preguntas eran una de sus principales herramientas para hacer que las personas se detuvieran, pensaran y cambiaran sus vidas»[20] (por ejemplo, Marcos 8.27–29). Como ya dije, mi intención era solo hacer tres preguntas. Pero entonces hice una cuarta pregunta no planeada.

«¿Qué pasaría si pudiéramos diseñar una estrategia de ministerio que hiciera frente a estos asuntos con propiedad y fuera eficaz en conectar a estos niños con Dios? ¿Estarían ustedes dispuestos a ayudarme a organizar e implementar esto?»

Sin dudarlo, todos ellos me dieron un «¡Sí!» rotundo.

Con el apoyo e intervención de los voluntarios clave comenzamos a evaluar cada programa y a diseñar una estrategia más eficiente para alcanzar a nuestros niños. Cuando fui a esa reunión con los voluntarios clave, ya yo tenía una idea de lo que necesitaríamos para hacerlo, pero no escribí ningún plan. Lo haría para la próxima reunión. Y una vez más, usé preguntas que nos guiaran a todos, en lugar de solo decirles el plan.

La clave para crear cambios duraderos

Para crear cambios duraderos en alguien, debe haber un cambio en la manera de pensar. Permítame recordarle un versículo clave del capítulo 2 donde exploramos el concepto de un proceso de discipulado: «No imiten las conductas ni las costumbres de este mundo, más bien dejen que Dios los *transforme* en personas nuevas al *cambiarles* la manera de pensar. Entonces aprenderán a conocer la voluntad de Dios para ustedes, la cual es buena, agradable y perfecta» (Romanos 12.2, NTV, énfasis del autor).

Dios nos transforma cambiando la manera en que pensamos. Podemos ver este método, que comienza en el interior antes de mostrarse en el exterior, en las enseñanzas de Jesús en el Sermón del Monte (vea Mateo 5—7). Un cambio dramático en la conducta o acciones comienza con un cambio de pensamientos. Esta también es la clave para introducir cambios con éxito en cualquier grupo de personas. Los cambios duraderos suceden cuando cambia el pensamiento de los involucrados. Y el descubrimiento es el punto de inicio para un cambio en el pensamiento.

A lo largo de la historia humana los momentos de descubrimiento han sido catalíticos para cambiar nuestra manera de pensar acerca de nuestro mundo. La exploración de nuevas civilizaciones, personas y culturas cambió la manera en que pensamos y vimos el mundo que nos rodea. Después que se hicieron estos descubrimientos, sencillamente no podíamos volver a pensar acerca de nuestro mundo de la misma manera. Como dijo Oliver Wendell Holmes: «La mente del hombre, una vez que la estira una nueva idea, nunca vuelve a recuperar sus dimensiones originales».

Yo les conté la historia de cómo el libro de Rick, *Una iglesia con propósito*, cambió la manera en que yo dirigía el ministerio en la iglesia local. Antes de leer el libro yo tenía ciertas suposiciones y perspectivas acerca de lo que yo creía que era efectivo en el ministerio y en mi mente ya había desarrollado ciertos patrones. Una vez que **descubrí** el método bíblico e intencional que Rick presentó en el libro, mi mente se abrió a una nueva manera de pensar. Este cambio **desestabilizó** las asunciones y patrones que yo había desarrollado a lo largo de los años.

Este cambio eventualmente me llevó al **desarrollo** de un nuevo patrón de ministerio. Este proceso causó un cambio tal que impactó mi manera de pensar acerca del ministerio y nunca más volví a pensar en el ministerio de la misma manera. Aquí está una instantánea del nuevo patrón que desarrollamos:

Descubrimiento —> Desestabilizar —> Desarrollar

Algunos descubrimientos son impactantes al instante, mientras que otros simplemente revelan otras pistas que lo hacen permanecer en la senda correcta. No todos los descubrimientos tienen la misma importancia o impacto, pero cada descubrimiento es significante en algún nivel porque desestabiliza viejos patrones de pensamientos y pavimenta el camino para cambios duraderos.

Un método con propósito para guiar a su equipo a través del proceso de los cambios

Al principio del capítulo dije que el cambio es posible, pero debe hacerse con sabiduría y propósito. Tal vez usted sienta una profunda pasión por guiar a los niños hacia la salud espiritual y es posible que tenga un gran plan en mente para que esto suceda, pero debe ser intencional y estratégico en su método para iniciar el cambio o, de lo contrario, es posible que su plan nunca se haga una realidad.

Aquí encontrará algunos pasos que podrá incorporar al prepararse para guiar a su equipo a través del proceso del cambio. Lo que estoy describiendo es cómo preparar su corazón y mente antes de dirigir el cambio. Antes de dirigir (o siquiera introducir) el cambio, hable con Dios acerca de esto. ¿Qué le está diciendo él acerca de su situación específica? Pregúntese qué está motivando el cambio. Examine su corazón y motivos antes de seguir adelante. Una vez que tenga claridad en cuanto a esas dos preguntas, entonces proceda.

Saber cuándo cambiar. Hay momentos apropiados para presentar un cambio y momentos en que hacer cambios no es lo mejor para el ritmo general de su ministerio para niños. Uno de los libros que influyó mucho en cómo yo consideré el cambio se llama *Leading Strategic Change* [Dirigir un cambio estratégico]. Los autores J. Stewart Black y Hal B. Gregersen identifican tres tácticas para cronometrar el cambio:

Cambio con anticipación: el cambio con anticipación está observando el futuro y anticipando la necesidad de un cambio potencial basado en lo que usted está notando en la actualidad. El desafío del cambio con anticipación es que quizá usted sea el único que reconoce la necesidad del cambio. En esa etapa, el programa o proceso en cuestión puede ser lo suficientemente bueno, pero usted puede ver la fecha de vencimiento de este programa.

Cambio reactivo: El cambio reactivo es reconocer señales obvias de la necesidad de un cambio. Cambiar en esta etapa es mucho más fácil y más común que con anticipación. Sin embargo, este tiene un precio. Es probable que en esta etapa el programa en cuestión haya perdido algún ímpetu.

Cambio de crisis: El cambio de crisis es la etapa en el ciclo de la vida de un programa donde la necesidad de un cambio es dolorosamente obvia. Hay muy poca necesidad de proyectar una visión para la comprensión de otros ya que es probable que la mayoría de las personas relacionadas con el programa estén pidiendo un cambio. En esta etapa el cambio es realmente menos difícil que en las dos etapas previas, pero viene con un gran precio.[21]

Debajo hay una gráfica de las dificultades y precios de los cambios basados en tres tipos de cambios:

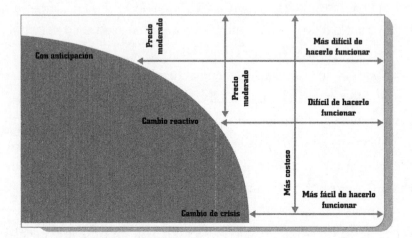

Este cuadro ilustra el momento más óptimo de cambiar un programa o actividad. Todo programa o actividad tiene una cima. La cima representa los mejores años de un programa. Pero como puede ver, una vez que algo llega a la cima, entonces comienza a declinar. A veces la caída es rápida y a veces es más lenta. Una vez que un programa llega a la cima, es natural que comience a declinar. Si es posible, usted va a querer introducir algún tipo de cambio, tal vez un pequeño cambio o quizá un cambio completo, aunque el descenso todavía esté más cerca a la cima de esta curva. Lo ideal es cuando está en algún lugar entre el cambio con anticipación y el cambio reactivo. Si el programa desciende por completo hasta abajo, usted tendrá menos problemas para presentar la necesidad de un cambio, pero tendrá una mayor pérdida de recursos, ímpetu y percepción. La clave es comenzar una nueva curva en el momento oportuno.

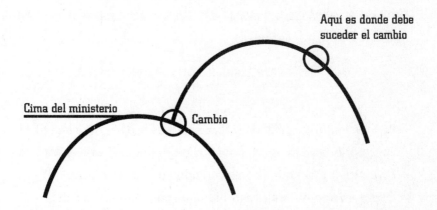

El proceso. Para realmente realizar un cambio, usted necesitará guiar a sus líderes por el mismo peregrinaje de descubrimiento que usted experimentó. Haga preguntas para ayudarlos a descubrir el cambio por ellos mismos. Como aclaré en mi historia al principio de este capítulo, hacer preguntas intencionales guió a mi equipo a

descubrir que necesitábamos hacer un cambio y después, juntos, identificamos cuál sería el cambio.

Algunas cosas que debe recordar al guiar el proceso del cambio

Hay mucho que decir acerca de los cambios y los diferentes aspectos
del proceso del cambio. Personas que saben mucho más que yo acerca
de la dinámica de los cambios han escrito mucho sobre este tópico.
Mi intención era contar mi experiencia al guiar el proceso del cambio
e iluminar algunas ideas en su mente de cómo puede, con confianza,
guiar este proceso con su equipo. Al cerrar este capítulo, me gustaría
dejarle algunos pensamientos acerca del cambio que podrían ser úti-
les cuando usted dirija los procesos del cambio:

Pon todo lo que hagas en manos del Señor, y tus planes tendrán éxito.

PROVERBIOS 16.3, NTV

- Para dirigir un cambio con efectividad usted tiene que tener fe
  en que Dios va a dirigir y guiar sus pensamientos y palabras.
- Para dirigir un cambio con efectividad usted debe estar
  dispuesto a tomar un riesgo. Si fuera fácil, todos lo harían.
  Muchos no intentan dirigir un cambio debido a la misma razón
  que con frecuencia la gente resiste el cambio: temor.
- Para dirigir un cambio, usted no puede permitir que el temor le
  impida tomar riesgos.
- Para dirigir un cambio con efectividad usted tiene que
  perseverar con paciencia. Este proceso no sucederá de la noche
  a la mañana, requiere tiempo.

- Para dirigir un cambio con efectividad usted necesita tener confianza en el proceso. Al igual que un campesino que planta una semilla y confía en que la tierra hará el trabajo aunque él no puede ver el progreso, así usted debe confiar en el proceso aunque no pueda ver cómo se está desarrollando.

- Para dirigir un cambio con efectividad usted debe ser adaptable. Realmente hay una buena oportunidad de que las cosas no sucedan exactamente como se planearon, y cuando esto sucede, vaya con la corriente mientras sigue al Señor.

- Para dirigir un cambio eficientemente usted debe seleccionar con cuidado el lenguaje que mejor se adapte a la cultura de su iglesia. Si usted considera que usar el lenguaje «con propósito» impedirá el proceso o creará un obstáculo debido a ideas preconcebidas, use otro lenguaje que se adapte a su cultura.

- Para dirigir un cambio con efectividad usted debe respetar el pasado aunque esté señalando un futuro nuevo. Muestre cómo los programas que están cambiando fueron instrumentales para traerlos a donde hoy están, pero lo que lo llevaron a donde están hoy no será lo que los llevará a donde quieren ir mañana.

- Para dirigir un cambio con efectividad hay que prepararse para balancear lo antiguo mientras trae lo nuevo. Mientras implementa las nuevas estrategias y estructuras en su ministerio, es probable que necesite mantener algunos de los modelos de prácticas previos mientras introduce los nuevos.

- Para dirigir un cambio con efectividad usted debe crear un sentido de urgencia. Si su equipo siente que «las cosas están bien como están», usted tendrá muchas dificultades para guiarlos a través de los próximos pasos en el proceso de descubrimiento.

- Para dirigir un cambio con efectividad usted necesita «mostrarle» a su equipo, no solo «decírselo». La vista del Mapa ha sido una herramienta efectiva para mostrarle a los miembros del equipo hacia dónde estamos guiando a los niños y cómo los vamos a llevar hasta allá.

- Para dirigir un cambio con efectividad usted debe estar preparado para dejar atrás a algunos voluntarios. En resumidas cuentas no importa cuán apremiante sea la visión, algunas personas sencillamente no querrán ir con usted. Haga lo que usted haga, no los convencerá para que permanezcan en el equipo.

- Para dirigir un cambio con efectividad haga pequeños cambios. Los cambios pequeños y constantes con el tiempo le llevarán a donde usted quiere ir.

- Para dirigir un cambio con efectividad cree y celebre logros pequeños. Busque deliberadamente pequeños logros que su equipo pueda celebrar juntos.

- Para dirigir un cambio con efectividad presente nuevos programas, estrategias o estructuras como un experimento. Solo la palabra «experimento» suavizará la actitud de los miembros resistentes del equipo porque no tiene un carácter definitivo.

- Para dirigir un cambio con efectividad usted tiene que ser estratégico con quienes esté involucrando en cada etapa del proceso (pastor principal, personal de los niños, voluntarios clave y el ministerio para niños). Es probable que no sea sabio incluir a todo el equipo de voluntarios en la fase inicial del proceso de los cambios. Comience con los líderes más importantes y agregue los otros poco a poco.

No, amados hermanos, no lo he logrado, pero me concentro sólo en esto: olvido el pasado y fijo la mirada en lo que tengo por delante, y así avanzo hasta llegar al final de la carrera para recibir el premio celestial al cual Dios nos llama por medio de Cristo Jesús.

FILIPENSES 3.13, 14, NTV

Si está leyendo esto, pero usted no es la persona que toma las decisiones en el ministerio para niños de su iglesia, de todos modos, puede seguir este proceso de cambio. Sencillamente invite a su pastor o director de su ministerio para niños a participar con usted en un proceso de descubrimiento, haciéndole preguntas de orientación, obteniendo claridad y trayendo soluciones a la mesa. Dirigir cambios no se trata de manipular a otros para que hagan las cosas a la manera de usted. Este es un proceso de descubrimiento que abre la mente de una persona a nuevas posibilidades. Con oración este proceso de descubrimiento desestabiliza viejos patrones de pensamiento y metodología y eventualmente lleva al desarrollo de un método más efectivo para guiar a los niños hacia la salud espiritual.

El proceso del cambio comienza con usted. Si usted puede ver el destino, entonces puede llevar a otros por esta misma senda del descubrimiento.

Guía para el intercambio de ideas

En este ejercicio usted:

- Examinará algunas preguntas poderosas que le ayudarán a guiar su equipo de ministerio a través del proceso de cambio.

Descubrimiento/Reflexión:

1. Si usted pudiera cambiar CUALQUIER COSA acerca de su ministerio para niños, ¿qué cambiaría?

2. ¿Cuáles son los mayores obstáculos que se deben cambiar en su ministerio?

3. Debajo encontrará un proceso visual que lo ayudará a expresar lo que necesita cambiar, los obstáculos que impiden los cambios, y los pasos que usted puede dar para superar esos obstáculos y poder implementar con éxito los cambios:

Preguntas que hacer para que los cambios lleguen a ser una realidad

1. ¿Por qué tenemos un ministerio para niños?
   - Esto hace que los participantes se involucren.
   - Esto hace que los participantes se comprometan.

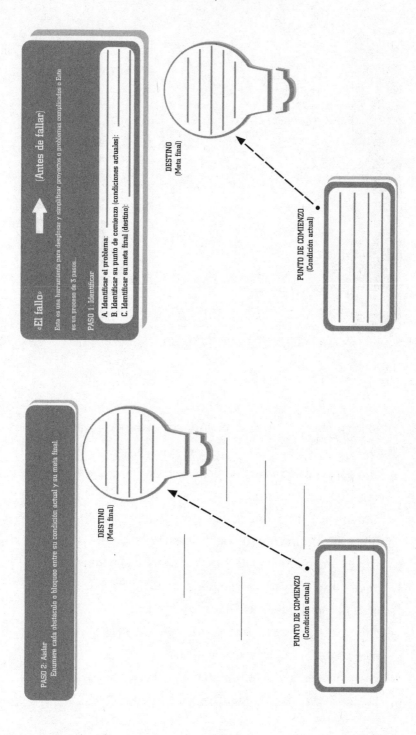

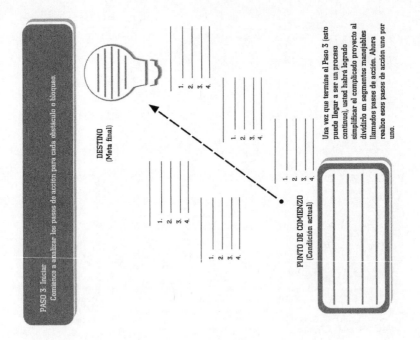

2. ¿Adónde va nuestro ministerio? ¿Adónde estamos llevando a estos niños?

   - Esto abre la puerta para comentar el destino hacia el cual usted está guiando a sus hijos.
   - Esto inicia el intercambio de ideas para definir cómo sería un niño espiritualmente saludable en su iglesia.
   - Esta es una oportunidad para preguntarle al equipo si ellos creen que el ministerio está teniendo éxito en el desarrollo de la salud espiritual de los niños.
   - Esto ayuda a crear un sentido de urgencia en el equipo.

3. ¿A quién estamos tratando de alcanzar?

   - Esto ayuda al equipo a comprender la necesidad de definir quiénes serán los destinatarios del ministerio

4. ¿Cómo podemos alcanzar y desarrollar niños con más eficiencia?

- Esto comenzará los comentarios sobre la estrategia.

5. ¿Qué necesitamos hacer para que esto suceda?

- Esto creará la oportunidad de hablar acerca de las normas, procesos y procedimientos para su ministerio y por qué estos son necesarios.
- Esto motivará los comentarios para descubrir y desarrollar los componentes clave y las estructurales para su ministerio.

Estas preguntas pueden servir como un patrón o formato para dirigir los intercambios de ideas con su equipo de voluntarios. Es posible que usted solo necesite unas cuantas preguntas para iniciar el proceso de descubrimiento. No hay una fórmula específica que funcione todo el tiempo en cada ambiente. Usted necesitará confiar en la guía de Dios, la sabiduría del liderazgo de la iglesia y su propia intuición a medida que desarrolla el plan para guiar a su equipo a través de este proceso de cambios.

Conexión:

Ore por los cambios que su ministerio necesita. Pida a Dios que le muestre cuál debe ser ese cambio si usted no está seguro.

CAPÍTULO 12

¿Por qué existe usted en el ministerio?

Pero mi vida no vale nada para mí a menos que la use para terminar la tarea que me asignó el Señor Jesús, la tarea de contarles a otros la Buena Noticia acerca de la maravillosa gracias de Dios.

HECHOS 20.24, NTV

El apóstol Pablo fue uno de los hombres en la historia más interesante e influyente. Este líder carismático muy educado y brillantemente perspicaz mantenía fuertes convicciones, pero esas convicciones estuvieron equivocadas desde temprano en su vida. Luego de tener un encuentro personal con Jesús, su vida se transformó y el mismo talento que al inicio él usó para destruir la iglesia ahora lo usó para edificar la iglesia. La ciega ambición se convirtió en un propósito completamente claro a medida que Pablo desarrollaba una profunda devoción a su Salvador y al llamado que llegó a su vida. Mediante muchas experiencias Jesús formó a Pablo en una persona inolvidable. Pablo llegó a ser la influencia más significante en el cristianismo. Además del llamado divino para su vida y el poder del Espíritu Santo, la razón por la cual Pablo era tan efectivo es porque él tenía un propósito muy claro. Pablo reveló su propósito para el ministerio en Hechos 20.24 cuando dijo: «Mi vida no vale nada para mí a menos que la use para terminar la tarea que me asignó el Señor Jesús, la tarea de contarles a otros la Buena Noticia acerca de la maravillosa gracia de Dios» (NTV).

De este versículo podemos detectar el claro propósito de Pablo para el ministerio y la pasión que surgió de este llamado. El ministerio de Pablo encontró muchos obstáculos. Las cosas no fueron fáciles para él, pero fue capaz de soportarlas porque tenía un claro sentido de propósito. Para Pablo, la autopreservación y la ganancia personal no eran factores que él considerara urgentes e importantes para la tarea que Dios le había encomendado. Nada le importaba más que completar su misión. El ímpetu y cometido que vemos en la vida de Pablo existió porque él entendía la razón por la que estaba en el ministerio.

Lo importante no es la duración de su vida, lo que importa es la contribución de su vida. Lo que importa en la vida no es cuánto tiempo vivirá, sino cómo vivirá.

RICK WARREN

El momento esencial en la comprensión y aceptación de nuestro propósito en el ministerio ocurre cuando contestamos la pregunta: «¿Por qué existo yo en el ministerio?». Esta es la misma pregunta fundamental que hicimos en el capítulo 3 cuando comenzamos el proceso de descubrimiento de cómo guiar a los niños de maneras más efectivas hacia la salud espiritual. Sin embargo, ahora estamos personalizando estas preguntas catalíticas a medida que buscamos descubrir por qué hacemos qué.

Ministrar, ya sea con un sueldo o como voluntario, no es para los cobardes. No hay brillo, encanto ni gloria en este. No hay una promesa de comodidad ni de privilegios adicionales como en el mundo corporativo. Tristemente, la mayoría de la gente que conocí en el ministerio cuando comencé ya no están sirviendo en el ministerio. Aunque las circunstancias varían, hay algunos denominadores comunes que no se pueden obviar. El ministerio está lleno de grandes gozos, pero esos grandes gozos también vienen acompañados de dolores de cabeza, desilusión y dolor personal.

Regresemos a la pregunta clave de «por qué». Las palabras de Pablo en Hechos eran muy personales cuando dijo: «Pero mi vida no vale nada para mí a menos que la use para terminar la tarea que me asignó el Señor Jesús». Estas palabras han horadado mi alma a lo largo de los años y han sido una fuente de inspiración. Ahora bien, nunca me han pegado físicamente por ser un seguidor de Cristo, pero he experimentado la desilusión de ver a líderes importantes en el ministerio que de manera intencional han engañado a la gente. He visto a líderes cristianos mentir, he experimentado la angustia de la traición de aquellos que yo consideraba ser mis amigos de confianza, y he experimentado la desilusión de sentir que a nadie le interesa lo que hago y a nadie le interesaría si lo dejara de hacer. Pero, a pesar de todo eso, las palabras de Pablo resuenan en mi corazón y mente, mi vida no vale nada para mí a menos que la use para hacer precisamente lo que Dios quiso que yo hiciera cuando me colocó en la tierra.

Esta es la pregunta «por qué» que usted tiene que establecer en su corazón y mente. ¿Por qué usted existe en el ministerio? Una vez que usted complete el proceso de contestar esa pregunta —el dolor de cabeza, las dificultades, las desilusiones— todo eso comenzará a desvanecerse, y a usted le sobrecogerá un sentido de entusiasmo y gozo al cumplir la tarea específica y única que Dios le ha dado. Saber y comprender por qué usted existe en el ministerio le da un claro sentido de propósito que provee la perseverancia, pasión y perspectiva necesarias para sobrellevar las dificultades del ministerio y prosperar en lugar de apenas sobrevivir. Quiero cavar hondo en cada uno de estos elementos de propósito, comenzando con la perseverancia.

Las palabras del apóstol Pablo en 1 Corintios 15.58 (NTV) nos dan una base para saber por qué nosotros existimos en el ministerio: «Por lo tanto, mis amados hermanos, permanezcan fuertes y constantes. Trabajen siempre para el Señor con entusiasmo, porque ustedes saben que nada de lo que hacen para el Señor es inútil».

Saber por qué se genera la perseverancia

Veo un gran ejemplo de perseverancia cada vez que miro la manera en que se construyen los edificios en el sur de California donde vivo. En esta área son comunes los temblores de tierra, aunque la mayoría de las veces son tan pequeños que apenas los sentimos. Los expertos pronostican temblores de tierra potencialmente grandes y destructivos en un futuro inmediato, así que los ingenieros estructurales y arquitectos han diseñado muchos edificios en el área metropolitana de Los Ángeles para resistir la actividad sísmica asociada con los temblores de tierra. Según lo que yo entiendo, los edificios están construidos con cimientos increíblemente fuertes y se diseñaron para flexionarse y no romperse con el temblor de tierra. Estas estructuras no son inmunes por completo de los efectos de grandes temblores de tierra, pero los avances realizados en la ingeniería y diseño han hecho estos edificios más fuertes y más inmóviles que nunca antes.

Cuando usted ha contestado con claridad la pregunta «por qué yo existo en el ministerio», usted ha sentado un fundamento firme para su ministerio y está mejor preparado para la actividad sísmica que viene con el ministerio. Tenemos una palabra para la actividad sísmica que experimentamos en el ministerio: tormentas. Este fundamento de propósito lo mantiene anclado y lo capacita para perseverar cuando llegan las tormentas. Las tormentas pueden prorrumpir de formas variadas, como la frustración, fatiga, temor y hasta dudas. Aunque todos nosotros experimentamos diferentes tipos de tormentas en la vida y en el ministerio, hay tres tormentas que me gustaría destacar porque parecen ser muy comunes para aquellos de nosotros en el ministerio para niños.

Desaliento

Me gustaría decirle que en el ministerio solo hay gozo. Pero tanto usted como yo sabemos que el desaliento vendrá inevitablemente. A lo largo de mis años de ministerio, he experimentado muchos momentos en los que mi autoconfianza, entusiasmo o disfrute del ministerio fueron destruidos por completo por causa del desaliento.

Una forma del desaliento es la crítica, la cual a menudo está mucho más presente que el entusiasmo. Y realmente hiere cuando la reacción positiva también viene acompañada de palabras negativas. Otra forma común del desaliento es estar trabajando duro constantemente con pocos resultados. Nosotros aramos la tierra, plantamos la semilla, cultivamos el suelo y esperamos una gran cosecha. Esto nos agota después de un tiempo y el afán que alimentó su compromiso comienza a dar camino al desaliento.

Hasta en el proceso de escribir este libro yo he visto al desánimo justo en los ojos. Al escribir este libro he experimentado más insuficiencia que durante cualquier otro tiempo de mi vida. Varias veces me he dicho: «Renuncio, no puedo hacer esto». Pero cada vez que me siento así vuelvo al por qué yo existo en el ministerio. Aunque el desaliento no desaparece para siempre, yo soy capaz de perseverar y seguir adelante. Cuando sé por qué yo existo en el ministerio, recuerdo que Dios me escogió y me dio poder para cumplir un propósito único. Yo puedo servir con gozo en medio de las circunstancias desalentadoras porque sé que Dios está conmigo.

Amargura

Cuando yo estaba en el proceso de las entrevistas con la Iglesia Saddelback, uno de los líderes ejecutivos me hizo una pregunta que no recuerdo que alguien me la hiciera antes. Él me dijo: «Steve, ¿quién es tu héroe?» Sin dudar yo respondí: «Mi padre». Una de las razones por la que mi padre siempre ha sido mi héroe es porque él me enseñó cómo resistir la amargura.

Una ocasión en particular reveló el corazón de mi papá en cuanto al perdón sobre la amargura. Esta fue una de las ocasiones desafortunadas en el ministerio de la iglesia local. Un líder de la iglesia intencionalmente tergiversó a mi padre ante algunos de los dirigentes importantes de nuestra iglesia con el fin de dañar su reputación. Este pastor estaba celoso, y esto lo llevó a acciones impropias para un líder espiritual. Mi padre pudo haberse puesto bravo, acabar con este tipo y poner las cosas en su lugar. Pero mi papá sabía que aclarar los hechos perjudicaría la iglesia local.

Mi papá me dijo: «no vale la pena defender mi reputación y herir la iglesia en el proceso». Yo tenía suficiente edad para saber lo que estaba sucediendo. Como un niño adolescente, fue difícil ver esta clase de conducta en líderes espirituales de la iglesia. Era simplemente increíble. Yo estaba enojado y quería resolver el asunto cara a cara sin intención alguna de hacerlo de una manera cariñosa.

Mi padre tuvo la suficiente sabiduría para comprender algo que yo no entendía. Sabía que la amargura mata. Sí, lo sucedido fue para mi padre una ofensa y una injusticia, pero las cosas injustas suceden todo el tiempo, hasta en el mundo de la iglesia.

Cuando albergamos resentimientos, heridas, abuso, rechazo o dolor, damos oportunidad para que la amargura desarrolle raíces en nuestro corazón. Las raíces de la amargura crecen por debajo de la superficie y lentamente establecen un agarre muy fuerte y diabólico sobre cada aspecto de nuestra vida. Esto produce una enfermedad espiritual infecciosa que continúa esparciéndose por todo el ser interior y eventualmente lo daña no solo a usted sino también a los demás.

Cuídense unos a otros, para que ninguno de ustedes deje de recibir la gracia de Dios. Tengan cuidado de que no brote ninguna raíz venenosa de amargura, la cual los trastorne a ustedes y envenene a muchos.

(HEBREOS 12.15, NTV)

Entonces mi padre dio un paso más e hizo algo totalmente inesperado. Él me pidió que yo lo acompañara a echar una carta. A medida que nos acercábamos al gran buzón en el correo, mi papá me explicó la carta que llevaba en sus manos. Me dijo que era una carta para el individuo que con toda intención le estaba causando dolor en su vida. La carta era una disculpa de mi papá al que estaba fabricando las mentiras, pidiéndole que le perdonara la amargura e ira que mi padre estaba albergando en su corazón. Recuerdo que pensé: «Espera, esto está al revés. Tú no debes disculparte con él, él debe disculparse contigo y tomar la responsabilidad de sus acciones malvadas».

Cuando mi padre echó la carta en el buzón, me dijo: «Steve, la amargura te matará. No importa quién sea el culpable o quién esté equivocado. Lo que importa es que tú impidas que tu corazón se amargue. Si no lo haces, el enemigo tiene una puerta abierta para destruirte e impedir que tú hagas lo que Dios te llamó a hacer».

Cuando echó la carta, la oportunidad del resentimiento y la amargura se fue con esta. Él me dijo: «Siento que ha caído de mis hombros una carga muy pesada». Observé cómo se regocijaba de camino a la casa, libre de toda amargura. Saber por qué usted existe en el ministerio le da poder para reaccionar antes las heridas, dolores o rechazo con una obediencia intencional y sin reacciones llenas de emociones de venganza.

Ir a la deriva

¿Alguna vez ha estado en una canoa o en una pequeña embarcación en un lago? De ser así, entonces comprenderá con claridad lo que significa ir a la deriva. Esta palabra significa ser llevado lentamente por una corriente de aire o de agua. Para sacar una embarcación de su curso solo se necesita una pequeña cantidad de viento.

Esto, al igual que irse a la deriva en un lago, se puede experimentar en la vida y en las vocaciones de las personas. En su libro *Mission Drift* [Irse la misión a la deriva] Peter Greer y Chris Horst declararon: «Sin embargo, como las organizaciones están hechas de individuos vencidos por el orgullo y el pecado y bajo el encanto del éxito, nosotros llegamos a la conclusión de que esta crisis no reconocida no es un problema organizacional. Es uno humano».[22] El principio de irse a la deriva sucede en el ministerio cuando nos permitimos olvidar por qué, en primer lugar, estamos en el ministerio. Comenzamos fuerte, pero los vientos y las olas de la vida nos están pegando continuamente. Si no somos fuertes e inamovibles, lentamente nos llevarán lejos de este punto en el que entramos en el ministerio. ¿Cómo sabe uno si se está yendo a la deriva? Hágase estas preguntas:

- ¿Ha perdido su gozo por el ministerio para niños?
- ¿Se descubre hablando constantemente de manera negativa acerca de su iglesia?
- ¿Tiene usted una actitud de tómalo o déjalo acerca de su ministerio?

De nuevo por favor, comprenda que todos hemos estado allí. Muchas veces yo me he sorprendido a mí mismo yendo a la deriva. Irse a la deriva es algo gradual y por lo general silencioso, pero muy destructivo.

Considere lo que sucedió en una universidad muy reconocida en América cuando se fue a la deriva. Una simple mirada a su declaración de misión revela cuán lejos ellos han deambulado. Su propósito era «instruir llana y sencillamente para que consideraran bien que el fin principal de sus vidas y de sus estudios es conocer a Dios y a Jesucristo». Esta era la declaración de la misión para la Universidad Harvard que se estableció en el 1636. Al comenzar, esta universidad empleaba exclusivamente a profesores cristianos y arraigaba todas sus normas y prácticas en los principios bíblicos. Hoy se considera como una institución sin Dios. Ellos se desplazaron por completo de su propósito original.

Hay ejemplos de desviarse de la misión en la iglesia, en los gobiernos, corporaciones y en instituciones educativas, pero esto siempre comienza con los individuos. Todos nosotros debemos navegar por las corrientes de la vida que están en un movimiento constante, intentando lanzarnos por aquí o por allá. Saber por qué usted existe en el ministerio le mantiene consciente de su estado actual de la mente y en su curso hacia el llamado y propósito que Dios le ha destinado.

Las tormentas lo hacen fuerte e inconmovible

Nadie en el ministerio es inmune a estos obstáculos y, si me dieran a escoger, a mí me encantaría ir sin estos por la vida y el ministerio. Sin embargo, al igual que su vida tiene propósito, también lo tienen los obstáculos que encaramos: impedir que lleguemos a la meta.

Un experimento que se hizo a principios de la década de 1980 revela cómo las tormentas pueden fortalecer algo. Esto ocurrió en una biodoma como un experimento para crear un ambiente ideal para la vida humana y para las plantas y animales. Fue un biodoma porque se fabricó una bóveda de cristal y allí se creó un ambiente artificial y controlado con aire y agua purificada y luz filtrada. Se esperaba que todo esto creara unas condiciones perfectas para el crecimiento de las plantas y fauna silvestre y para los humanos. Sin embargo, había una excepción para este ambiente perfecto.

Los árboles dentro de la biodoma crecían y crecían hasta llegar a cierta altura, pero entonces se colapsaban. Esto desconcertó a los científicos durante un buen tiempo hasta que por fin reconocieron un elemento natural importante, ¡el viento! Verá, los árboles necesitaban viento que soplara en contra de estos para que el sistema de sus raíces se profundizara en la tierra. Sin el viento, las raíces no crecerían más profundamente. Y sin raíces profundas, los árboles no pueden crecer a su completo potencial. La tensión del viento contra los árboles realmente los ayudaba a fortalecerse. Romanos 5.3-4 dice con claridad que las dificultades y las pruebas pueden ser dolorosas cuando el viento está soplando en contra de nosotros, pero nos hacen más fuertes: «También nos alegramos al enfrentar pruebas y dificultades porque sabemos que nos ayudan a desarrollar resistencia. Y la resistencia desarrolla firmeza de carácter, y el carácter fortalece nuestra esperanza segura de salvación» (NTV).

Viktor Frankl en *El hombre en busca de significado*:

Lo que el hombre realmente necesita no es vivir sin tensiones, sino esforzarse y luchar por una meta que le merezca la pena. Lo que precisa no es eliminar la tensión a toda costa, sino sentir la llamada de un sentido potencial que está esperando a que él lo cumpla.[23]

Si usted sabe la respuesta a la pregunta: «¿Por qué yo existo en el ministerio?», los desafíos no lo podrán vencer. Por el contrario, profundizarán nuestras raíces un poco más y nos harán fuertes e inconmovibles.

Saber por qué nos guía a la pasión

Hay otra palabra para esta clase de entusiasmo, y se llama pasión. Sin pasión, no solo descubrirá que es imposible alcanzar todo su potencial en el ministerio, sino que usted no permanecerá mucho en el ministerio. Pero con pasión usted puede experimentar motivación, energía, compromiso y el propósito necesario para lograr cualquier cosa que Dios ponga en su corazón. En 1967, el doctor Martin Luther King Jr. pronunció un discurso en el que dijo: «Si un hombre está llamado a ser un barrendero de la calle, él debe barrer las calles como Miguel Ángel pintaba, o como Beethoven componía música, o como Shakespeare escribía poesías. Él debe barrer las calles tan bien que todas las huestes del cielo y la tierra hagan una pausa para decir: aquí vivió un gran barrendero de la calle que hizo bien su trabajo». Él nos está diciendo que cualquier cosa que hagamos, la hagamos con pasión.

La pasión es una llama roja y caliente que puede iluminar una habitación oscura. No es solo un sentimiento de optimismo, es una sensación abrazadora y profunda en el alma que alimenta su cuerpo y mente. La pasión auténtica no se puede obviar ni esconder, se debe actuar. La pasión nos lleva adelante a través de las dificultades y el dolor, estimula nuestro pensamiento y hace resaltar lo mejor de quienes somos. El filósofo alemán Georg Hegel una vez dijo: «Nada grande en el mundo se ha logrado sin pasión».

La pasión es ese elemento trasformador que nos empuja, haciéndonos más fuerte, y nos mantiene energizados y comprometidos a pesar de las circunstancias contrarias. Cuando sabemos por qué existimos en el ministerio, surge en nosotros ese sentido de pasión. Romanos 12.11 dice: «No sean nunca perezosos, más bien trabajen con esmero y sirvan al Señor con entusiasmo» (NTV). Aquí está de nuevo esa frase: «con entusiasmo». Mire, cuando usted sabe por qué usted existe en el ministerio, usted tiene un propósito, y el propósito siempre produce pasión.

En mis años de ministerio he tenido muchos momentos en que un líder o voluntario se me ha acercado para expresarme que ha perdido su pasión. Me dicen que ellos ya no quieren seguir de voluntarios, que han perdido su deseo de hacer el trabajo y que no están seguros de querer invertir más tiempo en el ministerio. Mi primera pregunta para ellos siempre está enfocada en su sentido de propósito. Yo les pregunto: «¿Por qué estás haciendo lo que haces?» porque yo siempre vuelvo a esa pregunta elemental.

El gran enemigo de la pasión

Conocer su propósito alimenta su pasión. En las Escrituras hay una palabra llamada *fervor*. Santiago 5.16 habla de la oración ferviente de un hombre justo, el cual es poderoso y eficiente. La palabra *fervor* significa hervir caliente. Para que algo esté caliente, debe haber una fuente de calor. Por ejemplo, si usted tiene una vasija de agua hirviendo sobre la hornilla y quita el agua de la hornilla, que es la fuente del calor, el agua eventualmente volverá a tener la temperatura ambiente. Para que siga hirviendo, debe permanecer sobre la fuente del calor. Esto es lo que sucede cuando usted pierde el contacto con la fuente de propósito. Su pasión comienza a disminuir, como el agua hirviendo que vuelve a la temperatura ambiente si la quita de la hornilla. Usted se vuelve tibio. Hay otra palabra para tibio: apatía.

La apatía es el gran enemigo de la pasión. La apatía es el resultado de la pérdida de fervor, y esta pérdida llega a ser obvia cuando usted tiene una actitud así: «Eh, bueno, cualquier cosa». Usted ya no es caliente ni tampoco frío, sencillamente templado, tibio. El descenso de la pasión a la apatía no es una reflexión de un carácter defectuoso, tampoco significa que la persona que está luchando con la apatía está destinada a la ruina. Como dije antes, es algo con lo que todos luchamos. No es un asunto de si sucederá, sino cuándo sucederá. En este punto, ¿cómo reaccionaría usted?

«Yo sé todo lo que haces, que no eres ni frío ni caliente. ¡Cómo quisiera que fueras lo uno o lo otro!»

(APOCALIPSIS 3.15, NTV)

Cuando me estaba preparando para uno de nuestros temas anuales del ministerio, le pedí a Dios que me diera una palabra de ánimo e inspiración para recordarles al personal y a los voluntarios de nuestro ministerio para niños su propósito y llamado. Él me guió en el desarrollo de lo que terminé llamando la Carta de Comisión. Después de distribuir la Carta de Comisión, recomendé a nuestro equipo del personal y los voluntarios que ellos la colocaran en algún lugar visible y la leyeran a menudo. Mi meta era animarlos e inspirarlos, pero a medida que progresaba esa temporada del ministerio se hizo claro que Dios me estaba hablando directamente a mí. Aunque los voluntarios se beneficiaron al leer la carta, yo me beneficié más que ellos por haberla escrito. Aquí está la Carta de Comisión:

Reconozco y acepto la comisión que el Señor y Salvador Cristo Jesús me ha dado.

Aunque entiendo que el enemigo es engañador y determinado, yo permanezco confiado, valiente y comprometido a la misión y acepto mi papel y responsabilidades específicas para la misión.

No permitiré que ningún enemigo, visible o no, me distraiga, domine o destruya el destino que me espera. Aunque tal vez sienta temor, el temor no me controlará. Pero con fe yo seguiré adelante, confiando en mi Dios, y aceptaré la victoria abrumadora que me prometió el que me comisionó.

Mi carta de comisión está en un marco en mi oficina, solo a unos pies de mi buró. He tenido muchos momentos en que las demandas, frustraciones o fatiga que vienen con el ministerio en la iglesia local han sido más fuerte que yo, y entonces me he parado frente a esta carta enmarcada. Repetir estas palabras en voz alta me ha llevado hasta el punto de llorar. Agradezco que Dios nos dé momentos como este que enfatizan nuestro propósito, reavivan nuestra pasión y nos recuerdan para quién estamos trabajando. Como dijo Pablo: «Trabajen de buena gana en todo lo que hagan, como si fuera para el Señor y no para la gente. Recuerden que el Señor los recompensará con una herencia y que el Amo a quien sirven es Cristo» (Colosenses 3.23, 24).

Al final del día trabajamos para una audiencia de uno. Hágalo todo como si lo hiciera para el Señor. Si se descubre sintiéndose un poco tibio, o si encuentra que le es difícil sobreponerse a los sentimientos de apatía, recuerde que no está solo y que Dios ya le ha dado lo que necesita para reavivar la llama de la pasión. Realmente usted no necesita un nuevo don o una nueva porción del poder de Dios. Usted solo necesita avivar las ascuas dentro de su corazón y crear las condiciones adecuadas para que su pasión vuelva a arder.

Por esta razón, te recuerdo que avives el fuego del don espiritual que Dios te dio cuando te impuse mis manos.

2 TIMOTEO 1.6, NTV

Saber por qué le da una perspectiva

¿Cómo es posible que dos personas vean la misma película, lean el mismo libro, miren la misma obra de arte o sean testigos del mismo hecho, pero tengan interpretaciones completamente diferentes de lo que ellos vieron o leyeron? Eso se debe a la perspectiva. La perspectiva es el lente mediante el cual usted ve e interpreta el mundo que le rodea. Su perspectiva es su realidad. Son muchos los factores, tales como la familia, educación, experiencias de la vida o viajes, que le dan forma a la perspectiva de una persona, o a la manera de ver las cosas. Ya sea que estemos o no conscientes, nuestra perspectiva tiene una tremenda influencia en nuestra actitud y enfoque de la vida y el ministerio.

Esto es significante porque mucho de lo que hacemos en el ministerio para los niños está entre bastidores y puede pasar inadvertido. Muchas veces yo he sentido que mis incansables esfuerzos se obviaron o ignoraron, y esto hizo que me preguntara si esas tareas fueron una pérdida de tiempo. Las palabras del apóstol Pablo reforman mi perspectiva y me recuerdan que nada de lo que hago para el Señor es inútil. No importa cuán pequeño, de poca importancia o inadvertida pueda parecer una tarea, si es para el reino, entonces vale la pena. A veces olvidamos que las pequeñas cosas en el ministerio son precisamente tan necesarias como los grandes logros notables. Todo lo que hacemos en el ministerio para niños, grande o pequeño, notable o inadvertido, contribuye a un gran cuadro.

Es como trabajar en un rompecabezas. Usted casi ha completado el rompecabezas y solo le queda una pieza, pero no puede encontrar esa última pieza. Usted tiene un sentido de logro porque la mayoría del rompecabezas está completo, pero cada vez que lo mira, sus ojos van directamente a donde falta esa pieza que se supone que vaya ahí. El rompecabezas está incompleto.

Tenemos muchas tareas que lograr en el ministerio, y debemos saber que todo esto contribuye al gran cuadro. Cada pieza es importante, cada tarea o asignación es importante, incluso cuando creemos que no hace una diferencia. El tiempo es nuestro artículo más precioso. Es lo único que no podemos reproducir o recuperar. Por eso es que queremos que nuestros esfuerzos realmente importen. Queremos saber que nuestra inversión de tiempo y energía contribuyeron de alguna manera.

En Juan 9.4, Jesús dijo: «Debemos llevar a cabo cuanto antes las tareas que nos encargó el que nos envió. Pronto viene la noche cuando nadie puede trabajar» (NTV). Hay un reloj, y está marcando el tiempo. Luego llegará el día en que termine nuestro tiempo. Debemos trabajar para el Señor con entusiasmo y estar conscientes de cómo usamos nuestro tiempo. Pero al hacer esto, debemos aceptar la verdad de este versículo. Todo lo que hacemos por el Señor y su reino vale el tiempo, el esfuerzo y la energía, aunque otros no lo noten o nosotros no recibamos crédito por nuestro trabajo.

Mi contribución al reino de Dios es una pieza muy pequeña para un rompecabezas muy grande. Pero aunque yo soy una pieza muy pequeña para el rompecabezas, mi pieza sigue siendo importante. Tal vez no sea deslumbradora, quizá no aparezca en cartelones por todo el pueblo, quizá ni se mencione en los programas de entrevistas de la TV, pero mi pequeña pieza para el rompecabezas es importante. Y todas y cada una de las acciones que tomamos en relación con la obra del Señor, son importantes. Esta verdad por sí sola es capaz de cambiarlo todo. Me recuerda que yo tengo un propósito y mi propósito, no importa cómo otros lo interpreten, es importante para el reino. Mihaly Csikszentmihalyi, el autor del libro *Aprender a fruir*, escribió: «Uno no puede tener una vida que sea realmente excelente sin sentir que uno pertenece a algo mayor y más permanente que uno mismo».[24] Qué gran privilegio y gozo es saber que lo que hacemos es una parte de algo mucho mayor y más significante que nuestras propias vidas. Nada de lo que hacemos por el reino es inútil... todo es importante.

¿Sabe usted por qué existe en el ministerio para niños?

Conocer su propósito al contestar la pregunta «¿Por qué yo existo en el ministerio?» le hará fuerte e inamovible, esto aumentará su pasión, le dará la confianza de saber que lo que usted hace es importante. Esto lo sostendrá a medida que usted produzca un fruto duradero para el reino de Dios.

Saber por qué existe en el ministerio le dará el fundamento que usted necesita para manejar los sentimientos de temor, dudas, desaliento y desilusión, sin dejar que estos sentimientos lo controlen. Nuestro propósito en el ministerio nos impulsará a través de los momentos difíciles hacia una esfera de gozo y satisfacción a medida que hacemos el trabajo del reino.

Si yo le pidiera que articulara en una oración por qué usted existe en el ministerio para niños, ¿podría hacerlo? Si usted me hubiera hecho esa pregunta hace solo dos años, yo le habría contestado «no». Yo siempre he estado seguro de mi llamado al ministerio porque fue definido y claro. De hecho, yo comencé a servir en el ministerio para niños en el tercer grado y desde entonces he estado activo en el ministerio de la iglesia local. Sin embargo, nunca articulé, por escrito, mi propósito en el ministerio hasta que escribí mi declaración personal de misión.

Desde que desarrollé mi declaración personal de misión, le he pedido a los líderes del ministerio para niños por todo el mundo que articulen por qué ellos están en el ministerio y es muy interesante que el 99 por ciento de las veces en que le hice la pregunta a alguien, no me contestó. Yo quiero invitarle a hacer un poco de ejercicio que literalmente podría hacer la diferencia entre permanecer en el ministerio o renunciar a este. Esto comienza por contestar la pregunta: ¿por qué usted hace lo que hace?

Este proceso ha sido increíblemente beneficioso para mí de manera personal. Algo especial, y debo agregar espiritual, sucedió cuando yo luché con esta declaración. Desde que escribí mi declaración personal de misión, yo he renovado la pasión, visión y compromiso para el ministerio de niños. Es posible que usted se vea tentado a acortar este proceso o saltarlo por completo. Créame, soy la clase de persona impaciente que haría eso, así que yo sé cómo usted se siente. Sin embargo, luego de haber caminado por medio de esta tarea, puedo con toda honestidad decir que cada minuto vale la pena.

Al casi llegar a la conclusión de este libro, yo le pediré que usted lea las últimas páginas del próximo y último capítulo con cuidado y en oración y esté preparado para que Dios active un nuevo sentido de urgencia en su corazón.

Guía para el intercambio de ideas

En este ejercicio usted:

- Comprenderá que saber por qué usted existe en el ministerio le ayudará a tener perseverancia, pasión y perspectiva.
- Escribirá su propia declaración personal de misión.

Descubrimiento/Reflexión:

1. ¿Por qué usted existe en el ministerio?

2. Si usted no está fuerte e inconmovible, poco a poco se alejará del motivo por el cual entró al ministerio. ¿Cómo sabe si está yéndose a la deriva?

3. ¿Ha perdido el gozo por el ministerio para niños?

4. ¿Se ha visto hablando constantemente en forma negativa acerca de su iglesia?

5. ¿Tiene usted una actitud de «tómalo o déjalo» acerca de su ministerio?

¿Cómo usted revive las ascuas para fomentar las llamas de la pasión?

- Examine su corazón. Dé una mirada honesta a su interior para ver si hay emociones negativas rezagadas y no resueltas.

Crea en mí, oh Dios, un corazón limpio y renueva un espíritu fiel dentro de mí.

SALMOS 51.10

- Reflexione en el momento que Dios le desafió y llamó para cambiar el paisaje de la eternidad mediante el ministerio para niños.
- Revise el «panorama de la vida de un niño» en el capítulo 5.
- Pida a Dios que una vez más quebrante su corazón por los niños que usted sirve.
- Pídale a Dios que renueve su pasión.

Pues Dios trabaja en ustedes y les da el deseo y el poder para que hagan lo que a él le agrada.

FILIPENSES 2.13

Escriba su declaración personal de misión

Quiero animar a cada uno de ustedes a dedicar un tiempo, si ya no lo ha hecho, a escribir su declaración personal de misión. Esta es diferente a la declaración de misión que usted desarrolló en el capítulo 3. Esa declaración de misión era para el ministerio. Una declaración personal de misión es solo esto, algo personal.

Escriba *por qué usted* está en el ministerio para niños. Le advierto que es probable que eso no sea rápido ni fácil. Por lo menos no lo fue para mí. Este proceso lleva tiempo, pensamiento y consideraciones bañadas en oración. Es probable que usted cambie varias veces lo que haya escrito antes de encontrar la declaración que mejor exprese por qué usted está en el ministerio. Comenzaremos con una serie de preguntas que harán que su mente se concentre en el camino correcto. Aquí no hay respuestas correctas ni incorrectas. Considere las preguntas y escriba lo que venga a su mente. Como ya dije antes, este es un proceso de pensamientos.

1. ¿Qué le hace sentirse vivo?

- ¿Qué le da energías?

- ¿Qué le motiva?

- ¿Qué le hace sentirse pleno?

- ¿Qué actividades lo hacen sentirse completamente vivo?

2. ¿Qué lo mueve a usted?

- ¿Qué cautiva su corazón? (Esto no tiene que estar relacionado con el ministerio para niños.)

- ¿Qué conmueve su alma?

3. ¿Qué le molesta?

- ¿Qué ve usted suceder en su propia comunidad y/o alrededor del mundo que crea un «incendio de frustración» en usted como lo describe la Conclusión de este libro.

4. ¿Qué siente usted que debe hacerse?

- Cuando usted considera el mundo que le rodea, ¿qué ve que crea urgencia en su interior y lo obliga a actuar?

5. ¿Cómo quiere que lo recuerden?

- Si usted pudiera escribir una oración describiendo el legado que le gustaría dejar, ¿qué diría esa oración?

6. ¿Por qué está usted en el ministerio para niños?

- Use las respuestas de las preguntas previas para escribir un borrador de su declaración personal de misión.

- Quiero enseñarles mi declaración personal de misión solo para brindarles un modelo:

¿Por qué existo en el ministerio?

Yo existo en el ministerio para niños para llevar a los niños hacia la salud espiritual de manera que ellos estén completamente preparados para los engaños del enemigo. Por eso yo hago lo que hago. Este es mi propósito.

Conexión:

Pida a Dios en oración que le dé una pasión y visión renovadas para el ministerio con los niños y un mayor compromiso para el llamado que usted tiene: cambiar el paisaje de la eternidad.

Conclusión: Apenas
una generación...

Imagine conmigo estar sentado al borde de la cama de su hijo o nieto, contándole la hermosa historia de Navidad antes que se duerma. Cuando usted termina, haciendo énfasis en el maravilloso amor de Dios y su plan para redimir la creación, el niño, a quien usted ama profundamente, le mira y exclama: «¡Ese es uno de mis cuentos de hadas favoritos!». De inmediato, al tomarle de sorpresa, usted responde: «Bueno, tú sabes que ese no es un cuento de hadas, ¿verdad? Esto realmente sucedió. Dios envió a su Hijo Jesús a esta tierra con una misión muy especial, salvarte a ti y a mí de todas las cosas malas en la vida, esas cosas las llamamos pecado». El niño levanta la mirada con toda la seriedad que puede reunir mientras prepara su sincera respuesta y dice: «Esta es una buena historia, pero todos sabemos que no es cierta».

¿Cómo nos sentiríamos si las historias de Navidad y de Semana Santa se redujeran a nada más que unas simpáticas historias de hadas para niños acomodados al lado de la lámpara de Aladino, las zapatillas de cristal de Cenicienta y las aventuras de Elsa y Anna en *Frozen: Una aventura congelada*. Estas son buenas historias con un componente fuerte, ético, pero al final del día son historias de hadas ficticias por completo. ¿Le altera que vean a Dios con la misma perspectiva que ven a Santa Claus, Harry Potter y Batman, caracteres ficticios que sirven como personajes de historias de moda con alguna enseñanza ética y un poco de aliento que agregan como un bono?

¿Qué sucedería si la próxima generación redujera la verdad de la Palabra de Dios a solo una ficción? ¿Qué si la próxima generación viera la vida de Jesús como mera mitología y la cruz como nada más que un tatuaje de moda? ¿Qué si la próxima generación sencillamente se olvidara acerca del único y verdadero Dios?

Es posible que a medida que usted lee esto esté pensando, «Steve, eso es imposible. No es posible que esto jamás suceda en la realidad». Amigo/a, la realidad es que siempre estamos apenas a una generación de distancia de la extinción del cristianismo. No sé qué sentimientos esto evoque en usted, pero a mí me hace sentir enfermo en el estómago. Literalmente me enfermo solo de pensar que se lleven, de manera estratégica y mediante el engaño, a aquellos que amo por una senda de destrucción exactamente frente a mis ojos.

Esta sensación de enfermedad es lo que Bill Hybels identifica de manera brillante en su libro *Holy Discontent* [El descontento santo] como un «incendio de frustración». Esta tormenta de incendio es un momento decisivo en el que nuestros corazones se quebrantan, un momento que produce un fuego arrasador dentro de nuestra alma. Este fuego arrasador nos lleva hasta el punto en el que ya hemos visto y oído lo suficiente, y exigimos que se haga algo al respecto. Hybels dice: «A decir verdad, las personas más inspiradas, motivadas y llenas de energía entre las que conozco son las que viven sus vidas a partir de la energía de su divina insatisfacción».[25]

Apenas falta una generación antes que desaparezcamos

Hay una historia en el Antiguo Testamento que ha creado un descontento santo en mi corazón y alimenta la pasión y determinación de sacar el mayor provecho de cada oportunidad en mi ministerio para niños y las familias.

Pero esta no es una historia positiva, por el contrario, es una de fallos de parte del pueblo de Dios precisamente después de entrar a la Tierra Prometida. Aquí hay un bosquejo de cómo el pueblo de Dios apenas estaba a una generación de distancia para olvidarse totalmente de Dios: «Después de que murieron todos los de esa generación, creció otra que no conocía al Señor ni recordaba las cosas poderosas que él había hecho por Israel» (Jueces 2.10).

Este pasaje representa el fracaso de los israelitas para realizar la tarea que Dios les encomendó. Luego de fracasar, toda una generación creció sin conocer al único y verdadero Dios. En esencia, ellos no obedecieron a Dios y, entonces, Dios llegó a ser irrelevante para ellos.

¿Por qué los israelitas no siguieron a Dios? Tal vez estuvieran cansados de pelear. Quizá reconocieron una oportunidad para la expansión económica. Quizá la muerte de Josué, su líder, les hizo perder su propósito unificador. A pesar de la excusa, su desobediencia y justificación cobraron un gran precio, «creció otra generación que no conocía al Señor ni tampoco sabía lo que él hizo por Israel».

Hagamos una pausa momentánea y permitamos que estas palabras penetren nuestra perspectiva sobre el ministerio, solo una generación más tarde ya los israelitas habían olvidado al Señor y todo lo que él había hecho por ellos. No diez, no dos, ¡sino una!

Es por eso que decimos que apenas nos queda una generación para que se extinga el cristianismo. Si nosotros como soldados cristianos en el ministerio para niños no pasamos la Palabra de Dios a la próxima generación, todo terminará. Por favor, atiéndame bien: No estamos hablando de un ataque catastrófico del enemigo. Lo único necesario para crear un mundo donde el nombre de nuestro Señor y Salvador Jesucristo se borre por completo de los corazones y labios de esta generación es que nosotros dejemos de intentar enseñar la verdad de Dios.

Eso fue lo que sucedió con Israel. Ellos no pasaron la verdad de la Palabra de Dios a la próxima generación porque el humo estupefaciente de la transigencia los durmió. No había urgencia de su parte, permitiendo así que el enemigo tuviera tiempo para atraerlos a una vida pecaminosa con un atractivo temporal del cual Dios estaba tratando de protegerlos. Los israelitas recibieron el mandato, pero ellos no sintieron urgencia alguna y no lo hicieron. Es como lo que dijo Jesús en Mateo 25 acerca de los talentos, la historia que les conté en el capítulo 1. En la parábola de los talentos el siervo perezoso no sintió la urgencia de invertir el dinero que su maestro le dejó encargado. Él sencillamente abrió un hueco y enterró el único talento que le confiaron. Al igual que sucedió con los israelitas, la falta de urgencia del siervo perezoso le costó todo, hasta su propia vida (Mateo 25.26–30).

El ataque de la zona gris

Al siervo perezoso no solo le faltó urgencia, tampoco tenía un plan. ¿Cómo sabemos esto? Él enterró los talentos que recibió de su maestro, y este era un plan que no requería acción alguna y muy poco esfuerzo. Yo dudo muy seriamente que usted literalmente haya abierto un hueco en la tierra para enterrar cada oportunidad que Dios le ha dado. Sin embargo, hay líderes del ministerio para niños por todo el mundo que recibieron un llamado claro y definitivo en sus vidas, sin embargo, no tienen un plan ni una estrategia pensada para el ministerio. La falta de una visión y pensamiento estratégico crea una de las mayores pérdidas de oportunidades. Esto es muy común, y secretamente limita el impacto eterno que usted estaba destinado a tener.

No tenga ni la menor duda, el enemigo no le está enterrando su oportunidad en la tierra. Día y noche él está determinado a engañar de una manera ingeniosa a nuestros niños. Con un mínimo de ruido, el enemigo intenta atraer a nuestros niños para alejarlos de la verdad de la Palabra de Dios y llevarlos a un mundo de transigencias que están camuflajeadas con la tolerancia del pecado.

Hay ciertos ataques obvios y aparentes del enemigo sobre nuestros niños. Y estos ataques se deben reconocer y tomarse con seriedad. Sin embargo, lo que más me aterra son los ataques encubiertos, los demonios callados que persiguen a nuestros niños desde la zona gris. Estos ataques solo mezclan la suficiente verdad con las mentiras para enmascarar el pecado con la apariencia de algo justo. En una rueda de color, si el color negro representa el pecado, y el color blanco representa la verdad, solo se necesita un poco del color negro mezclado con el color blanco para crear una confusa zona gris. Esta zona gris es el área que fácilmente nuestros padres y líderes pueden descuidar. Esta zona abarca cosas que creemos que son sanas para nuestros niños cuando en realidad son un veneno que realmente amenaza la vida.

En 2012, el muy conocido ateo Richard Dawkins publicó un libro llamado *La magia de la realidad*. Él había producido varios trabajos bien escritos en los cuales se esforzó para convencer a sus lectores de que Dios no existe. Los niños eran el blanco específico de *La magia de la realidad*.[26] He visto libros de colorear para niños que los cultos satánicos han publicado, estos me preocupan menos porque el diablo y la decepción en esa clase de propaganda se pueden detectar a una milla de distancia. Sin embargo, ¿qué de un trabajo creativo, bien producido, que acolchona sus mentiras en un marco de lenguaje tranquilizador? Esos ataques son mucho más difíciles de distinguir. Jesús no advierte en Mateo 7.15: «Ten cuidado de los falsos profetas que vienen disfrazados de ovejas inofensivas pero en realidad son lobos feroces» (NTV).

Las Escrituras nos advierten que estemos conscientes de las tácticas astutas de Satanás. Su estrategia es menos aparente y más encubierta. La meta del enemigo es la decepción mediante la infiltración y asimilación. Si el enemigo, el lobo feroz que se menciona en Mateo 7, se puede camuflajear a sí mismo como una oveja inofensiva, él puede ganar acceso en los corazones y mentes fáciles de influir de nuestros niños, y puede engañarlos mediante el compromiso y la conformidad.

Se está haciendo cada vez más difícil para nuestros niños distinguir la verdad de las mentiras que aparentan ser verdad. Por favor, escuche mi corazón en esto: No quiero decir que esté depresivo o desanimado, por el contrario, estoy intentando salpicar agua fría sobre todos nosotros para despertarnos a las realidades de la guerra que estamos peleando. Están atacando a nuestros niños de maneras más estratégicas que nunca antes. Cuando nos asociamos con los padres y descansamos en el poder del Espíritu, debemos proteger a nuestros niños y llevarlos a la salud espiritual para prepararlos por completo para la decepción del enemigo.

Saque el mayor provecho de cada oportunidad

Voy a terminar este libro de la misma manera que lo comencé, haciendo esta pregunta: ¿Está sacando el mayor provecho de cada oportunidad que Dios le ha dado?

Así que tengan cuidado de cómo viven. No vivan como necios sino como sabios. Saquen el mayor provecho de cada oportunidad en estos días malos.

EFESIOS 5.15, 16, NTV

En este momento usted tiene una oportunidad para cambiar el paisaje de la eternidad. Usted fue diseñado para esto, a usted lo colocaron estratégicamente para esto, a usted lo destinaron para esto. ¿Cómo lo sé? Porque usted está donde Dios lo tiene. Y hasta que esta realidad cambie, haga lo que pueda con lo que tiene para llevar a esos niños un paso más cerca en su viaje hacia la salud espiritual. Las condiciones no serán perfectas, y no siempre usted tendrá los recursos necesarios. Pero eso no es una excusa. El Dios único que llamó al mundo a la existencia nos llamó, comisionó y nos rescató del desespero y la miseria. Él prometió traernos una victoria sobreabrumadora. Y él ofrece salvación, esperanza, paz y gozo para los pequeños que están a su cuidado. Pero la oportunidad frente a usted no permanecerá allí para siempre. Usted debe cumplir con su llamado con un sentido de urgencia.

Debemos llevar a cabo cuanto antes las tareas que nos encargó el que nos envió. Pronto viene la noche cuando nadie puede trabajar; pero mientras estoy aquí en el mundo, yo soy la luz del mundo.

JUAN 9.4, 5

Si yo pudiera mirarlo a los ojos ahora mismo y decirle qué es lo más importante en mi corazón, sería esto: Manténganse en el curso. No renuncie al llamado que Dios ha colocado en su vida para influir en las vidas de los niños. Viva y guíe con propósito e intención. Y cuando falle, o las cosas no salgan como usted esperaba, levántese y siga moviéndose hacia el divino llamado que Dios colocó en su vida.

Los justos podrán tropezar siete veces, pero volverán a levantarse.

PROVERBIOS 24.16

Debemos perseverar a través de las tormentas, dirigir con pasión y servir con la perspectiva del reino.

Yo confío en que Dios proveerá las fuerzas, los recursos y el apoyo necesarios para usted y su ministerio a medida que siguen adelante de una manera progresiva, con valor y seguridad, confiando en el proceso transformador de Dios al guiar a sus niños en el peregrinaje hacia la salud espiritual.

Recuerde esto, lo que usted hace produce una diferencia eterna. Cada paso, grande o pequeño, contribuye a cambiar el paisaje de la eternidad.

Jesús sacó el mayor provecho de su oportunidad cuando dijo: «Yo te di la gloria aquí en la tierra, al terminar la obra que me encargaste» (Juan 17.4, NTV). El apóstol Pablo sacó el mayor provecho de su oportunidad: «He peleado la buena batalla, he terminado la carrera y he permanecido fiel» (2 Timoteo 4.7, NTV).

¿Qué está haciendo usted con su oportunidad para cambiar el paisaje de la eternidad?

El barro se está secando...

Guía para el intercambio de ideas

En este ejercicio usted:

- Considerará algunas preguntas sencillas, pero poderosas, que nos recuerden la urgencia e importancia del ministerio para niños.

Descubrimiento/Reflexión:

1. ¿Qué pasaría si la próxima generación redujera la verdad de la Palabra de Dios a nada más que una historia ficticia que contar a la hora de acostarse?

2. ¿Qué si la próxima generación viera la vida de Jesús como una mera mitología y la cruz como nada más que un tatuaje estupendo?

3. ¿Qué si la próxima generación simplemente se olvidara del único y verdadero Dios?

4. ¿Qué está haciendo usted con *su* oportunidad para cambiar el paisaje de la eternidad?

Conexión:

Ore por la unción y bendición de Dios a medida que usted continúa cumpliendo su llamado para guiar a esta generación hacia la salud espiritual con el fin de que ellos estén completamente preparados contra la decepción del enemigo.

Reconocimientos

Éxodo 17 describe un momento en la vida de Moisés en el que tuvo que aceptar la ayuda de otros para completar la tarea que Dios le había encomendado. En diferentes momentos, durante el proceso de escribir este libro, yo me sentí como Moisés cuando sencillamente «se le cansaron tanto los brazos que ya no podía sostenerlos en alto». En ese momento Aarón y Hur se pusieron al lado de Moisés y le sostuvieron sus brazos.

Hay muchas personas a quienes debo agradecerles el «sostener en alto mis brazos». Me honra y halaga que Dios me haya permitido formar parte de un recurso como este, y reconozco que no lo habría podido hacer sin las personas en mi vida que me apoyaron.

Quiero dar las gracias a Stephanie, mi maravillosa esposa, y a mis hijos, Tyler y Matt. Steph, gracias por apoyarme y animarme con toda tu paciencia y gracia durante esta temporada desafiante. Sé que no ha sido fácil, a lo largo de este proceso han hecho muchos sacrificios que la mayoría de las personas nunca sabrá. Gracias por empujarme durante las veces en que estuve listo para darme por vencido. Los quiero.

Tyler y Matt, ustedes también me animaron de maneras tanto grandes como pequeñas. Estoy orgulloso de los dos y aprecio la manera única en que me «espolearon». Los quiero muchachos.

Un agradecimiento especial para mi pastor, Rick Warren, por confiar en mi y animarme a escribir este libro.

Gracias a Cynthia Petty por guiarme tan brillantemente y siempre buscar maneras de suavizar mi carga. Cynthia, no habría podido pedirle a Dios una colíder más competente y agradable en el ministerio.

Gracias a Susan Terry, Joseph Maulorico, Cynthia Petty, Sue Morrow, Becky Downs y Becky Bernardes por leer este manuscrito un sin fin de veces y realizar importantes aportaciones. Tan ocupados como ustedes están, y siempre estuvieron dispuestos a escuchar mis ideas y ayudarme a desarrollarlas. A lo largo de este proceso ustedes «sostuvieron mis brazos» muchas veces, y no les puedo agradecer lo suficiente por hacer esto. No lo habría logrado sin ustedes.

Un gran agradecimiento para todo el equipo de los niños de Saddleback por llevar con fidelidad y eficiencia la misión mientras que continuamente me apoyaron a lo largo de este proceso. ¡Ustedes forman el mejor equipo sobre el planeta!

Gracias a Michael Grove por ilustrar el mapa M.A.S.P.. Michael, aprecio todas las horas que pusiste en esa hermosa imagen y por tu paciencia al trabajar conmigo en todos los cambios.

Gracias a mis padres, Basil J. Adams y Naomi Adams, por amarme y apoyarme con paciencia a lo largo de mi vida y brindarme un buen entorno para el ministerio. Los quiero mucho.

Y gracias a mis hermanas, Pam, Joy, Faith y Cheryl. Ellas realmente no hicieron nada para ayudar con este proyecto, pero yo dije que las mencionaría.

Notas

1. Rick Warren, *Una iglesia con propósito: cada iglesia es grande a los ojos de Dios* (Miami: Vida, 2003).
2. Francis Chan, *Multiplícate: Discípulos haciendo discípulos* (David C Cook, 2012), p. 16.
3. Dallas Willard, *La gran omisión* (Nueva York: HarperCollins Español, 2015), p. 57.
4. Bob Rosen, *Grounded: How Leaders Stay Rooted in an Uncertain World* (San Francisco: Jossey-Bass, 2014).
5. Warren, *Una iglesia con propósito*, pp. 88–89.
6. Andy Stanley, *Amplio y profundo* (Nashville: Vida, 2017), p. 281.
7. Warren, *Una iglesia con propósito,* p. 95.
8. Ibíd., p. 83.
9. Aubrey Malphurs, *Look Before You Lead: How to Discern and Shape Your Church Culture* (Grand Rapids, MI: Baker, 2013), p. 20.
10. Robert Lewis y Wayne Cordeiro, *Culture Shift: Transforming Your Church from the Inside Out* (San Francisco: Jossey-Bass, 2005), p. 3.
11. Doug Fields, *Ministerio de jóvenes con propósito: nueve principios básicos para un crecimiento saludable* (Miami: Vida, 2000), p. 100.
12. Aubrey Malphurs, *Values Driven Leadership: Discovering and Developing Your Core Values for Ministry* (Grand Rapids, MI: Baker, 2004).
13. Don Cousins, *Experiencing LeaderShift: Letting Go of Leadership Heresies* (Colorado Springs: Cook, 2010).
14. J. Oswald Sanders, *Liderazgo espiritual* (Grand Rapids, MI: Portavoz, 2005), p. 13.
15. John Maxwell, *El poder de las relaciones: qué hacen las personas eficaces para relacionarse* (Nashville, Grupo Nelson, 2010), p. 5.

16. Greg McKeown, *Essentialism: The Disciplined Pursuit of Less* (Nueva York: Crown, 2014), p. 48 [*Esencialismo: Logra el máximo de resultados con el mínimo de esfuerzos* (Santillana, España: Aguilar, 2014)].

17. Liz Wiseman, *Multipliers: How the Best Leaders Make Everyone Smarter* (New York: HarperCollins, 2010, p. 11 [*Multiplicadores: cómo los mejores líderes hacen a todos más inteligentes* (México: Conecta, 2013)].

18. Ken Blanchard y Phil Hodges, *Un líder como Jesús* (Nashville, Grupo Nelson, , 2012), pp. 3–4.

19. «Microsoft Attention Spans», *Attention Spans*, Consumer Insights, Microsoft Canada, https://advertising.microsoft.com/en/ wwdocs/user/ display/cl/researchreport/31966/en/microsoft-attention-spans-research-report.pdf.

20. Stan Guthrie, *All That Jesus Asks: How His Questions Can Teach and Transform Us* (Grand Rapids, MI: Baker, 2010), p. 18.

21. J. Stewart Black y Hal B. Gregersen, *Leading Strategic Change: Breaking Through the Brain Barrier* (Upper Saddle River, NJ: Prentice Hall, 2003).

22. Peter Greer y Chris Horst, *Mission Drift: The Unspoken Crisis Facing Leaders, Charities, and Churches* (Bloomington, MN: Bethany, 2014, p. 20.

23. Viktor Frankl, *El hombre en busca de sentido* (Barcelona: Editorial Herder, 1991), p. 60.

24. Mihaly Csikszentmihalyi, *Fluir: Una psicología de la felicidad* (México: Kairos, 2014).

25. Bill Hybels, *Divina insatisfacción* (Miami: Vida, 2007), p. 25.

26. Richard Dawkins, *La magia de la realidad: Pequeña historia de la ciencia* (Barcelona: Espasa, 2011).